U0664849

社会信息的搜集与利用

卢 伟 著

中国原子能出版社

图书在版编目（CIP）数据

社会信息的搜集与利用 / 卢伟著 . —北京：中国
原子能出版社 , 2021.9

ISBN 978-7-5221-1557-3

Ⅰ.①社… Ⅱ.①卢… Ⅲ.①情报检索 – 高等学校 –
– 教材 Ⅳ.① G252.7

中国版本图书馆 CIP 数据核字（2021）第 184933 号

社会信息的搜集与利用

出　　版	中国原子能出版社（北京海淀区阜成路 43 号 100048）	
责任编辑	刘东鹏	
责任印刷	赵明	
印　　刷	菏泽市恒达印务有限公司	
经　　销	全国各地新华书店	
开　　本	787 mm×1092 mm　　1/16	
印　　张	11.5	
字　　数	252 千字	
版　　次	2021 年 9 月第 1 版　　　2021 年 9 月第 1 次印刷	
书　　号	978-7-5221-1557-3	
定　　价	56.00 元	

出版社网址：http: //www.aep.com.cn

版权所有　侵权必究

前　言

　　随着信息发生量以及社会对信息需求量迅速的大量增加，信息传输手段受到各个国家政府的高度重视，以信息处理技术为基础的信息传输手段现代化，就是目前社会信息化的主要内容。信息传输手段的现代化，以现代信息网络建设为核心。现代信息网络以其速度快、容量大等特征，被称之为信息高速公路，并成为信息化建设中的重点工程。现代信息网络的建设与使用，使信息传输手段有了质的改变，带动了信息产业化，提高了社会信息化的程度。

　　社会信息搜索与利用简单地说就是网络环境下的社会信息利用。与传统环境下的信息检索有很大的不同，网络社会信息检索具有开放性、链接性、简便性、多样性和灵活性等特点，网络社会信息检索与利用所具有的这些特点使其成为当今人们获取信息最有效的手段。原来传统途径可获得的信息，现在几乎都可以通过网络检索得到，而且更快、更新、更准确。

　　随着网络的不断发展，网络社会信息资源越来越丰富，这其中包含了大量的社会科学方面的学术资源、教育资源、商业资源等。这些资源就像深埋于地下的宝藏，需要人们去发现、去挖掘。

　　本书旨在培养社会科学领域的研究者、工作者和学习者的信息素养，提高社会信息检索与利用能力，以方便快捷地查找到这些宝贵的网络信息资源，节省在查找资源上所花费的时间。

　　鉴于时间仓促和学识有限，书中难免有谬误和疏漏之处，敬请同行和读者指正。

编者

目 录

第一章 社会信息化总论

第一节 社会信息概述

社会发展以信息的形式存在是普遍现象。社会信息不仅存在于我们日常生活中的生活方式中,也存在于社会发展中,人类历史更替和时光的流转中,形态各异的文化艺术作品中。可以说,只要人类社会还在发展,社会发展信息的内容就取之不尽用之不竭。[1]

纵观人类发展史的历史实践进程,可以从多方面进行描述和讨论。无论从哪个历史背景看,都是一个艰难的演进过程,也是一个从低级到高级、从野蛮落后到科学先进、从无知到睿智的长期进化过程。

一、从人的社会发展史看人类发展史的演进

当人们从完全野蛮无知到用简单的工作养活自己时,他们就进入了原始社会。因为无阶级、无压迫,只是一种完全天然的"共产主义"局面,所以称为原始共产社会。随着人们文明程度和劳动技能的逐步改善和提高,社会发展有了多余的劳动果实,人人平等的影响力正在逐步打破。强者占据更多的劳动成果和生产要素,社会发展逐渐分化。出现两个对立的阶级,因此奴隶制出现并发展起来。当奴隶社会经济发展达到较高水平时,出现了一些小规模的商业和手工业。这时候,土地资源的大小已成为衡量社会发展权大小的主要指标。自然而然地,社会发展到了封建社会。中国封建社会后期,工业、农牧业、商业都有长足的发展。

借助于科技的发展,逐渐增多的剩余劳动成果使得人们追求"资本"的冲动也随之膨胀,也不限于个人拥有土地资源的数量,而是涵盖工业生产、较发达的商业,金融业作为占有资产的具体手段和手段,因此产生了各式各样的资产阶级群体。

---

[1] 余波.刍议社会信息的搜集.现代情报,2012(2):43-47

科技进步的发展，极大地促进了农牧业、工业、商业服务和交通运输业等各个领域的快速发展。这个过程促进了资产（财富）的快速积累，反过来又使资产所有者拥有更多的财富，而社会的另一部分人，尽管总人数众多，却沦为只能依靠出售人力资本才能维持生活。科技革命的到来极大地提高了生产效率，加速了财富的汇集与积累。后来到了资产阶级迅速发展的阶段，两种社会意识形态的两极分化和对立，必然会导致无产阶级（或工人阶级）的社会革命，从而产生社会主义社会。社会主义社会的社会发展是以实现共同富裕为基本要素的，它的目的就是实现共产主义的社会，是一种一切资源和物质财富在更高层次、更高水平上平等分享的社会状态。

二、社会生产力进步视角下的人类发展史概述

技术进步几乎是先进社会生产力的集中反映和重要指标，是资本和社会经济发展的首要动力。马克思已经明确指出"科学技术是生产力"。邓小平进一步强调，"科学技术是第一生产力"。同时，他还强调，科技进步是解决经济社会发展问题的基本出路。

人们经历了几万年的野蛮洪荒，几万年的原野放牧，几千年的农耕，几百年的工商，几十年的互联网。进入当代数字社会后，其未来发展的速度变化越来越快。信息化社会仅仅二三十年便已成规模。

推动这一历史背景的主要动力有两个，一个是阶级斗争，另一个是技术进步。百万年的混沌蒙昧，是指从原始人类到文明人的整个艰难演化过程。人类从猿进化到早期的智人，这一时期的打制石器、钻木取火、文字创造是其标志性的技术特征。尤其是人工取火，在人类进化史上具有非常关键的现实意义。在艰难的游牧民族的日常生活中，他们以打猎、小规模的饲养和简单的农耕为生。这一时期，刀耕火种是生产效率的本质特征。石器（既是武器又是工具）和火，极大地推动了人们从单纯的狩猎采集经济发展向利用自然和控制自然的转变，并逐步向农业经济过渡。

在古代，原始农业起源水流丰富、土地资源丰富的大河流域。[1]如黄河、长江、尼罗河、底格里斯河、幼发拉底河、印度河、恒河等。充沛的水流为农牧业带来了极好的自然条件，它不仅创造了古代农牧业，还创造了多种科学、技术、文化和艺术，使巴比伦、古埃及、古印度、古代中国成为四大文明古国。在远古时期的古埃及和巴比伦的直接影响下，创造了古希腊文化与代表先进科技的罗马时代，使其成为奴隶制社会的科技巅峰。

几千年的耕作是中国封建社会的本质特征。四大文明古国都有各自引以为傲的先进的农牧业和农业技术。我国是世界上第一个进入封建社会的国家（公元前475–221年），当时农牧业和农业技术繁荣，农牧业从业人数众多。长期使用人类和畜牧业进行养殖、养殖、畜牧业及其手工业的具体生产过程。中国古代四大发明——指南针、造纸术、印刷术和火药，是中华民族的一大壮举，对人类历史发展趋势具有重大创举。马克思曾把火药、指南针、印刷术看作是预告资产阶级社会到来的三大发明。

数百年来，西方社会的工业、商业一直以资本主义为时代背景。随着时代的变迁和科

[1] 杨海波．山东省信息化带动工业化战略研究 [J]．信息技术与信息化,2009（01）：8-10.

技进步的发展，生产力水平的水涨船高，大规模机械化、电气化、自动化生产是其社会发展的主要特征。随后的四次技术革命对社会的经济、政治和文化多个领域产生了深刻的影响。第一次技术革命，以哥白尼的《天体运行论》和牛顿的《自然哲学的数学原理》为标志，召唤着18世纪以纺织机和蒸汽发电机为主的机器大工业时代的来临。尤其是蒸汽机的发明和广泛使用，开启了一场以设备为主的伟大工业革命。从此，科技进步成为生产过程中不可或缺的要素，带动了生产力的质的飞跃。以电磁感应基本理论为基础的第二次技术革命，导致了19世纪以发电机和电动机为标志的电气设备技术革命。至今，方兴未艾。因为电能比蒸汽能有显著的优势。它的使用深度、广度以及对社会生产力提升的推动都是前所未有的。

第三次技术革命，基于19世纪末20世纪初物理学的巨大成就（如相对论的创立，量子力学的建立）和一些重大发现（X射线、放射性、电子等），在20世纪中后期引起了高新技术的改革。这场技术革命也被称为技术革命。其中最重要的过程包括信息技术、原材料技术、空间技术、新能源技术、核生物技术、海洋技术、环保技术等。这类技术属于专业知识密集型和技术密集型。它可以在社会经济和社会经济发展中发挥战略关键作用，也是国家综合国力的主要指标。第四次技术革命可以称为信息化革命，它是技术革命的延续和扩展，也是技术革命带来的必然趋势。随着20世纪末21世纪初大数据技术、通信技术和互联网技术的飞速进步和广泛应用，科技信息化在世界范围内出现。

信息技术不仅在生产领域得到广泛应用，极大地提高了生产力，而且政府机关、社会发展团队、机关、企事业单位、家庭都在运用信息知识和技术进行管理和运作。信息化管理就像万能的粘合剂，牢牢地把世界上的每一个国家和地区都紧密地连接在一起，进而推动了全球经济一体化。值得一提的是，这也深刻影响着全球的政治经济发展布局，以信息技术为主导的第四革命其影响力远胜于其他技术革命。

综上所述，我们可以把生产力的诸多要素从

$$生产力 = 劳动者 + 劳动工具 + 劳动对象$$

关系改写成

$$生产力 = （劳动者 + 劳动工具 + 劳动对象）+ [生产管理] \times 科学技术$$

这一乘法关系凸显出科学技术是第一生产力的科学论断。

三、从科学时代纵观人类文明史

人们往往都把某个时期的重大科学技术进步的成就视为那个时期的标志。基于这个核心概念，科学时代大致可以分为：蒸汽机时代、电气时代、原子时代、电子时代、光子时代、信息时代。蒸汽机时代的标志是蒸汽机的发明和使用。工业时代的标志是发电机的发明和使用。十九世纪核物理学的创立激发了核技术的广泛应用，第一代核武器就是一个典型的例子。电子管及晶体管，特别是集成电路技术是电子社会的标志。激光（原子受激辐射的光）的发现和广泛使用，意味着光子时代的到来。光纤通信技术的普遍使用，意味着信息时代的到来。它一方面体现了人们对客观世界的认识水平，另一方面也反映了我们对客观世界的应用、更新和改造的水平。

总的来说，我们可以得到这样一个结果：人类发展史上的进步速度越来越快，人们的文明程度越来越高。到目前为止，我们已经实现了前所未有的高度——信息时代。

第二节　信息化社会的产生

一、信息社会的出现

进入二十一世纪的一个重要标志是，无论是政府的管理者还是企业的管理者都将信息视为组织的重要资产。过去，管理过程不是被视为长期的、全面的协作过程，而是一种约束、控制和沟通的艺术。

今天，人们普遍已经意识到管理者了解信息系统的必要性，因为大多数组织的生存、发展和成功都离不开信息系统，信息系统依赖于"信息"和"信息技术"。

（一）信息

随着人类社会从工业时代快速过渡到信息时代，信息对社会生产和人们生活的影响越来越明显。随着它的重要性和扩展的内涵和外延影响越来越大，它已经渗透到社会生活、经济发展和科学研究的许多领域。人们越来越关注信息资源的开发和利用，例如利用信息技术改造传统产业[1]。信息的增长、发展和使用速度已成为现代社会文明和技术进步的重要标志。

信息在自然界、人类社会和思想领域无处不在。对于信息的含义，众说纷纭，并没有标准化、准确的定义。作为一个科学术语，"信息"最早出现在 1928 年 R.V.Hartley）的文章信息传输（Transmission of Information）一文中。从那时起，许多研究人员对不同的学科给出了不同的定义。

代表性定义如下：

（1）信息论的创始人克劳德·艾尔伍德·香农（Claude Elwood Shannon）认为"信息是减少或消除源所传输信息类型的不确定性的东西"。

（2）控制论的创始人诺伯特·维纳认为"名称信息的内容是我们对外界的适应，使我们的修改为外界所知，并与外界进行交流。"

（3）英国情报学家 B.C. 布鲁克斯认为"信息是改变一个人原有知识结构的一段知识"，是作出决定所需的知识。

一般而言，在 MIS（管理信息系统）中，我们认为信息是客观世界中各种事物运动和变化状态的反映。它是客观事物相互联系和相互作用的表现。它是在数据经过处理后按照

[1] 张恒毅 . 信息化推动经济发展的机制研究 [D]. 天津大学 , 2009.

一定的规则组织起来的，将数据组合在一起对接收者的决策或行为具有实际或潜在的价值。

在现实生活中，人们处于信息社会，不断地接收和使用信息。现代管理者的管理方式正在发生巨大的变化，他们很少处理"具体的事情"，而更多地处理"事情的信息"。管理系统越大，结构越复杂，对信息的渴望就越大。事实上，任何组织要形成统一的意见和统一的步伐，各个要素之间必须能够准确、快速地相互传递信息。管理者必须依靠来自组织内外的各种信息来有效控制组织。信息，如人力资源、能源等，是组织生存和发展的重要资源，已成为开展管理活动的前提。不是所有的管理活动都可以脱离信息，也不是所有有效的管理都可以脱离信息管理。

（二）数据和信息

数据（Date）与信息（Information）是信息系统中的两个基本术语，但它们具有不同的含义。

数据反映了客观对象的性质、形式、结构和特征，它不仅包括数字数据，还包括非数字数据，如文本、声音、图形、图像和视频剪辑。根据不同的目的和用户，数据和信息之间的角色关系是相对的。一般来说，数据本身没有特定的含义，只有承载信息的物理符号。它是客观事实的记录，是一个中立的概念；信息是对事物运动状态和属性的描述，是这些描述在人们脑海中的反映。

信息和数据是可分离但不同的概念。一方面，一方面并非任何数据都能表示信息，信息只是认识了的数据[1]；另一方面，信息可以从本质上反应事物，数据是信息的有形表现形式，因此信息不随载体的性质而变化，数据的具体形式取决于载体的性质。信息是从记录客观物体运动状态和运动模式的数据中提取出来的，是一种帮助人们做出决策的特定数据形式。声明在不同的场合有不同的含义。例如，值 28 被解释为温度。当人们以身体的感觉作为参考标准时，他们可以感觉到冷、热或舒适；当他们被解释为变老时，他们对于不同的人群来说是年轻的还是年老的。数据演变成信息。

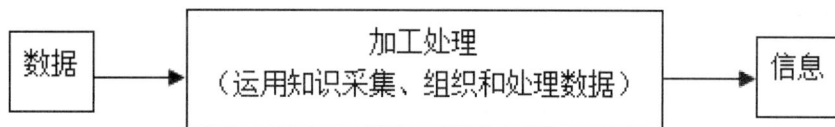

图 1-2-1 数据转化为信息的过程

在企业经营管理过程中,管理信息常被定义为:企业生产经营中产生的数据,经过处理,转化为对管理决策有用的信息。管理涉及的数据是大规模数据,不仅包括数字数据,还包括非数字数据。生产经营数据经过处理后可转化为管理信息,如图 1-2-1 所示。

对企业而言，数据处理的结果是满足特定的需求。企业数据经过处理后，主要强调内容和意义，因此处理结果称为企业管理信息；而对于在处理过程中需要的企业数据，由于在采集时无法针对特定需要明确呈现，需要注意企业数据的形式，例如，使用制造组织的采购订单、库存订单和员工签到记录等原始凭证记录原材料采购数量、存储状态和员工出

[1] 赵鲁锋.中粮米业资材决策支持系统研究与开发[D].江西农业大学.2012.

勤等原始数据；产品上架和互联网公司的活动周期，客户在特定产品网页上停留的时间和流量来源等实时数据是产品和网站运营数据的原始记录，对这些数据进行整理和分析后，成为对企业管理活动有用的信息；生产企业将这些原始数据与计划和定额标准进行比较，得出产品生产计划完成的百分比和各种废品的数量和比率，在此基础上分析各种浪费的原因以及浪费的损失对产品成本的影响程度等等；分析员工平均时间（出勤、旷工、迟到等）的计时，并据此分析员工登记异常数据原因；互联网公司实时分析相关数据，为产品营销、网站运营、新产品研发提供发展依据。如上所述，它们都是针对企业的特定需求，对企业数据进行处理后，为企业管理决策提供依据。

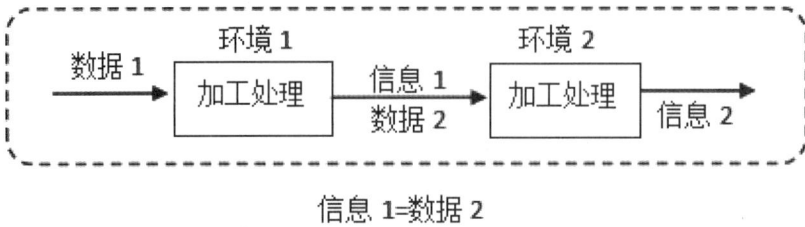

信息 1=数据 2

图 1-2-2 信息空间递归定义示意图

在数据管理过程中，数据和信息是相对的，通过一个系统或一个处理输出的信息可能是另一个系统或其他处理的原始数据；用于下级决策的信息处理上级决策所需信息的数据处理可以成为信息的递归定义，如图 1-2-2 所示。因此，信息和数据在计算机系统中经常被不加区别地使用。例如，信息处理和信息管理也可以称为数据处理和数据管理。

企业管理组织中涉及的信息非常全面，包括内部和外部信息。比如原材料采购、生产工艺、成本、利润、设备和人力资源、生产技术数据、各种法规、市场需求、销售数据、客户关系管理、促销设计等，都是公司管理层的决策。

（三）信息类型

信息扩展的优势在于信息的不同类型，是信息概念的附加可视化。根据不同的分类标准，信息可以分为不同的类型。不同层次的信息具有不同的价值，不同形式的信息有不同的管理和开发方式，不同的信息内容有不同的用途，同时又相互关联、相辅相成。

1. 按信息生成顺序或处理深度划分

（1）一次性信息

原始信息又称原始信息，是在人类社会实际活动中直接创造或获得的各种数据和概括。头脑是现实中事件的原始记录。它可能来自政府调查、评论、新闻和广播报道，公共组织的内部信息来源，营利性公司的市场调查等。一次性信息可以是口头的、图片的、图形的或数字的，也可以由表格、列表、公式等组成。原始信息量大、分散、零散、不规则，存储、检索、传输和应用存在困难，根据人们的能力和需求，其质量和价值具有多重表现。为了更有效地使用信息，必须对其进行处理，形成二次信息和三次信息。

（2）二次信息

处理初级信息后获得的信息成为二次信息。典型的二次信息摘要是杂志、报纸、索引杂志、简报等。这种类型的信息表现出结构化和规则性的特征。摘要或摘要呈现清晰的主题，即简洁地将事实简化为基本概念并删除或减少不相关概念的信息。该索引旨在以标题或关键字的形式为用户提供相关主题，人们可以从中轻松检索所需的内容。处理后的二次信息易于存储、检索、传输和使用，具有较高的使用价值。例如，《管理科学文摘》和《经济参考文摘》都提供了大量的二次信息。

随着计算机技术和互联网技术的应用，在线信息已成为信息管理和信息开发者的重要信息来源，新浪、搜狐等门户网站提供了丰富的信息处理和索引服务，其中大量信息多次加工处理的结果，是二次信息或更高级别的信息。

（3）三次信息

三次信息是对一二次信息进行整理、压缩、系统分析的结果。它是通过二次信息提供的线索，对某一范围的一次信息、二次信息进行分析、详细研究和数据处理所产生的信息，它是人们深入研究的结晶。三次信息包括摘要、专题报告、词典、年鉴等。

2．按信息表划分

（1）文献型信息

文献类型信息主要包括各种研究报告、论文、资料、出版物、书籍等，及其二级文献（如目录、目录）和高等教育文献（如综合评论、评论等）。基于文献的信息以文本信息为特征，具有明确的专业或学术领域，可以通过索引、分类等方式进行整理，创建二级文献，也可以根据具体研究需要进行处理，形成专题研究报告等三次文献。

（2）档案类型信息

档案类型信息与文献类型信息有很多相似之处，主要是书面文本类的，内容结构更清晰。主要区别在于：档案信息主要反映历史事实和发展过程，是"事后"。文档类经过整理扫描后，其生命周期较长且相对稳定，且跨越时间序列。文件类型信息包括行政、技术、财务、人事等方面。

（3）统计类信息

统计信息是从事信息管理工作的人们所处理的最重要的信息类型，它是反映大量社会现象的性质和规律的数值信息，包括基于数据的态势分析、趋势分析等。以数据和图形为主要表现形式是统计信息区别于其他类型信息的主要特征。

（4）图像类型信息

图像处理技术是当今信息技术的一个重要领域。数字信息技术的发展使图像信息成为一种重要的信息管理方式。照片、电影、遥感图像、电视、视频等图像信息所传达的信息量远大于文本。它是一种非常有效的信息记录方式，其管理方式必须适应图像信息的特点。

（5）动态信息

动态信息主要是市场状况、经营状况、企业业绩等不可预知状况的体现。其特点是寿命短，注重时效性，生产加工积累形成使用价值。动态信息的采集、生产、处理、存储和传输不同于其他类型的信息，对参与者的接受标准非常高。每个人都必须具有丰富的专业知识和逻辑思维能力，才能使用和识别动态信息并获得准确的结果。已。

第三节 当代社会信息化发展

20 世纪中叶，信息化的曙光在黎明中悄然升起。20 世纪 80 年代以来，信息化浪潮汹涌澎湃，席卷全球。进入 21 世纪，信息化成为人类社会进程的核心。

由于我国的历史原因，进入 20 世纪下半叶，未来中国经济发展的贡献率还比较低。然而，勤劳睿智的中华民族着眼于完成中华人民共和国四个现代化的基础建设，对信息化的历史和时间学科有着敏锐的洞察力。"四化离不开信息化"这一观点表达了我国许多有志之士的心声。

2000 年 10 月即世纪之交之际，中共十五届五中全会总结了我国推进信息化工作的经验[1]，明确指出，推进社会经济和社会信息化[2]，是覆盖现代化建设全局的战略举措。以信息化推进现代化，充分发挥资源禀赋，完成社会生产力的跨越式发展。这也是一个具体的指导，基本建设具有社会主义民主社会现实主义的指导方针，在学界和群众中引起了明显的积极反响。

在国家的大力支持和推动下，我国政务信息化取得了较大进展[3]，市场规模持续扩大。2006 年，我国的政务信息化市场规模为 550 亿元，同比增长 16.4%。至 2010 年，我国的政务信息化市场规模为 1014 亿元，同比增长 17.5%。未来几年，我国政务信息化市场仍将持续平稳增长，2012 年我国电子政务市场规模将达到 1390 亿元。2014-2020 年期间[4]我国电子政务市场规模处于不断增长态势，随着我国政府治理精准化、公共服务便捷化和基础设施集约化水平越来越高，我国电子政务市场将在较长时间内保持较平稳增长，2020 年我国电子政务市场规模为 3682 亿元，同比增长 9.10%。云计算、大数据、人工智能、物联网等新兴技术在政府领域的广泛应用，基础信息资源库、电子政务信息系统等多个重大工程项目建设的不断深入，使得我国数字政府市场将保持高速发展状态。

我国医疗信息化市场的投资规模持续扩大，已经连续 5 年保持 20% 左右的增长率，远高于全球市场 5.1% 的年均复合增长率。截至 2010 年，我国医疗整体 IT 市场投资规模达到 120 多亿元。到 2014 年，中国的医疗信息化市场规模将达到 286.5 亿元，年均复合增长率为 25.9%。根据 Frost&Sullivan《2019 年中国医疗信息化市场研究报告》，从 2015 年至 2019 年，中国医疗信息化市场规模从 54.0 亿元增长至 120.0 亿元，年复合增长率为 22.1%；2020 年受到 COVID-19 新冠疫情影响，医疗信息化建设再次受到各级医疗机构及医疗监管部门的

[1] 董豫成 . WebGIS 城市地理信息查询系统 [D]. 四川大学 .2012.

[2] 黄湖剑 . 电子地图信息查询系统的设计与研究 [D]. 武汉理工大学 , 2006.

[3] 白银元、刘琼芳、胡新丽 . 中美电子政务发展比较分析 [J]. 现代商贸工业 , 2013,25(2):4.

[4] 冯秉文 . 全国书目索引简报 [J]. 中国图书馆学报 .1957,Z1：96-99.

重视。未来随着电子病历的普及、科研临床对于医疗相关数据需求持续增长、新兴医疗信息化市场的发展，医疗信息化市场规模将保持较快增长，预计到2021年该市场规模将增至172.3亿元

2010年，我国物流信息化解决方案市场规模达到18.12亿元。未来几年是物流信息化大发展的几年，物流信息化市场需求增长幅度将超过20%，后几年增长速度更快，2015年增长速度将达到30%以上，保守估计2011–2015年的年均增长率为26.44%，2011年国内市场整体规模将突破20亿元，到2015年中国物流信息化市场规模达到51.12亿元。随着我国交通设施建设，互联网促进物流信息化不断发展，物流渠道手段不断完善，我国社会物流总额持续增长。2020年受新冠疫情影响，我国物流业受到较大冲击，随着疫情防控取得显著成效，物流运行延续恢复态势。2020年上半年，全国社会物流总额为123.4万亿元，按可比价格计算，同比下降0.5%，比一季度收窄6.9个百分点。

此外，电力信息化、金融信息化、酒店信息化等也取得了显著进展。信息化对人们的工作、生活、学习和文化传播方式等都产生了深刻影响，促进了国民素质的提高和人的全面发展。在行业快速发展的同时，也存在着突出的问题。在社会信息化、政务信息化与信息安全建设领域仍有不同程度的不足。相信随着我国政策的支持和产业问题的解决，我国信息化将进一步向着纵深方向发展。

作为基础理论，下面讨论信息化的定义、定义、结构、驱动力和测量方法。

1. 基本定义

先来讨论一下"信息化"的定义。这也是最基本也是最重要的定义。

在具体工作上，人们对"信息化"的理解各不相同。比如，有人把信息化理解为电子信息技术的运用。企业信息化就是在企业内安装一定数量的电子计算机，在公司办公室使用软件完成文本编辑。也有人将信息化理解为电子计算机网络，看一个企业是否完成了信息化，要看企业的电子计算机是否连接到电子计算机局域网，企业是否有一定经营规模的数据库查询，能否在互联网上发布相关信息，或者提供一些信息服务项目。也有人认为，信息化就是利用软件在互联网上发布和查找信息的技术，使商品供需者之间即时沟通和交换信息，促进商品销售，减少商品积压。许多人甚至将信息化品牌形象把握形容为"居家购物"、"居家在线学习"、"远程诊疗服务"或"居家办公"。总而言之，大多数人将信息化理解为"完整的信息流"或"确保社会信息共享资源"，但很少有人充分考虑信息化与工业生产和农业之间的直接联系，更没有人充分考虑信息化之间的关系社会生产要素改革创新和人的全面发展。

很多人以前对信息化有过各种定义，对信息化的主要含义和构成要素做出了各种判断和表述。这类工作对民众了解信息化起到了充分的作用。然而，从严谨的科学研究的角度来看，它们仍然值得商榷。

简单的字面意思是"转化"，是转化、进化、变化的意思，特指"一个东西变成另一个全新升级的东西"的整个转化过程。一般而言，它是指某种事物的某些特征由小到大、由弱到强、从依附到核心、从分散到整体的演化过程。"转变"的结果必然是彻底彻底的

变化。

大家都知道，"信息化"是一种社会（自然包括经济发展）的进化运动，意味着一个社会有多种形态（如工业生产社会、农牧社会等）进化和转变为信息社会的整个时间过程。换言之，信息化整个过程的起点可以是工业社会、农牧业社会或其他社会形态，但它的终点必须是信息社会。这也是对信息技术的一般理解。

如果我们想从本质上更深入地把握信息化的定义，我们需要更详细地回忆"科学研究—技术进步—经济发展—社会互动与传播理论"或"信息科学研究—信息技术—信息经济发展"——信息社会中的交互传播理论。因为只有"信息科学研究—信息技术—信息经济发展—信息社会互动传播理论"的纵横比，才能深入接触"信息化"作为其他社会塑造成信息社会突出整个过程的实质意义。

信息技术进步特别是当代信息技术的充分体现——大规模智能系统信息互联网的快速进步和广泛应用，必然会带动信息社会的科技生产力的成长和发展，进而推动信息社会其他生产要素的匹配。进一步的创造将导致信息社会和经济的逐步发展和壮大，从而导致信息社会中人的全面发展。作为这一系列变革的综合结果，是信息社会的建立也可参考图3-1-1所示的一般物理模型。

信息化是人类社会从工业社会（或工业农业社会）发展转化为信息社会的一个历史进程，各行业充分利用基于当代信息技术进步的生产装备，推动社会生产要素改革创新和人的全面发展，使我们国家的综合实力、社会文化素养和人民生活质量有了很大的提高，达到了真正的现代化水平。这也是"信息化"的本质含义，也是"信息化"的根本定义。信息化的基本定义和实质意义产生了以下六个重要要素。他们是信息化的主体、信息化的时间节点、信息化的空间分布、信息化的切入手段、信息化的推进方法、信息化的目标。这六个基本要素构成了信息化定义的全部含义。

下面介绍信息化定义和含义的六个基本要素。

信息化的主体是整个社会团队成员，包括政府部门、公司、团体和个人。现在信息化是一项突出的科学研究——技术——经济发展——社会改革，对于各个行业的转型，信息化有哪些具体要求，如何满足这些要求？必须改革和创新的生产（工作）步骤和生产（工作）方法存在哪些问题，应创造什么样的生产（工作）步骤和生产（工作）方法才能符合规定，只有从业者在这个行业工作的人才能准确掌握。因此，信息化基础设施的核心只是由各行各业从业人员组成的整体社会群体，而不可能由单一的某一部分人（计算机技术工作者、信息技术工作者或信息产业部门的工作者）来包办代替。

但是，在实际工作中，一方面计算机技术、信息技术、信息产业链的员工抱有"包打天下"的远大抱负。同时，经常可以看到其他行业的员工对信息技术的期待，希望计算机技术、信息技术、信息产业链的人员能"上门服务"、"交钥匙"的状态。这些现象的一个关键思想根源是不掌握信息化的特点。对于信息化建设来说，只有信息化工程的实际用户才能讲得清，他们是真正的主人，别人无法代替。

信息化的时间节点是一个长期的过程[1]。既然信息化是这样一个深刻的科学变革，是从一种社会形态向另一种新升级的社会形态的转变，信息化必然需要非常漫长的时间来完成方方面面的变革。无论我们有多少积极性和主动性，无论我们如何以主观意愿期待尽快实现这种转变，信息化都有其自身的代谢规律，不可能需要一年两年能立竿见影，甚至也不是十年八载就能够奏效的。

众所周知，在实际的具体工作中，人们往往只将信息基础设施作为"三年计划"或"五年计划"来设定，因此对信息化基础设施缺乏长远的规划和相应的思想准备。早期，人们认知的根本原因主要是把信息化的任务理解得太简单。多安装几台电子计算机或将它们连接到互联网，即使达到了目标。事实上，安装电子计算机或电子计算机连接网络只是信息化基础设施的发展的硬件基础。真正的信息化建设是改变全社会的生产（工作）方式，改变人们的交往方式、生活习惯甚至思维模式。

信息化的空间分布是国民经济的一切部门和社会生活的一切领域。既然信息化是这样一项深刻的科学——技术——经济——社会的深度变革，现在信息化是工业化到信息化社会转型。对于信息社会的重大转型，它所涉及的区域范畴必须是社会经济和社会日常生活中的所有行业，不可能留下空缺。虽然在实际部署中应该有轻重缓急之分，但不存在某些行业"不适合推进信息化"的问题。

信息化的手段是应用基于现代信息科学技术的先进社会生产工具。可见，信息化的意义在于广泛使用以信息技术为基础的社会生产工具，这远远超过了计算机技术的使用，也远远超过了信息技术的使用。需要特别注意的是，当代信息技术有很多分支，每个分支都有相应的基本功能和应用。例如，遥感技术可以获取信息，通信存储系统可以传输信息，计算机技术可以处理信息，智能技术可以完成认知，管理决策技术可以产生对策方案，显示控制技术操纵光电显示完成视觉信息效果。然而，只有当代信息技术的整体即大规模的智能系统信息互联网才能形成具有信息所有功能，从而具有治慧功能的先进社会生产工具。因此，信息化基础建设的突破口和发力点必须放在大规模智能系统信息互联网的广泛应用上，不能放在单一项目信息技术（如通信技术、电子信息技术等）的应用上。

在具体的工作中，确实可以看到大家对使用当代通信技术和互联网技术无处不在的极大热情，也可以看到大家对网络通信基础建设（包括电信网、互联网、有线互联网）的极大热情。然而，我们看不到每个人对基础设施建设和"大规模智能系统信息互联网"的使用热情。21 世纪初发生在世界大部分地区的"互联网泡沫"和"网络危机"，对于盲目跟风、激情澎湃的人来说，应该是一副清醒的药剂。

[1] 陈晓萍 . 基于主题的短文本自动摘要抽取研究与应用 [D]. 电子科技大学 .2018.

第四节社会发展信息化过程

为了更好地理解信息化的基本理论，除了掌握"信息化"这个最重要的定义即其本身的定义和含义外，还必须掌握一些其他的基本要素。但由于信息科学、信息技术、信息经济、信息社会的定义还会在第二章以后的相关章节中做系统的解释，本节仅作适当的补充，介绍一些常用到的概念。

一、信息内容全过程

信息内容的整个过程通常被称为信息流程。一般情况下，信息内容的全过程应包括信息内容的创造（提问）、信息内容的识别与获取、信息的传输与资源共享、信息资源的管理与认知能力、信息内容的再造与管理决策和信息内容实施及影响的所有阶段，直到信息内容最终被使用（解决困难）。

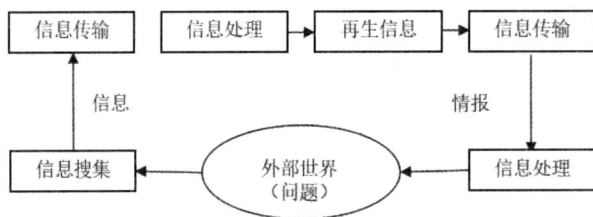

图 1-4-1 典型的信息全过程模型

掌握典型的信息全过程，建立信息内容过程的典型实体模型，在概念和实践上都具有非常重要的现实意义。只有这样，才能把控好信息化建设、信息化管理项目和信息化管理工作的全局，防止片面认识造成的损害。信息内容全过程的典型实体模型如图 1-4-1 所示。

特别注意的是，典型的信息内容的全过程不仅涉及数据获取的全过程、信息传输的全过程、信息资源管理的全过程（认知能力）、信息内容的全过程重构（管理决策），以及信息内容的实施。整个过程（根据智能对策产生解决困难的智能行为），如图 1-4-1 所示，典型的信息内容全过程围绕着"信息内容"向"专业知识"的转化和"专业知识"的转化。将"专业知识"转化为"智能"的全过程，也是信息内容过程的"核心和灵魂"。

二、信息资源

信息资源是我们可以直接或间接开发、设计和使用的各种数据组合的统称。根据本体信息内容和认识论信息的概念，信息资源也有两种不同的情况：一是本体信息资源，也是一种取之不尽、用之不竭的、庞大的、未经加工的初始信息资源，或称"生信息资源"；

另一种是认识论的信息资源，也是经历了行为主体的认知和提炼的信息资源，或称"熟悉的信息资源"。因为数据处理的层次不同，"熟悉的信息资源"的"成熟度"就会不同。通常，互联网上或数据库系统中的信息资源是各种不同层次的"熟悉的信息资源"。

需要特别注意的是，由于认识论信息内容具有行为主体的要素，不同的信息资源的核心目的通常是不一样的。因此，信息资源的"出身和熟悉"是相对的：对于某一学科，它是熟悉的"信息资源"，对于另一个学科来说，可能是"原始信息资源"或"欠熟信息资源"，因此必须重新生产和加工，或者必须重新生产和加工其中的一部分。

此外，由于不同的信息用户主体往往有不同的主要目的，认识论的信息内容对信息用户主体的"使用价值"也有一个相对的：对 A 类信息用户主体有价值的信息内容不一定对 B 类信息用户主体有价值；对 A 类信息用户主体具有正面使用价值的信息内容，很可能对其类信息用户主体具有负面价值。在日常生活中，大家都喜欢把没有使用价值的信息内容称为"废物"。显然，从这个意义上说，认识论信息的内容是否是浪费的内容也是相对的。在 A 看来，信息内容是有效的，但在 B 看来，它可能是浪费。这就导致了数据服务的人性化问题。

特别需要提到的是：信息资源是信息内容全过程中流动的内容。在通用数据的整个过程中，信息内容恰好在流动性中被提炼为专业知识，即在再次流通中，能够促使专业知识智能化；相反，如果不能在信息内容的整个过程中调动信息资源，那么信息内容就会变成死信息内容，而且不容易自动转化为专业知识，也很难成功转化为专业知识乃至智力。

三、电子信息技术

早期，信息技术一般是通过模拟技术来完成的；当代网络技术的完成越来越多地依靠电子信息技术。

一般初始的本体信息内容多采用模拟的方式（随时间进行取值），而直接对应的认识论的信息内容（如传感器的输出）一般也采用模拟的方式。因此，信息技术的初步发展趋势基本上是模拟技术，如模拟测试仪器、模拟通信、模拟存储、模拟信号分析、数值模拟、模拟控制系统等。

数字信息技术有很多优点，比如在传输和存储上抗干扰性强，有利于完成逻辑解析和操作，有利于大规模集成电路芯片的使用。因此，随着编号技术和逻辑电源开关的应用，特别是集成电路技术的不断改进和完善，数字信息技术越来越多地取代了传统的模拟技术。

电子信息技术的关键包括脉冲信号数字化（也称 AD 转换）技术（时域离散化、幅值细化、定量分析值编号等）、电子信息处理技术、数字信号模拟化（也称 DA 转换）技术，及其面向各种现实的数字应用技术。

近年来，在智能信息资源管理技术领域，将模糊技术与经典数字逻辑紧密结合的模糊逻辑技术的应用越来越受到关注。

四、网络通信

一般来说，一种具有多个连接点和连接这些节点的线路的整体结构可以称为互联网，如灌溉网络、道路交通网络、航班网络、电力网络等。

以信息传递的作用为意义的互联网络，被称为网络通信。在目前的技术条件下，建立通信系统的方法有很多种，例如：以光纤线路为传输介质的光纤通信互联网、以通信卫星为转发器的卫星通信互联网、以对流层为反射体的短波通信互联网、以飞艇作为无线放大器的对流层网络通信，以及视距传播的微波通信网络等。互联网上传输的数据还可以有多种类型，如语音信息、数据信息、图形（包括文本）信息、图像信息，或多种形式并存的多媒体数据等。信息内容的传输角度可以是单向，也可以是双向；它可以是点对点、点对多点、多点对点或多点对多点。信息内容可以是即时传输或非即时传输；通信的双方可以是人类用户，也可以是机器系统或人机系统等等。唯一不会改变的要求是实现信息传递作用的互联网。

现阶段电信网、互联网、有线数字电视互联网本质上都是以"发挥信息传输作用"为基本要素的网络通信。虽然它们具有不同层次的信息处理功能，这些功能通常是为了更合理、更稳定、更可靠地完成信息的传递。

五、电信网络

电信网络是一种通信系统，是当代通信系统的较早实现的完整网络形态。1860年意大利人安东尼奥·穆齐于首次向公众展示了他的发明电话，随后人们创造了通过无线电波和电子控制系统传输电话信息的通信系统，俗称"电信网络"。电信网络的主要特点是电话机是基本的终端设备，利用电信网络线路的传输和电话交换系统系统的连接和传输，用户可以从该网络上的任何一点至其他点进行双向即时通话。要实现这种交互式业务流程，只需要配置必要的终端电话机和相关的交换系统，电信网络还可以提供传真、传真、可视电话、数据信息、电视等业务。

六、有线数字电视网络

有线数字电视网络是通信系统的另一个完整网络形态。1925年英国工程师约翰·洛吉·贝尔德了电视，随后人们创造了以电视天线辐射源为覆盖物的无线电视网络。为了更好地提高电视传输质量、丰富多彩的电视栏目，增加电视分配的调节功能，有线电视网络应运而生。后者的主要特点是以电视为终端设备，利用有线信道和分配控制系统完成从电视中心到所有电话终端的单边实时电视传输业务。在一定的技术和实践意义上，有线电视网可以理解为单方面向多一点的宽带电信网络。

七、互联网

互联网是一种通信系统。约翰·冯·诺依曼于1946年发明了计算机，当时，所有的电子计算机都是以单机版的形式使用的。之后，为了更好地完成计算机之间的资源共享，充分发挥计算机的整体工作能力，在上世纪 70 年代将分散在不同地区的多台电子计算机的计算机局域网出现了。计算机网络的主要特点是电子计算机是终端设备，通过电信子网的传输交换和计算机与电信网的网关接口为网上用户提供点对点（或多点对多点）的非实时双向数据交互业务。现代计算机网络的典型形态是基于 IP 协议族的计算机互联网（Internet）。

八、三网融合

三个网络的融合具有不同层次的意义。在技术层面，三网融合意味着电话网通信、电子计算机通信网络、有线数字电视网络通信分别扩展自身的技术能力，成为能够传输宽带网络多媒体数据的网络通信，相互无缝对接无论何种网络通信形态，为了更好地将大量的终端设备、传输无线信道、交换（路由器）系统软件机制变成一个有组织的互联网络，并在此基础上能够高效兼容各种业务流程必须有相应的协议管理系统。国务院办公厅于 2015 年 9 月[1]印发《三网融合推广方案》，加快在全国全面推进三网融合[2]，推动信息网络基础设施互联互通和资源共享。按照方案的设计，中国的三网融合进程将得到全面而深入的推动。

从目前的技术情况来看，计算机网络的协议管理系统 TCP/IP 具有非常明显的优势，已经成为三网融合的基础协议管理系统。基于 TCP/IP 协议管理系统的计算机网络和在此基础上集成的通信系统称为 IP 网络。融合后的通信网络终端将是面向各种应用的多媒体信息系统，通信网络的中间节点则是各个层次的路由表示、计算与选择系统。三网融合后，网络通信仍以发挥信息传递作用为日常主要任务，其信息传递实力有了较大提升。

显然，为了更好地融入三网融合的技术层面，充分发挥三网的技术优势，管理机制和法律法规也必须进行调整和改革。

九、网络信息

信息内容网络的概念不是"信息内容"加"互联网"，而只是指能够兼容并实现信息内容的所有功能的互联网。明确信息内容的所有功能，包括数据获取功能、信息传输功能、信息内容认知能力和信息内容重构功能，及其信息内容执行功能。这也是人们了解当今世界、改善世界所需要的所有信息内容的作用。一个完整的现代信息技术管理系统本身就构成了一个信息网络，其中传感与识别技术、测量与智能控制系统、操作与显示设备是这个网络的连接点，它们分别由通信和存储相互连接组成。在这个互联网上流通的是信息内容和生产加工资料（专业知识和情报），每个连接点都运行着单独的消息功能，所以是网络信息，是"智能网络信息"。智能网络信息的具体使用必须涵盖社会发展的方方面面，从而成为"规模智能系统网络信息"。

由于智能网络信息具有人们信息内容的所有功能（创新思维能力除外），可以在很大

---

[1] 中国科技论文统计与分析课题组 . 2017 年中国科技论文统计与分析简报 [J]. 中国科技期刊研究 , 2019.

[2] 张磊，刘桢 . 新兴传播模式兴起背景下《中华人民共和国著作权法》相关条款重构研究 [J]. 长安大学学报：社会科学版 , 2017, 19(2):7.

水平上取代人们的各种体力和非创造性的智商工作，成为迄今为止最先进的社会智能生产设备。

这里必须强调两点：一是网络信息化是电信网、互联网、有线数字电视互联网的融合和完善。信息本身与信息资源的有机化学统一体，没有信息资源的互联网是空互联网，没有网络的信息资源是死资源。空荡荡的互联网和死掉的自然资源都是一文不值的东西。因此，在统筹推进信息化管理的情况下，要把网络信息实际视为互联网和自然资源的统一体，巧妙地统筹规划、基础设施和保障服务项目。不管互联网属于互联网，资源属于资源，每个总体规划都有自己的，每个基础设施都有自己的，否则可能会造成很大的消耗。

十、网络信息通信系统

网络信息和网络传播是两个既密切相关又存在重大差异的定义：网络信息的特点是实现"所有信息内容功能"，网络传播的特点是实现"信息传输功能"；网络通信就是互连网络的基本传输层是 Internet 的主要组成部分。网络通信与网络信息之间的关系部分与整体有关。

网络传播可以适应人们的资源共享，促进社会发展团队成员之间的协作，因此具有非常关键的现实意义。但是，网络传播并不能立即承担社会发展生产过程中许多基础材料的作用。例如，网络传播不具备信息内容获取、信息内容感知、信息内容管理决策、信息内容实施等功能；可以应用网络信息。除创造性工作外的所有信息内容功能都可以立即落实到社会发展生产过程的各个作业过程中，成为信息时代社会发展的基本生产设备。从这个意义上说，只有网络信息才能立竿见影地推动经济发展和时代的发展，网络传播只能为经济发展和社会进步提供数据共享服务。

这里必须特别强调的是，"网络信息"是许多信息内容获取系统软件、信息传递系统软件、信息内容认知系统软件、信息内容决策支持系统、信息内容执行系统软件的有机结合。化学系是一个有生命的有机化学系，它不断地获取信息，不断地将信息内容转化为专业知识，从而将常识转化为智慧，不断地处理现实情况。因此，科学研究的统筹规划和统筹规划至关重要。如果网络信息的解体成为各个组成部分的发展趋势，或者其中一个组成部分的发展趋势取代了网络信息的整体发展趋势，势必造成全局的巨大损失。这就是系统学中"整体高于部分和"的原则。

十一、信息产业

它是运用信息手段和技术，收集、整理、储存、传递信息情报，提供信息服务，并提供相应的信息手段、信息技术等服务的产业。信息技术产业包含：从事信息的生产、流通和销售信息以及利用信息提供服务的产业部门。

在一般的意义上，信息产业是数据商品加工制造、网络通信运营、软件业、信息服务业等产业的统称。

从广义上讲，信息产业可以包括与信息内容主题活动相关的所有行业，即除了上述行业外，还包括信息内容技术的教育、培训和信息新技术创的设计、研发与创新、各行业的信息资源的开发、设计、管理等。

狭义信息产业则具体包括信息系统设备制造业和运营业。

十二、农村经济

农村经济是以土地物质资源为表现资源，以人力资源专用工具为表现社会发展生产设备，以农牧业时期的社会生产力为表现社会生产力的经济发展。

为了更好地使定义的描述更加简洁，定义中没有直接描述农村经济的社会发展和生产方式。这是因为化工资源和人力资源专用工具是农村经济最本质的特征：员工依靠人力资源专用工具开发、设计和使用化工资源，构成农牧社会的社会生产力；与农牧社会 社会发展的生产要素需要与农牧社会的社会生产力特征相一致。

十三、产业发展

工业发展是以动能资源为表现力资源，以特殊动力工具为表现力社会发展生产装备，以工业革命社会生产力为表现力社会生产力的经济发展。

基于同样的考虑，为了更好地使定义的描述尽可能简洁，定义中没有直接描述与工业发展相关的社会发展生产方式。员工依靠专用工具作为动力，开发设计和利用动能资源生产工业革命的社会生产力；生产要素要符合经济建设的特点。

十四、知识经济

知识经济是以知识为基础、以脑力劳动为主体的经济[1]，与农业经济、工业经济相对应的一个概念，工业化、信息化和知识化是现代化发展的三个阶段。教育和研究开发是知识经济的主要部门，高素质的人力资源是重要的资源。

知识经济与信息经济有着密切的联系，也有一定的区别。知识经济的关键是创新能力。只有信息共享，并与人的认知能力——智能相结合，才能高效率地产生新的知识。所以，知识经济的概念，更突出人的大脑，人的智能。反过来，人的智能，只有在信息共享的条件下，才能有效地产生新的知识。所以，信息革命——数字化、网络化、信息化——为信息共享，高效率地产生新的知识，打下了坚实的基础。这就是说，信息革命，信息化，与知识经济有着密不可分的关系。

十五、信息经济

信息经济是指基于信息技术的互联网向经济、社会、生活各领域渗透形成的，以信息产业为主导，以信息产品生产和信息服务为主体的新经济模式。信息经济最重要的成分是服务，随着云计算、物联网、3D技术的进步，信息产品也越来越融入信息服务之中。

---

[1] 徐礼佳. 创新主体视角下众创空间发展特征及策略研究 [D]. 东南大学 .2018.

信息经济又称资讯经济，[1]IT经济。作为信息革命在经济领域的伟大成果的信息经济，是通过产业信息化和信息产业化两个相互联系和彼此促进的途径不断发展起来的。所谓信息经济，是以现代信息技术等高科技为物质基础，信息产业起主导作用的，基于信息、知识、智力的一种新型经济。工信部电信研究院2015年9月底发布的《2015中国信息经济研究报告》显示，2014年，[2]我国信息经济总量达到16.2万亿元，占GDP比重为26.1%，较2002年增加了15.8个百分点。

十六、数字贸易

数字贸易重点指出了信息内容（尤其是其生产设备—信息技术）经济发展的智能化特征。数字贸易的定义是从"电子信息技术"延伸而来的。但是，"电子信息技术"本身只是当代网络技术的一个技术特征，数字贸易只是反映了经济发展信息内容的技术面。

数字贸易不仅包括基于信息通信技术开展的线上宣传、交易、结算等促成的实物商品贸易，还包括通过信息通信网络（语音和数据网络等）传输的数字服务贸易，如数据、数字产品、数字化服务等贸易。

通过联合运营模式[3]，倡导企业以统一的技术标准搭建全球公共数字贸易平台，并以消费主权资本论调动消费者参与的主动性，平台不提供商品，通过供求双方互动电子信息通道达成数字化信息的高速交换，将数字化信息作为贸易标的，在完成商品服务交易时实现收益。

随着全球信息的无限扩张，竞争日趋白热化，普通商品大量过剩，以及3G时代的来临，贸易通过网络的信息处理和数字交换，达到减少流通渠道、直接面对用户，产生更大价值的新型方式日益被企业所青睐。"数字贸易"促进推广机构，该机构从仍然占绝大多数的传统贸易和新兴的网上贸易中取得灵感，构建出一整套数字贸易的宏伟蓝图，成功解决了网上贸易下地难的现状，并在不断地实践应用过程中得到证明。

十七、互联网经济

互联网经济是以互联网技术为平台，以网络为媒介，以应用技术创新为核心的经济活动的总称，是基于互联网所产生的经济活动的总和，在当今发展阶段主要包括电子商务、互联网金融（ITFIN）、即时通讯、搜索引擎和网络游戏五大类型，互联网经济是信息网络化时代产生的一种崭新的经济现象。

十八、数字经济

数字经济，作为经济学概念的数字经济是人类通过大数据（数字化的知识与信息）的识别—选择—过滤—存储—使用，引导、实现资源的快速优化配置与再生、实现经济高质

[1] 佚名. 再论信息经济与知识经济 [J]. 现代情报, 2004, 24(1):2.

[2] 雷钟哲. 标准为信息经济插上翅膀 [J]. 标准生活, 2017(8):4.

[3] 李丽. 数字贸易背景下国际贸易专业人才培养路径研究 [J]. 芜湖职业技术学院学报, 2018, 20(2):4.

量发展的经济形态。数字经济，作为一个内涵比较宽泛的概念，凡是直接或间接利用数据来引导资源发挥作用、推动生产力发展的经济形态都可以纳入其范畴。在技术层面，包括大数据、云计算、物联网、区块链、人工智能、5G 通信等新兴技术。在应用层面包括"新零售"、"新制造"、医疗健康数据[1]、个人消费数据（金融）、以及政务数字化（智慧城市）等都是其典型代表。

十九、数字地球

数字地球是 1998 年美国前副总统阿尔·戈尔（Al Gore）提出的一个概念的名称，它描述了地球的虚拟表示形式，该虚拟表示形式已具备地理参考并与世界上的数字知识档案库相关联，即基于对地面室内空间的观察，利用现代信息技术，创建一个包含所有地球环境叙事系统软件的庞大信息内容数据库。

为了更好地了解、利用和妥善保护环境资源，人们必须对地球环境有全方位地了解。因此，当代信息技术（包括遥感技术和基于空间观测的计算机模拟技术）非常有必要建立如此庞大的基于网络信息的地球环境数据库，实现全球资源共享。

需要注意的是，"数字地球"计划本身的首要概念是建立一个可以共享资源的信息内容数据库。而并没有考虑如何恰当合理地使用这个信息内容数据库，后者具有更重要的实际意义。因此，数字地球计划可以看作是全球信息化计划的一个组成部分。

二十、数字鸿沟

数字鸿沟是指不同国家、不同地区、不同群体之间在信息管理（数据和信息技术的应用）水平上的差异。大家觉得工业革命是根据社会财富或资产来区分每个人的地位；而在信息社会，"数据水平"将成为考量综合实力和生活水平的最重要依据。学术界担心，由于国际社会存在许多不科学的规章制度，信息化管理的效果不仅不能缩小社会发展中的贫富差距，反而极有可能扩大这种差异甚者导致数字鸿沟，这也是一定的担心。这也是本书强调的社会信息化不能只关注主要生产力的发展趋势，同时要特别关注社会发展生产要素的改革创新。

第五节 内容结构、动力机制、目标测度

作为信息化建设的基本理论，本节将阐述信息化管理的信息结构管理体系、其驱动力体系和考虑信息化管理成果的评价指标体系。

一、信息化的内容结构

[1] 李丽. 数字贸易背景下国际贸易专业人才培养路径研究 [J]. 芜湖职业技术学院学报，2018, 20(2):4.

信息化是一项恢宏的发展工程，既包括科学、技术、经济发展、社会，也涉及到经济发展和社会发展的各个层面。它有一个相对复杂的信息结构系统，几乎没有可能绘制一张包罗万象的信息化结构体系蓝图。因此，仅对信息化内容建设系统的一些关键环节，做一个概括（不是全面）的叙述。

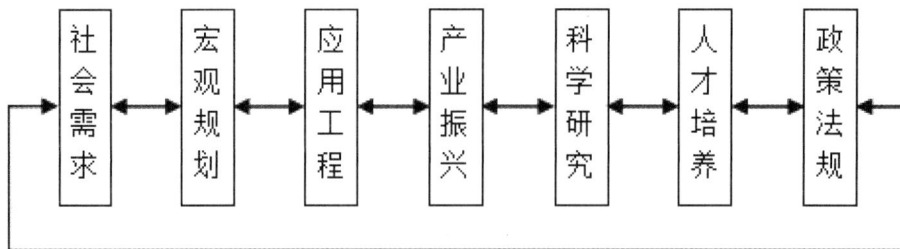

图 1-5-1 信息化管理主体工程

信息化规划工作的核心内容如结构如图 1-5-1 所示。

社会需求：这也是信息化管理的第一步，也是最为重要的步骤。如果没有信息化管理的社会需求，就不可能顺利推进信息化规划。即使被迫推广，也无法成功。因此，应基于多种渠道和方式，唤起社会对信息化规划的需求。在很多情况下，社会发展的要求早已是客观现实，标准也基本完善，但群众未必能清楚地理解和表达。在这种情况下，大家可能会误以为社会需求尚未产生或成熟，这通常会错失机会。因此，我们要善于把握并准确预测分析信息化管理的社会需求，尤其要善于启发和鼓励（而不是等待）信息化管理的社会需求。

那么，这种引起社会需求的工作谁来做呢？一般来说，只能依靠先知先觉者。这就规定允许对社会发展及自然环境有一种宽松的看法，使先知有勇气发表与众不同的观点，并有机会发表自己的远见。作为信息化管理的带头人，政府部门（特别是中央政府）要注意发现这些具有先见之明的先觉者，鼓励他们宣传和规划自己对社会发展的看法，发挥自己的专长，让自己的声音得到传播，并在当今社会获得一定的影响力。同时，我们需要注意的是，先知先觉者之间也会形成不同的意见。要为自由讨论创造条件和氛围，使他们能够自由民主地交流。真理将在随机讨论和公平交流的环节中得到澄清、确立和发展。如果政府机构能够将这些前瞻人才组织起来，进行有序地（简化、有计划地）研究、预测分析和唤醒，可能会更快地取得实际成果。

但是，从源头上看，社会需求的唤起是基于两个层面的鼓励。一方面是面向广大群众的人文科学教育，另一方面是成功应用的示范。对群众进行人文科学教育，不仅可以合理提高群众的文化、艺术、技术知识的基本能力，而且可以大大提高群众发现问题、分析问题、了解情况的能力，激发大家的创造力，并拓宽我们的眼界，进而增加对社会进步需求的敏感度。应用示范的成功，可以以更加直观、形象和生动的榜样来唤起我们的社会需求。

宏观经济总体规划：一旦激发了社会对信息化的需求，就需要适当制定和实施科学、规范的信息化宏观经济总体规划。信息化是一项庞大的工程，靠自发的个人行为是不可能完成的。为更好地促进信息化合理有序推进，更好地激发、保护和协调各级（政府部门、企业、群众）信息化基础设施建设的积极性，这非常需要信息化的宏观规划。虽然总体规划不太可能十全十美，也不太可能一劳永逸，但宏观上相对合理的总体规划可以防止混乱，防止无功而返。随着信息化进程的推进，总体规划可以适时修改、完善和更新。

一般来说，信息化从宏观上的总体规划应该由中央政府主导，在组织的各个领域（特别是企业、地方政府、重要行业的权威专家，包括信息技术领域的权威专家、经济学家）通过调研分析，深入了解信息化社会的实际需求和未来需求方向，把握各地社会经济发展的现状、优势和特点。掌握全球信息内容技术进步程度和趋势，预测分析信息化基础设施发展前景，制定信息化基础设施中长期宏观信息化总体规划，展示基本发展战略、关键标准、指南和信息化建设的具体内容中长期结构。方向、基础设施的总体宏观经济目标、总体目标的评价指标和评价指标体系、参与基础设施的多方的责任、权利和权利、竞争与合作的主要标准、仲裁委员会和诉讼系统。

应用工程项目：有明确的社会需求，有针对性地主动安排和推进以需求为导向的信息应用工程项目。这也是一个非常重要的信息化因素，因为顺利真实的应用会进一步激发社会发展的需求。综合来看，要根据社会实际需要，对相关员工（职工）进行塑造和实践，构建智能化的系统信息网络（再次：信息网络应包含相应的信息资源）。改变人们不太了解的工作（工作）步骤和工作（工作）组织，创造新的工作（工作）步骤、新标准，以适应大规模信息网络的需要，例如优良的社会发展生产设备。新的组织方式，基于这种优秀的社会生产力，将把劳动效率、工作效率、工作质量、成本与工作特征的比例、工作的服务质量和创新能力提升到前所未有的智能化水平，并完成经济发展。和时代的跨越式发展。有理由认为，信息化的成功，是在一个又一个信息化项目的基础上逐步完成的。因此，工程项目的使用具有特别重要的现实意义。

信息化项目可按行业组织实施，如经济发展信息化、社会发展信息化、国防安全信息化、自然环境信息化等。其中，经济发展信息化可分为工业生产（公司）信息化、农牧业（村）信息化、道路交通信息化、经贸信息化、金融系统信息化、企业管理信息化等；社会发展信息化包括科研信息化、教育信息化、文学创作信息化、体育文化、游戏娱乐信息化、医疗服务信息化、社会服务信息化、家政公司信息化等；国防安全信息化可包括侦查手段信息化、管理决策全过程信息化、应急指挥平台信息化、场域演进信息化、后勤管理武器装备研发与供应信息化、信息空间抵抗与信息化战争等。自然环境信息化包括大气污染防治信息化、翠绿生态环保信息化、水源解决方案信息化、绿色生态生态环保信息化、清洁用品制造信息化等。

政府部门信息化、大城市信息化、社区信息化等信息化应用工程项目也可根据实际情况，分地区、分单位组织实施。其中，政府部门（含各单位）信息化可以包括政府部门日常事务信息化、政府部门协作协作信息化、业务面向群众信息化、开放共存信息化等。

产业振兴：大型信息化应用工程一旦实施，将明显对信息产业及相关产业链提出强烈需求。因此，这些产业链的发展趋势和复兴及促进进出口贸易与合作，是保障信息化顺利发展的主要标准。信息产业重点包括信息技术产品加工制造、软件产业、信息管理系统集成产业和信息网络运营产业。强大的信息产业可以为信息化应用项目的建设提供大规模智能化系统和信息网络等智能化武器装备，进而适用于各领域的信息化和现代化建设。

从纵向看，未来信息产业发展必将带动先进动力能源产业和新材料产业链的发展，推动生产加工业的发展，促进进出口贸易和沟通；信息产业未来的发展在横向方向上必将带动整个社会经济产业布局链的创新发展，推动社会经济产业整体布局（初级）的调整、更新、升级和第一、二、三产业的升级。

自主创新科研：为更好地应用信息基础设施、信息产业及相关产业的发展趋势，为更好地提供优秀（并不断发展）的大型智能系统信息网络设备，有必要积极推动信息内容及相关方面的科技进步、自主创新和科学研究。在开放的世界环境中，在竞争激烈的国际市场中，只有自主创新和科研成果才能具有竞争力的优势，只有拥有强大的核心竞争力，才能在市场竞争中取胜。对生活和进步有期待。因此，科技进步（包括信息内容的技术进步）的创新科学研究是社会经济产业发展的预期源泉，是信息基础设施建设成功的预期源泉。显然，这种自主创新应该是开放的（而不是封闭的），面向国际市场（而不仅仅是面向内部）。这才是真正的自主创新。

人才培养：人是社会生产力中最活跃、最具有决定性的因素，一切工作都要以人为本。因此，拥有一大批高素质人才是信息基础设施取得胜利和成功的基础。为了更好地融入信息化基础建设，振兴信息产业、创新分析科技进步和广泛应用现代信息技术（大规模智能系统信息网络）需要社会的广泛支持。而这一切的关键是对各种高素质人才的大量培养和培养。大家发现，利用大规模智能系统信息网络打造"网上大学"，是一种快速、高质量、低成本地塑造各类高素质专业人才的好方法。当然，优秀人才的情况不仅是优秀人才的塑造和专业培养方面的问题，更重要的是必须灵活使用优秀的人才制度来解决。采取相应对策，既能留住自己培养的优秀人才，又要吸引来自世界各地的优秀人才，尊重并充分发挥他们的主动性，使他们热爱信息化工作，积极为信息化做出贡献。

法律法规：法律法规属于上层建筑范畴，是信息化基础设施的重要内容。在推进信息化基础建设的实践中，要认真梳理信息化基础建设、大型智能系统信息网络基础建设和应用的特点、发展趋势和推进的必要性。根据信息化社会生产力的发展和社会经验，着力改革和创新社会发展的旧生产要素，创造社会发展的新生产要素（包括新的生产流程标准、新的工作组织结构、新的规章制度和企业文化、新的人事管理制度和分发机制等），提取能够有力推动和主动维护信息化进程的法律法规。

二、信息化的动力系统

本书从一开始就明确指出，"追求更快的生活水平和发展趋势"是人类社会永无止境的需求，是永不枯竭的动力，是永不改变的本性。那么，信息化的推进应该遵循什么样的动力体系呢？显然，信息化不是外界对时代施加的某种压力，而是人类社会自身进步的某种内在规律。因此，推进信息化的动力系统必须深深植根于人类社会的共同性。

这样，我们就会从信息化本质的分析中，找到一些推动信息化基础建设必须严格遵守的关键驱动力标准。综上所述，该标准大致可概括为以下五个方面，即："需求牵引带、技术支撑点；应用导向、销售市场检验；有效市场竞争、公平合作；中国改革开放、积极主动自主创新；宏观调整，制度保障"。以下是对这些标准的简要说明。

需求牵引带，技术支撑点——这也是信息化必须遵循的第一标准。所有的信息化项目建设都必须有明确的社会需求。只有这样，才能保证信息化建设的有效性真正符合时代的需要。同时，所有信息化项目建设还必须具备国内外稳定的技术支撑能力，才能确保信息化基础设施建设真正取得成功，让社会发展团队成员真正受益，实现信息化，使基础建设真正得到大家的支持，具有长远发展的动力。当然，这里所说的要求是指科学论证中基本确立的要求，而不仅仅是简单的"问卷"的明确要求；同样，这里所说的技术性是指国内外早就被应用的技术，并不是简单地指当地掌握的技术。

使用导向，销售市场测试——这是信息化必须遵循的另一个关键标准。信息化不能纸上谈兵，要有具体行动。必须以具有确定需求和技术支撑功能的建设项目为导向，能看到信息化基础设施的预期效果，获得信息化基础设施的效益。一个信息化工程的成败，不是由建设者自己决定的，而是要经过群众的检验，以销售市场的表现为标准。只有这样，才能保证信息基础设施具有充足的生命活力。

有效的市场竞争和公平的合作——这也是信息化必须遵循的重要标准。信息化项目建设要防止内部保护和垄断，加强市场竞争制度。按照公平交易，优胜劣汰，才能真正保证信息化基础设施的高质量、高品质；同时，要在信息化项目（特别是大中型信息化项目）的实施中，全力推进具有一定优势的公平合作（包括中国与国际各方的公平合作），完成强强联合，互利共赢，确保基础建设创新，为广大群众创造更大的实际利益。

中国改革开放、积极主动、自主创新——这也是信息基础设施建设必须广泛实施和坚持的标准。科技进步发展趋势日新月异，社会需求不断创新，信息化基础设施不断面临新挑战。因此，无论是宏观的信息化总体规划，还是实际的信息化项目建设，都要有清晰的对外开放理念，非常敏锐的改革创新理念，注重发现新变化，经常科学研究新问题，并持之以恒。改革创新，坚持自主创新。只有这样，我们才能在信息化基础建设上取得长足的进步，保持卓越，永不落伍。

宏观调整、制度保障——这也是大型复杂工程信息化基础设施建设必须遵循的基本原则。信息化本身是一个前所未有的新生事物，信息化基础建设涉及科学研究—技术—经济发展—社会发展等复杂动态模型体系的各个领域，以及国内外基础建设能力。面对国内外错综复杂的各种建设力量，如果没有权威的宏观经济和谐组织和合理的宏观经济联动机制，就难以保证信息基础设施的身心健康、有序、高效发展。显然，这种协调的关系不是纯粹的政府部门，但也离不开作为主导的政府部门。至少在理论上，只有政府部门才能被视为全社会发展整体利益的代表。因此，一般来说，这种协调的组织应该由政府部门主导，由多个关键基础设施的代表和相应的专家教授组成。最重要的是，协调的标准可以保证信息基础设施满足"每个人的生活和进步的持续改善"的更大权益。协调组织使用的协调标准，应当按照立法程序，转化为全社会遵循的管理制度和法律法规。这样才能保证信息化基础设施最大限度地考虑时代要求，得到广大群众的认可和参与，保持强大的发展动力。

二、信息化测度指标值

科研信息化水平的测度问题，一方面可以找到量化分析的方法来评价一个国家或地区的信息化进展水平，诊断一个国家或地区信息化发展的不足；另一方面，测度方法本身也可以在定量分析中启发相应的信息化发展前景和总体目标。因此，信息化水平测度方法的科学研究是一项非常关键的课题研究。

然而，就像许多其他大型社会发展项目问题一样，创建信息水平的定量分析和测量是一项非常艰巨的任务：问题的规模宏大，定义模糊，自变量多样，相互关联，日新月异，变化无常。这是一个当之无愧的世界问题。因此，目前还没有广泛令人满意的测量方法可用。由于问题的复杂性，大家只能从某个角度明确提出一些计算方法，仅供参考和应用。迄今为止，国际上比较流行的测量方法是 Porat 信息经济发展优化算法。

1.Porat 信息经济发展优化算法

1977 年，美国信息经济学家 M.Porat 版了一本名为《The Information Economy：Definition and Measurement》的书。他第一次系统清晰地提出了"信息经济发展"的估算方法，并用美国国家统计数据数据进行了实际测算。美国信息经济发展的 GNP 年产值和信息经济就业人口的发展，首先让我们更清楚地了解美国经济的结构和特点。

Porat 优化算法最重要的贡献在于将信息经济发展有效划分为第一信息部门和第二信息部门，从而使计算具有很强的可操作性。其中，波拉特定义的第一信息部门是指直接从事信息主题活动，直接向市场提供信息产品和信息服务项目的部门。信息二部是指将信息作为商品，但不直接向市场销售信息的部门。这些部门生产的信息商品或信息服务项目主要由本部门自行消费。

Porat 定义的第一个信息行业主要涉及以下经济发展行业：

·专业知识生产与创新产业链创造，即民俗科学研究、创新产业链的开发、设计与创造、民俗信息服务项目；

·信息商品流通与传播产业，即文化教育、公共信息服务项目、可靠传播媒体、非正式传播媒体；风险操作，即各种保险行业、各种金融行业、投机艺人经纪；研究与弹性产业链，即研究与非投机经纪人、宣传与策划、非市场融洽；信息解决方案和传输服务，即非电子服务、电子设备解决方案、传真呼叫；信息商品业，即电子设备或非电子设备消费品或中间产品、电子设备或非电子设备投资和金融产品；部分政府部门的主题活动，即美国联邦政府第一类信息服务项目、邮政快递服务项目、各州或地区的文化教育；基础设施建设，即信息化房建设、租金、公司补助。

Porat 定义的第二个信息部门包括：

·电子设备数据处理，涉及电子计算机、外部设备、手机软件、信息咨询等；

·广告，涉及造型艺术作品、照片版面设计、视听机械设备等；

·电脑打字，涉及文秘工作、打印机、耗材；

· 打印，涉及打印机、实际操作、耗材；

· 印刷，涉及印刷设备、装订机、包装印刷装订工作；

· 寄送，涉及详细地址包装印刷、电子计算机、信函文件、印刷纸、信封等；

· 科研开发与设计，涉及研究室、数据处理方法、机械设备、科研人员等；

· 报刊裁剪，涉及报刊杂志工作人员；

· 运营管理，涉及管理者、沟通、数据处理方式、运营信息查询；

· 财务会计，涉及会计师、簿记、记账专用工具、数据处理方法、通讯；

· 法律法规，涉及刑事辩护律师、通讯方式、数据处理方式；

· 知识专利权，涉及专业知识生产制造，如经典作品、黑胶唱片、创造性发明等；

· 图书搜索，涉及图书、档案、服务设施、图书管理员。

根据这个划分，可以衡量信息部门的 GNP 贡献，也可以计算出相应的员工人数。

第六节 社会信息管理系统

一、信息管理系统定义

信息管理系统是 20 世纪 80 年代慢慢兴起的一门新课程。现阶段信息管理系统尚未建立统一的定义，理论基础不健全。但是，从世界各地信息管理系统的发展趋势来看，大家对信息管理系统的认识在逐渐加深[1]，相关信息管理系统的定义也在慢慢发展和完善。

1. 信息管理

随着人类社会信息管理进程的不断进步，人们可以收集到越来越多的数据，所以信息管理也慢慢进入了大家的视线。信息管理是一门研究人们信息管理主题活动的规律和运用的课程。它以数学、管理、信息内容科学与技术为基础，是一门涉及多学科、多方面的综合性交叉学科。论述了人类社会信息化管理的基本规律、基本概念和通用方法。

信息化管理是每个人在整个监管过程中收集[2]、输入、加工、输出的信息的总称。信息管理的过程包括信息采集、信息内容传输、数据处理和数据存储。信息收集是获取原始数据。信息内容传输是数据在时间和空间上的传递，因为信息内容只有及时准确地传递给需要它的人，才能得到充分利用。数据处理包括信息内容类型转换和信息解析。信息内容的模式转换是指在数据传输过程中，可以根据转换介质将信息内容准确无误地传送给接收方。信息内容的信息解析实现了初始数据的生产和加工，在深层次上揭示了信息内容的内容。通过信息的解析，可以将类型化的信息内容变成所需的信息内容，并得到适当、合理的使用。信息内容是发送给用户的，有的在申请完成后也不是没有用的，还得留着保存起来，以备

[1] 艾力. 贵州省黔南州流动团员青年管理信息系统的分析与设计 [D]. 云南大学.2010.
[2] 曹家来. 房地产开发项目管理信息系统应用研究 [D]. 华北电力大学（北京），2008.

事后参考。这就是信息内容存储。根据数据的存储方式，可以从中看出周期性项目，并且可以多次重复使用。

2. 信息管理系统

信息管理系统作为信息管理系统的发展趋势和研究领域，学者们从各自的角度得出了不同的定义。

（1）信息管理系统是对过去、现在和未来的信息内容进行预估的一种方法。这些信息内容涉及内部工作和外部情报信息。它以一致的文件格式并以适当的时间间隔提供信息内容，应用组织的计划、操作和使用功能，并促进管理和决策的整个过程。

（2）信息管理系统是利用计算机系统和软件代替人工操作进行分析、计划、操作和决策的人机系统。它可以提供适用于公司或结构的运营、管理方法和管理决策的信息内容。

（3）信息管理系统是一个极其多样化、多样和综合的人机系统。它充分应用了当代电子信息技术、通信网络技术、数据库系统和管理、计量经济学、应用统计学。模型理论及其各种优化控制技术为运营管理和管理决策提供服务。

（4）信息管理系统是由人、电子计算机等组成的能够收集、传输、存储、加工维护和使用信息的系统软件。它可以评估公司的各种经营状况[1]，利用过去的数据预测未来，从公司的整体角度协助公司进行管理决策，利用信息操纵公司行为，协助公司完成整体规划和总体目标。

（5）信息管理系统以人为核心，利用计算机系统、软件、通信网络设备等办公用品进行信息采集、传输、加工、存储、升级和维护，完成企业发展。以战略竞争和提高产出效果为目的，适用于公司领导管理决策、中高层操控、底层姿态的一体化人机系统。

以上从不同方面定义了信息管理系统。结合这个定义，你可能对信息管理系统有更全面的认识。信息管理系统不仅是一个技术系统，更是一个包含人的人机系统；它不仅是一个静态的对象，而且是一个对信息进行全过程监控的智能化管理系统和社会发展的技术系统，是信息管理系统在社会治理行业的实际应用。用在政府部门管理方法上就是政府部门信息管理系统，用在高校管理方法里就是高校信息管理系统，用在军队管理方法里就是军队信息管理系统。用在企业管理办法就是企业管理信息系统。由于不同组织和领域的特点不同，关键的管理方式和管理方式也不同，因此不同组织和领域的信息管理系统存在非常大的差异。

二、信息管理系统的特点

信息管理系统是在数据处理系统的基础上发展壮大的，是对管理方法系统的集成。它涵盖了所有智能管理系统，收集、传输、存储和处理信息管理。它是一个多客户端共享资源的系统，它直接服务于基层和各级管理部门。信息管理系统不仅具有系统的一般特征，而且具有本身相应的特征。

（1）信息管理系统是一个人机系统。在管理系统上，要充分利用人机结合的优势。有

---

[1] 方炜. 红河卷烟厂项目管理信息系统研究 [D]. 西北工业大学 .2001.

些任务由计算机软件解决，有些任务必须由人来解决，人与计算机软件协调工作。从技术的角度来看，信息管理系统已经是一个比较完善的系统软件，但是当信息管理系统应用到具体的管理中时，错误的例子也很多。归根结底，一个很重要的因素是系统中人的功能没有做好。

（2）信息管理系统是一个综合性的系统。它是人与信息技术的商业综合体，也是计算机硬件和软件的商业综合体。它包括管理人员、系统软件人员、控制系统设计人员、程序员和工作人员，以及各种硬件配置机器和设备，如电子计算机、通讯工具、计算机设备等；它不仅包括各种系统、系统软件，还包括我们不重视的组织管理制度和工作职责等软件。

（3）信息管理系统是一个动态的系统软件。它具有其他设备具有的生命周期特性。随着组织环境因素和内部条件的变化，我们可以继续维护系统，使其生命周期最大化，但信息管理系统的生命周期仍会结束，必须在新标准下开发信息管理系统，循环往复。

（4）信息管理系统是一种社会系统。信息管理系统和所有系统工程一样，是由人根据制度、管理方法、合作创建的，并不断发展。通过参与趋势信息管理系统的创建和开发连接的团体在组织和协调下建立了社会系统。创建和开发信息管理系统是这个社会发展系统的总体目标，也是它的产出。调整这个社会发展系统的软件运行的实际效果是信息管理系统质量优劣的重要因素。由于社会发展系统的介入，信息管理系统已成为一个有机结合、可持续发展理念的整体工程。否则，就只是一堆设备的拼接。

第二章 信息化的基本理论

为了在理论上把握信息管理的本质，除了了解信息管理及相关的基本要素外，还需要了解和掌握信息管理的基本规律。本文的目的是展示信息管理的三个最重要的规律。

第一节 信息化管理是时代发展的必然趋势

信息管理最重要的规律是：它[1]是技术进步和社会经济快速发展的必然趋势，而不是突然从一个人脑子里突然出现的猜测。理解这种规律性的关键在于提高每个人推进信息管理的主动性。

一、社会发展演化体系的回顾

社会发展的系统动力学基本原理表明，人类社会的本质特征是不断形成新的更高要求的需求。这种持续不断的需求，已经成为人们自身不断发展的动力源泉，也是人类社会不断进步的永恒动力。

在没有任何生产设备的古老传说的蒙昧时代，每个人都通过"手无寸铁"和"给自为主"的方式在自然界中寻求生存，没有形成合理的社会生产力。当时，人们的生活发展成长水平并不乐观，生存发展水平很低，风险无处不在。

为了更好地获得更强大、更稳定的生存和发展，人们此前曾进行过主动的、大量的的尝试。因此，不成功的尝试次数大于成功的尝试次数。最后，他们逐渐意识到：要提高生存质量，唯一合理的生存之道就是逐渐学会了解周围的世界，并在了解世界的基础上完成

[1] 邵明波.浅析建筑工程信息化管理存在的问题与措施 [J].经营管理者,2011(14)：355-355.

对外部世界的改造。

在了解了外部世界过程中，实践的过程中逐渐意识到：在大自然的眼中，人类作为一个地球上最智能的生物，仅仅依靠人的自身体质能是远远不够的。必须想办法依靠"外部能量"来扩展人们的自我能力，才能改善和完成发展趋势标准不断提高的总体目标。

但是人们自身的功能是什么？如何合理地依靠"外力"来拓展工作能力？

人的工作能力虽然五花八门，但归结起来只有三类，即体质能力、体力能力和智力能力。体质能力是体力能力和智力能力的基础，体力能力是支撑智力能力的支柱，智力能力则是支配体质能力和体力能力的统帅和灵魂。三种工作能力紧密相连，形成人的层次"三位一体"。

通过长期的经营探索和反复的挫折与挫折，人们逐渐领悟了"依靠外来能量拓展自身工作能力"的秘诀。这就是：千方百计将外界的"资源"转化为相应的生产加工。社会开发生产设备，并利用这种生产设备来提高人们自身的工作能力。

很有意思的是，大家发现，外界的"资源"虽然种类繁多，但从其功能特征来看，可以概括为三种基本类型，即：化学物质资源、动能资源和信息资源。

更有趣的是，外界的有机资源与人的体力劳动能力、动能资源与人的能量劳动能力、信息资源与我们人类的智商劳动能力之间，显然存在某种联系。如果能制造出最合适的生产设备，那么化学资源就可以用来提高人的体力和工作能力，动能资源可以用来提升人的精力和工作能力，可以使用信息资源。扩展人的智商工作能力。

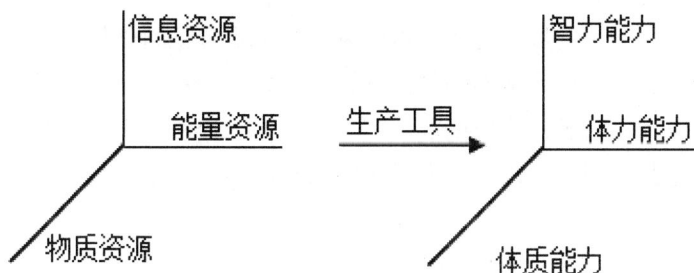

图 2-1-1

资源和工作能力之间的这种关系如图 2-1-1 所示。

生产设备：利用外部资源拓展人的工作能力

利用外部世界的"资源"来扩展人们自身的"工作能力"，是所有制造工具的本质。帮助我们完成这些变化的日常任务的，恰恰是技术进步（更具体地说，原材料的进步、动能的进步、信息内容的进步）对人类社会进步的重大贡献。

三类资源中，化学资源更加形象化，信息资源更加抽象，动能资源更加具有争议性。因此，在认知由简单到复杂、由直接到抽象的规律性约束下，人们最初利用作为古代基本发展趋势的原料技术的专业知识，将外部世界有机资源的生产加工转变为将各种原材料（石器时代原材料、木制家具原材料、金属复合材料等）制成各种只需要原材料的专用人力资源工具（如铲子、镰刀等）材料，不使用动能和信息资源。明显扩大了人们自身的健身工作能力。

近代以来，人们逐渐掌握了动能资源的特性，利用动能技术的专业知识，将外界热资源的生产加工转化为各种可调的动力（机械设备动力、有机化学动力）电力工程等），并将这些与现代新材料相结合，制造出各种只需要原材料驱动，无需使用的能源专用工具（如电力机车、数控车床、车辆、货轮等）信息资源，极大地拓展了人们的工作活力和工作能力。

当代，人们逐渐掌握信息资源的特点，利用数据技术进步的专业知识，将外部世界信息资源的生产和加工转化为各种实用、适用的专业知识（如各种专业知识）知识）规律性、逻辑推理标准、控制方法等），并将这些与当今的原材料驱动力紧密结合，制作出各种智能名片（如各种决策支持系统、数据管理系统、服务机器人等）。等），合理提高人们的智商工作能力。

以上所有过程可以简单概括，如表 2-1-1 所示。

表 2-1-1 高新技术 - 资源 - 专用工具 - 工作能力协会

时期	表征科技	表征资源	加工产物	表征工具	扩展能力	时代性质
史前						游猎时代
古代	材料科技	物质	材料	人力工具	体质	农业时代
近代	能量科技	能量	动力	动力工具	体力	工业时代
现代	信息科技	信息	知识	智能工具	智力	信息时代

为了获得以下关键结果：

首先，正是科技进步的发展，使我们能够利用外部世界的自然资源，创造出越来越多的提高工作效率的工具，可以说是面面俱到的提升人们自身的工作能力，然后继续改进人生活水平和进步，推动着人类社会的向前发展。可见，人类社会本身不断对生活质量提出更多新的要求，这也是牵引、带动科技发展不断前行；科学技术的发展是回应人们新要求最佳办法。

其次，恰巧在"科技进步 - 资源利用 - 社会生产工具 - 社会生产力"链条的推动下，人类社会可以逐渐从古代的无知走向农牧业文明、工业文明和信息时代文明，这是人民经济发展的客观历史规律。

第三，人类社会从无知时代到农牧文化的整个时间过程，是一个广泛使用人力工具的农业化时期；从农牧业时期到工业革命的整个时间段是一个广泛使用生产工具的时期。从工业革命到信息时代的整个时间过程，是一个智能工具被广泛使用的信息时代。

以上分析得出，智能工具是基于当代网络技术的大量智能系统网络信息。因此，信息化管理的过程是在社会各经济个体和社会发展行业中，大规模智能系统网络信息不断发展和推广的全过程。新一代社会发展生产设备的广泛使用，产生了新一代社会生产力和生产要素，产生了新一代社会发展生产过程和生产关系的变化。

上述说法说明：从科技进步和社会发展生产设备的发展趋势来看，信息化管理确实是当今人们经济发展的必然选择。

自然，由于世界各国自然条件和文化的基本差异，其技术进步水平也有很大差异，进而导致人类社会发展趋势存在较大的不平衡，使得世界上各个国家和各个地区的经济发展的水平呈现出很大的差异。当一些资本主义国家逐渐进入信息社会发展时期时，其他国家和地区很可能处于工业社会的快速发展中，而一些非资本主义国家和地区很可能处于较为落后的农业状态。然而，进程有快慢，但是迈向信息化的方向是一致的。

二、信息化管理是信息内容技术进步的必然趋势

信息化管理直到现在才融入社会的信息处理的基本流程？这个问题的答案也可以在技术进步的现状中找到。其本质是：信息内容产业科技发展到今天，已经具备了为社会发展提供大规模智能系统的网络信息化社会生产工具。为了更好地探讨这一点，可以考察信息内容技术进步的基本流程。

从科学理论的发展来看，年轻的美国数学家兼技术工程师香农（Claude E.Shannon）在1948年在《贝尔系统技术》期刊（Bell System Technical Journal）上发表了一篇名为《通信的数学理论》的论文，其中讨论了通信的概念与通信中信息测量的数学方法，创造了通信信道容量的定义和测量公式的计算明确提出并确认了一套与通信有效性和系统可靠性相关的编号规律，从而为通信中信息内容的理论基础开辟了一个新时代。

同年，麻省理工学院专家教授诺伯特·维纳（Norbert Wiener）在 Elsevier Press 出版了题为《控制论：机器和动物的通信与控制》（Cyber netics：The Communrca-tionand Control in Machine and Animal）一书，强调信息内容是与化学物质和动能相同的重点研究对象，在统计分析的影响下，阐述了基于数据上报和操纵的设备操作系统的响应性、自学习性和生态系统理论。对复杂的自动控制系统和 AI 人工智能系统软件的深入分析，奠定了至关重要的理论基础。

1956年，约翰·麦卡锡（John McCarthy）、克劳德·香农（Claude Shannon）等人在美国汉诺斯小镇宁静的达特茅斯学院中举办并召开了"利用计算机模拟模拟人们的创造性思维"学术会议，从而推动了"人工智能技术"课程的开办。会议足足开了两个月的时间，虽然大家没有达成普遍的共识，但是却为会议讨论的内容起了一个名字：人工智能。因此，1956年也就成为了人工智能元年。此后，对信息内容和控制理论的探索逐渐从通信等工程行业推进到人的智能行业，这意味着计算机科学向纵深发展的顺利趋势。

1965年，美国加利福尼亚大学控制论专家扎德（L·A·Zadeh）教授在《信息与控制》杂志上发表了一篇开创性论文《模糊集合》，这标志着模糊数学的诞生。扎德（L·A·Zadeh）教授强调，现实世界不是"白或黑"。在二元世界中，黑与白之间存在着连续不断的灰度联系。世界并不是绝对的"非黑即白"，但很多都是"这也是另一个"。他在文章中提到了模糊集的概念和基本计算标准，为智能科学研究带来了新的数学软件。

从技术角度来看，世界上第一台计算机于1946年产生，第一只晶体管于1947年产生，第一个商业卫星通信系统软件于1965年交付，1970年代初光纤通信系统市场初见光明，20世纪90年代初期 Internet 转入商业运营，基于 DWDM 的超大容量光纤通信、CDMA 移

动通信、多媒体通信、ATM-MPLS-Gigabit路由技术、并行处理计算机技术以及人工智能技术得到快速发展，信息技术在各个领域迅速走向大规模应用。

第二节 信息化覆盖现代化的全局

实现工业、农业、科学技术和国防四个现代化，是一直为此而奋斗的中国人民的理想。那么，信息和智能之间是什么关系？为什么信息化是覆盖现代建设大局的战略举措？为什么信息化管理能够推动农业现代化、工业现代化，完成社会经济产业布局的推进，实现社会生产力的跨越式发展？

一、什么是"现代化"

首先，现代化是一个有着强烈的时间性和区域性的一个概念，所有时期都可以拥有那个时期的现代化、科技化。但是，不同时期的科技发展水平不同，社会的生产力也不同。因此，不同时期现代化、智能化的含义也各不相同。

例如，一千多年前，古代的基础科学和古代材料的科技技术是当时科技进步的主要方向。新生社会发展生产设备是一种以原材料的能源与技术为基础的体力工具。那时，智能化的内涵应该是：一方面，我们要以人力资源为基础，打造"农牧业"；同时，要用这些优秀的人力资源工具来推动农牧业的发展。这是农业时代的现代又如一百多年前，近代基础学科，近代动能科技进步，近代原料科学与技术成为当时科技进步的具体内容，而新生产的社会发展生产设备是一种基于动能技术的能源专用工具。那时现代化的主流：一方面打造智能化、信息化的规模化工业生产，同时利用这些电子产品用于装备、更新和改善农业传统状况，使其智能化，这就是工业革命的智慧。

到了现在，近代基础科学、近代信息科学技术、现代能量科学技术和现代材料科学技术形成了融合发展的趋势。以现代信息技术为基础涌现出许多新型的社会发展生产工具。如今，智能化的内涵应该是：一方面要打造"基于智能工具"的信息技术产业，同时用专业的智能化技术装备、更新、完善传统的产业，尤其是在制造业和传统农业领域，基于信息管理的智能化和互联网时代的智能化，促进工业现代化和农业现代化的发展。

二、只有推进信息化管理才能实现智能化

为什么信息化管理能有效推动工业生产和农牧业智能化？道理显而易见，而这种"提升"恰好是优秀社会发展生产装备作用的体现。现在，能够推动社会发展的优良生产装备可以更合理地提升人们的劳动能力，这种提升程度不仅可以在创造新经济中发挥重要作用，而且对传统制造业的升级改造也起到重要作用。关键作用是完成经济发展和社会发展的总体发展趋势和发展。

信息化管理打造优秀社会发展生产设备，是一张基于当代网络的智能名片，即大规模智能化网络信息化。因为这种专用工具基本上具备了当今人们了解世界、改善世界所需要的所有信息内容及功能（创新思维能力除外），因此，不仅每个人都可以使用智能名片来开发流行信息科技，也可以用于工业生产、农牧业、科技进步和国家安全的智能化。

三、工业生产智能化的出路在于信息化管理

由于历史原因，工业革命的基本思维方式是"分解、分工、分析"。传统工业生产的生产过程一般将一个详细的生产过程分解为建立日常任务和订单的生产和制造阶段。因此，在其中一些工序中，可以使用一些具有相应功能的设备来进行日常制造，。然后雇佣一定数量的劳动工人来实施这些自动化机械不容易完成的工作，并在每个制造过程的中间进行对接。在生产过程中，机器可以快速、长时间地执行一些相对单一的指定劳动，通常由技术工人执行一些繁琐、复杂多变的工作。

正是因为工业革命中技术进步中的特点是分解和分工，所以容易忽视全局。每个设备都是为生产过程的某些特殊阶段设计和制造的。因此，传统工业生产的全过程一般没有系统软件。另一方面，就各个部分而言，工业革命的技术进步得益于重视原材料和能量意识，缺乏信息观念和系统方法论的引导。为更好地保证设备运行的稳定性，每台设备均以"丰富的原料抗压强度"和"饱满的运行动能"设计，并考虑所有整个运行过程的综合可靠性设计。此外，当时的材料和机器的质量普遍不高，设备在生产工程设计下沉余量通常很大，导致材料和热量消耗过多。

总而言之，设备庞大笨重，缺乏系统的优化组合，材料和能源消耗高，工作效率低，投入产出比低，空气污染严重，劳动工人依附于机器设备。这也是传统的工业生产普遍的缺点。

利用现代信息技术，特别是智能网络信息的技术性，可以有效解决此类问题。

首先，当代信息技术除了不具有创新思维能力外，可以执行各种信息内容功能，包括一般性智商工作的全流程和大部分体力劳动的全流程。因此，只要有必要，生产过程中最初由员工负责的部分工作，都可以通过智能信息管理系统来进行。实际的方法是：以现代网络技术为基础，借助计算机技术提高传统设备的智能化水平（如在现有的数控车床上安装计算机控制、自动控制系统、智能计算机操作系统、智能生产加工系统软件等），从而减少员工所负责的主要工作内容和操作领域；另一方面，改善设计方案，增加智能信息管理系统（如智能机器人、大数据管控平台等）负责设备的对接。在此基础上，把所有这些设备所关联的系统软件可以组合变成一个有机的自动完成生产的智能管理系统，一个可以自行结束所有生产过程的小型局域网。这样，在必要的地方，利用智能网络信息技术就可以完成生产过程的所有技术操作的自动化和系统的智能化。同时，只有利用当代信息技术，才能将原材料、机器和劳动工人统一考虑，伴随系统软件的整体融合，利用信息内容（专业知识和智能）操纵和调度生产原料和生产过程。因此，根据仿真或虚拟现实技术的方法，设计方案可以同时考虑原材料的数量、质量、类型、自然环境、生态因素和调试设备的效

果等的全过程要素。必须明确指出是的，在开放、竞争、经济全球化的当代市场经济体制条件下，工业生产优化体系的设计方案和升级运行的约束范围必须大大提高，涵盖范围不仅仅是一台设备、一条生产线和一个生产车间，一个加工厂，一个地区，一个国家，可以扩展到整个世界的商品经济、销售市场，乃至商品贸易的各个行业。这样，公司的消费者、需求、原材料、商品、权利、市场竞争都必须面向世界，充分考虑国际市场的多元化、多元化和快速变化，公司的应对必须非常聪明、灵活、有序、合理。从当代科技的发展趋势和未来的发展趋势来看，这类公司不太可能有其他选择，只有基于经济全球化智能网络信息的现代企业的核心理念，这也是我们常说的在线公司。

这种"在线公司"网络传播遍及整个国际市场，所有节点都有非常敏锐的传感终端，用于精确测量和识别技术，它们可以灵巧地识别国际市场上所有相关的快速发展和变化的数据；可以准确及时地将这种变化传达到公司的管理决策核心；后者可以对这种变化做出准确的分析，进而充分了解市场变化的状况；在此基础上，公司的对策最终解决的是发现和了解既具有优势又具有行业前景的产品形态；根据这一对策，公司智能控制系统的核心可以灵活快速地设计解决方案，完成商品设计生产加工的过程，即时操控商品生产加工的品类和品类，以实施适当的营销策略；遍布全球市场的通信系统和传感终端，可以依靠准确测量和识别技术，也可以及时反馈商品销售状况，为下一步战略调整提供可靠依据。这是一个非常典型的基于经济全球化的智能化网络信息化现代企业，也是利用网络技术更新改造传统产业和市场前景的普遍方式。

第三节　信息化是后来居上的机遇

本节首先利用上节所示的基本要素，讨论人们科技发展的基本规律，揭示信息化是人们社会发展过程的必然规律，然后分析信息化与社会经济发展的关系、与社会发展的相关性，印证了信息化是覆盖现代化建设全局的战略措施的科学论点，使我们对信息化建设的有了明确的了解。

人类社会已经从蒙昧时代进入农牧时代，从农牧时代走向工业时代，再从工业时代到信息时代。这个顺序是顺其自然与合乎逻辑的，但是，现在非洲仍有大部分地方没有发展工业仍然停留在农耕时代，居民只能依靠土地的收成来生活。当工业发展水平或科技发展水平的不高时，信息化将无从谈起。

这是一个非常实际的问题，也是一个非常广泛的问题。如果发展中国家不借住新技术、新工艺、新方法进行快速赶超，那么就意味着发达国家永远经济繁荣、科技先进，落后国家永远停滞不前。殊不知，具体情况并非如此。在人类经济发展的历史长河中，一些原先的弱者，不仅赶超了曾经的文明古国，还成为世界的强国。

一、后来者居上是基本规律

在古代农业社会的发展中，中国、古印度、古埃及、古巴比伦都是世界著名的农业国家。当时，西班牙、意大利、西班牙等还是偏远弱小国家，由于合理利用了当时新产生的优良海洋技术和远洋航行专用工具，后来居上，超越这四大文明古国，征服并占领了许多外国殖民地，成为一个繁荣的海上强国。之后，英国以第一次技术革命为契机，掌握了当时新发明的能源专用工具（蒸汽发生器）和装有蒸汽发生器武器的火车、货轮、电力机车、数控车床等。它迅速超越和取代西班牙、意大利和西班牙，征服并占领了大量海外领土，成为一个致命的"日不落帝国"。

二战后，美国以动力改革为契机，掌握了电力工程等优良动能技术及其配备的特种能源工具，赶超英国，成为新的世界强国。这一时期，法国、德国和日本在整个过程中也出现了类似的上升趋势。

从中可以看出，这些年来全球发展趋势很不平衡，一个接一个地走下坡路。不存在一个国家一直领先于其他国家的情况。后来者居上，这是未来发展的一个非常广泛的规律。那么，后来者国家如何才能赶上甚至超越优秀的国家呢？这个奥秘就是"后发优势"。

二、什么是后发优势

所谓"后发优势"，关键是指生产设备的优势以及由此产生的社会生产力。具体来说：进入我国后，我们可以使用优良的社会发展生产设备（而不是当年先进的国家使用的传统社会发展生产设备）来发展其经济发展，因此所需的时间比发达的国家要短得多，时间短了很多，开发效率比原来的发达国家快了很多。另外，一旦了解了这些用于社会发展的优良生产设备，不仅可以花在补课上的时间越来越少，而且已经建立起来的工业生产和农牧业基本上是立竿见影地对未来的发展有利趋势。但是，先进的国家要用如此优秀的社会发展生产设备，以适应新的发展趋势，还需要时间来重建原有的经济。

例如，今天发展中国家可以充分利用每个人开发的智能工具来发展他们的农业、畜牧业和工业生产；而当年先进的国家只是用人力资源专用工具或动力专用工具来发展其农业、畜牧业和工业生产。

相比较而言，发展中国家所需的时间会远短于一开始的先进国家所需的时间，而继续发展的工业生产、农业和畜牧业，凭借如此优秀的智能工具，基本都融入了信息化的发展趋势，先进国仍需花时间将作为工业革命动力的农业、畜牧业和工业生产的技术改造项目，转化为经济发展下的工业生产和农牧业。

这里得到的一个主要理论依据是：不仅是那些已经完成现代化目标的国家可以实施信息技术，信息化并不是它们原有的专利；发展中国家不能只执行原来的基本面。信息化管理，为了能够完成后来者的方向，应该下大力气推进信息化管理。只有这样，才能利用专业的社会发展生产设备，创造信息时代的社会生产力，完成社会生产力的跨越式发展。这也是发展中国家唯一合适的选择。

三、灵活运用后发优势，让后来者占上风

但是，必须强调的是，对于后进国家来说，虽然有潜在的后发优势，但并不是天然地就可以展现出来，成为现实的优势。大家不要在这件事上片面，认为落后者一定能赶上新人，甚至认为越落后越好。

历史时间的经验表明，大多数后来者国家都没有真正显露出后发优势，只有极少数国家真正达到了后来者的顶峰。期间的道理非常明确。这就是：必须要有一定的条件，才能利用后发优势，成就后来者。

要灵活运用后发优势，实现后来者的成功，必须达到什么条件？

首先是认知问题。对发展中国家而言，最重要的前提是必须有不甘落后和自强不息的志气，有发愤图强后来居上的强烈愿望。没有这个，什么也无从谈起。在这个基础上要真正明白，人世间确实有后发优势的存在。如果你不能理解这一点，你就会空有满腔热血，不能积极使用你的后发优势。另外，我们要搞清楚什么是后发优势，才能理解如何利用后发优势。

从实施的角度来看，重要的问题取决于专业生产设备的广泛使用，以促进社会发展。因此，仅靠理论理解是不够的。更重要的是大力推进教育事业，提高整个中华民族的文化、艺术、科技进步，让每个人都有了解和使用优秀社会发展生产设备的基础和工作能力。

就推进信息化管理而言，要在全社会的发展中开展信息技术和相应文化科学技术知识的教育与培训，使许多社会成员社会发展团队有足够的工作能力来掌握和运用信息技术及其基于现代信息技术的智能工具，利用这种特殊工具来处理社会经济发展和社会进步的各种问题。

在此基础上，国家应结合实际基本国情，制定国家信息化建设基本的、有特色的、总体的和行之有效的目标，正确引导大家朝着勤奋的方向前进。同时，国家要营造良好的政策环境，充分发挥竞争与合作的基本矛盾，鼓励大家在有规划的方向努力打造信息化建设的总体目标。

自然而然，信息化是一项真正的社会发展、经济发展、科学研究、技术协同的工程，经营规模庞大，要素复杂。上面强调的这些层次只是其中一些最重要的标准，并不是包治包好的祖传秘方。然而，既然是真正的系统工程，就不是深不可测、高不可攀的海市蜃楼。只要你具有最基本的条件，同时注意结合实际，不断探索，不断学习，不断积累经验，那么利用后发优势取得成功是很有希望的。

信息化是当今人们经济发展的必然全过程，全力促进社会经济和社会发展信息化是覆盖现代化大局的战略举措。没有信息化，就没有当今社会的现代化。全力推进信息化，利用现代信息技术推进现代化和现代农业，充分利用后发优势，完成社会生产力的跨越式发展，促进工业生产的社会发展（农业和畜牧业）进入快速发展的信息社会。

第三章 社会信息能力的内涵

在各种对信息能力的描述中，无论是从我们自身还是从组织的观察视角出发，能或多或少的发现显形的或隐形的社会结构的存在。信息能力是指从事专业信息活动主体（机构或个人）与信息流等信息活动相关关联，促使在自然条件下处于混沌状态的信息流呈现一定结构。因此，当我们用"社会信息流"的定义来描述表现出某种周期性运动特征的信息时，也可以用"社会信息能力"的定义来概括把握不同信息活动主体的特征属性。

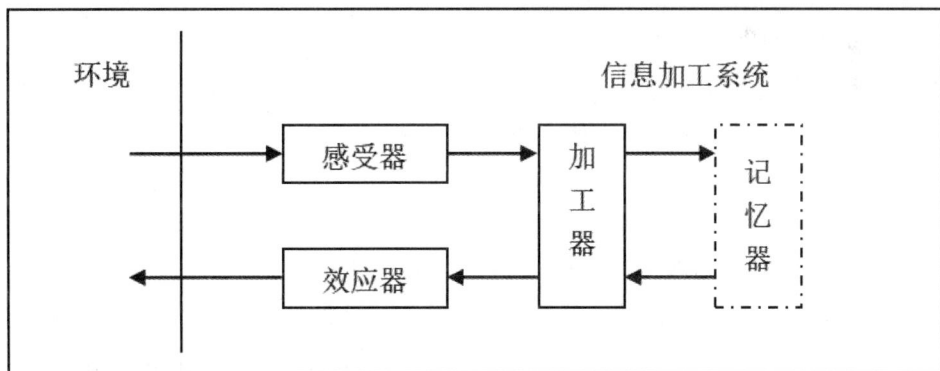

图 3-1-1 信息加工系统的一般结构

本文所指的所谓机制是指在工作中的机构或部分系统之间相互影响的过程和方法。系统根据个体行为（或信息）采取行动，做出反应，形成个体行为（或信息）的最终输出结果。要研究社会信息能力的作用机制 [1]，首先要研究社会信息能力的内部成分之间相互影响的过程和方法；其次是要研究社会信息能力的作用原理；最后研究社会信息能力的被作用也就是演化过程。明确社会信息能力的含义，尤其是梳理社会信息能力的结构组成是对其作用

---

[1] 张琪玉 . 报纸文献是一种极为丰富而未被充分开发的信息源——关于发展报纸文献索引和数据库的思考 [J]. 图书馆杂志 , 1999, 02 : 7–9.

机制进行科学研究的前提。

第一节 社会信息能力

一、社会信息能力的内涵

"社会信息能力"的定义是在"信息能力"定义的基础上发展起来的，而"信息能力"的定义又是在"能力"定义的基础上发展起来的。因此，有必要对"社会信息能力"的定义、含义进行分析，溯源，首先要明确"能力"和"信息能力"两个定义。

（一）能力

"能力"是日常词汇中经常使用的定义，也是社会心理学的基本概念。但在这里的两种不同情况下，"能力"的含义并不完全相同。如果不加以严挤定义，在使用时难免会产生歧义。

朱智资编著的《心理学大辞典》中将能力定义为个人成功完成某些活动所必需的个性心理特征。他觉得能力有两层意思：一是主要支表现出来已达到的特定能力或者已经掌握的对特定类型的任务的熟练程度；二是指潜在能力，即尚未体现出来的心理素养，通过后期学习或训练后可能发展的能力和可能达到的某种技能水平。后者的定义和代表基本常识的通用综合词典对能力的定义上有一定的区别：《新华字典》将能力定义为"做事的本领"，《汉语大辞典》将能力定义为能够完成某项任务的条件、才能、本领等。与社会心理学的定义相比，基本常识范畴下的能力概念更容易理解，但指向不明，模糊不清，无法衡量。

《心理学大辞典》还认为[1]，影响能力的产生和发展有很多因素。概括起来[2]分为三个层次：一是先天因素；二是后天环境因素；三是自己的主观能动性。这里的先天因素是涉及主要因素是素质。在《心理学大辞典》中，"质"一般是指生物体与生俱来的某种解剖生理学方面的特性，主要是中枢神经系统、大脑及其感官的特征和身体器官的特性，是能力发展的先天条件和基础。其实，它已经解释了能力与素质的关系。同样的认知也出现在《百科全书：心理卷》中指出素质是能力的先天条件。素质是能力的自然前提，人的神经系统以及感觉器官、运动器官的生理结构和功能特点，特别是脑的微观的特点，与能力的形成和发展有密切关系。

必须强调的是，在一般综合词典中，"素质"与社会心理学概念的含义相似，也与"能力"的定义具有相似的含义。例如，在《新华字典》中，"质量"有三个含义，第一个含义是"人类的过去特征"，更接近社会心理学中的表达；而第三个含义是"开展某项主题活动所必

---

[1] 徐仕敏.社会信息能力的内涵及结构 [J].图书情报工作，2003(04)：30-37.

[2] 井西晓、曾瑞峰.少数民族地区农牧民信息能力的外部影响因素分析 [J].民族论坛，2018，No.395(01)：63-67.

需的主要标准"，与《汉语词典》中"能力"的表述无异，意为"能够完成某项日常任务的标准"。"信息能力"与"信息素养"混用的情况在信息能力的科学研究中经常出现，我们在常识性的理解中"能力"和"素质"两个定义也是趋同的。

（二）信息能力

从目前对信息能力定义的描述来看，大多数学者在基本常识的落脚点考虑"能力"的定义。信息能力是行动者在各个环节主要表现出来的能力或技能的组合。在很多对"信息素养"的分析中，很多学者在没有分析的情况下，将"信息能力"纳入"信息素养"之下，也有学者为了更好地体现"信息素养"与"信息素养"的截然不同的两个概念，试图从严格定义"能力"和"素质"的角度来比较。但是因为"能力"和"素质"的区分不是很明显，所以很难区分"信息能力"和"信息素养"。讨论最多的是马海群的《论信息素质教育》。这篇文章[1]在经过一番比较后，不得不做出"难以严格区分两者"的结论。事实上，这种科学研究证实了"信息能力"和"信息素养"的在内涵上的同质性。

二、社会信息能力

信息能力主要表现在信息活动主体在各个环节的能力集合。这种理解不言而喻。从信息活动主体的主体活动过程来看，从收集信息到清洗信息、再到分析信息、最后到利用信息，这个过程实际上是一个完整的认知能力的核心过程。认知心理学认为，信息认知的过程可以解释为获得、保存、生产、加工和采用信息的过程，或者一般来说，是经过一系列连续环节的信息生产和加工过程；人格心理学的核心内容是揭示认知能力过程的内部心理机制，即信息是如何获得、储存、生产、加工和使用的。因此，每个人都有理由认为信息能力的核心是我们的认知能力。不难理解为什么"信息能力"学者要关注"个性"[2]，或者说"塑造人的智力和信息能力"的重要性，而且是更容易理解为什么所有领域都在关注"信息能力"的必要性，以及信息能力的作用以及由此产生的对方面的理解比例相似。这是由于认知能力广泛性所赋予的，而这种认知可以有效的用于对员工工作经验的养成训练、学习与培训的有效性研究、社会题材类活动的绩效评价等领域。

认知心理学把人看作是由感受器、效应器、记忆和生产处理器组成的信息生产和加工系统系统。感受器接受外部信息，效应器采取行动，记忆负责存储和获取标记结构，这里的字母符号是模式，如语言表达、识别和标记等，它们的基本功能是代表、标记或指向外部世界的事物，并且可以是自指，即实际操作的生产加工的操作。生产处理器由三个要素组成：（1）一系列基本的信息操作过程，如制作和销毁信息，制作新的标志结构和复制、修改现有的标志信息及其存储标志信息，开发识别、比较、等等。（2）短期记忆，维持基本信息过程，打字导出的标记结构；（3）解说器，它将基本信息过程和短时记忆加以整合，发出指令，为信息操作过程做出决策。

[1] 马海群 . 论信息素质教育 [J]. 中国图书馆学报 , 1997, 23(002) : 84-87.

[2] 王江东 . 感知规律在中学数学教学中的应用 [D]. 山东师范大学 , 2003.

梳理信息主体的活动过程，感受器本质上是信息收集过程；加工器的大概相当于信息分解、处理过程，同时它也有一些信息分析功能：记忆器的功能过程大致相当于信息分析与存储的过程；效应器的功能过程大致相当于信息应用过程。信息意识代表效应器的敏感程度。信息收集能力、信息解析能力、信息分析能力和信息应用能力分别是效应器、生产处理器、记忆系统和效应器特性的主要表现。如果我们把个人的主观活动看成一个神秘盒子，那么当我们试图搞清楚这个神秘盒子的内部机制时，大家所从事的就是人格心理学的科学研究；而当你把注意力放在神秘盒子里外在作用机制和作用过程中时，大家从事的是信息能力的科学研究。这样，其实就可以把主体看成是一个信息加工系统，其信息主体活动也是一个信息生产加工过程，信息能力是这个信息生产过程的系统性能以及生产加工过程的效率的反映和表现。

三、社会信息能力

对图 3-1 稍作改造，即可得到稳定自组织系统软件的信息流程图，如图 3-2 所示：

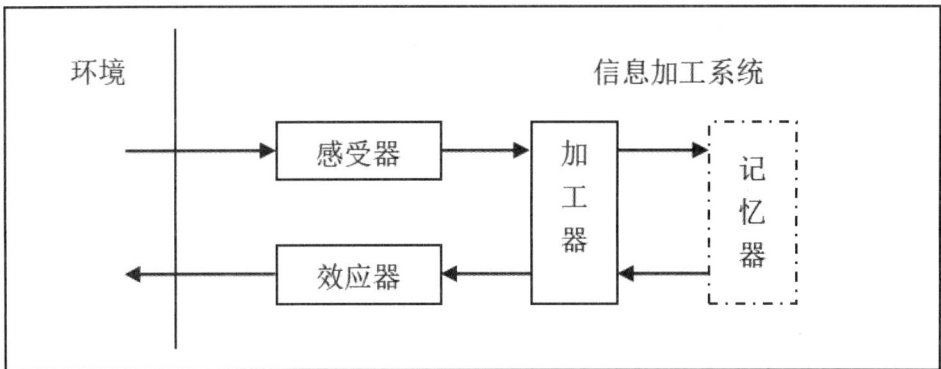

图 3-1-1 信息加工系统的一般结构

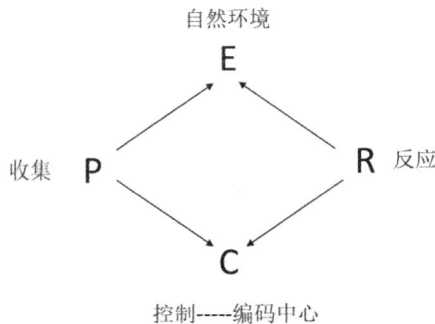

图 3-1-2 自稳自组系统信息流程图

图 3-1-2 中 E 代表自然环境，也就是噪声源；P 代表收集；R 代表反应；C 代表输入和输出之间的控制—编码中心，包含一个射频连接器，箭头符号表示信息流的方向。拉兹

洛[1]用这张图片展示了人类经验生成的机制，科学、艺术等活动中的学习机制。

人类个体和人类社会都是这种稳定的自组织系统，人们利用与新环境信息交流来适应外部环境；社会本身就是一个信息生产和处理系统，它是按照一系列的信息反馈和操纵过程组织起来。

当 E 代表人们日常生活的环境和自然环境时；P 代表个体在自然环境中获得的信息；C 代表的是个体对信息的处置和分析；而 R 代表个体对信息进行分析后做出的一系列反应。图 3-2 实际上相当于图 3-1 的作用表现图。图 3-2 中的 E、P、C 、R 分别对应图 3-1 中的环境、感受器、记忆和效应器，同时 C 也对应生产加工器的功能。箭头符号表示的信息流不仅包括匹配良好的信息流（即行为主体所必需的信息流），还包括不合适的信息流（即冗余信息、错误信息、和非相关信息），信息能力主要表现在每个连接点的转换效率高。

拉兹洛觉得这张图只是二维的描述。由于上述信息流在时间上的连续性，它实际上应该被描述为一个向上的螺旋曲线。这个螺旋图实际上匹配了个人信息能力的不断提升和信息不断使用过程中认知能力也随之螺旋上升过程。

当这个曲线螺旋上升时，不仅可以容忍个人在不同时间的主体认知活动，而且可以容忍个人在不同行业进行的主体认知活动。因此，当我们将不同个体的这条曲线汇聚起来，我们可以得到某个组织甚至整个社会的信息能力图。社会信息能力是一定区域内所有个人和机构的信息能力的集合。

它主要表现为社会吸收、保存、分析、处理和反馈信息的能力。从这张图也可以看出，社交信息能力与其说是一个真实的情况，不如说是一个过程。它的存在、特性和能量不能同时被观察和准确测量，但可以从它的影响中推断出来，或者使用某种类型的评价指标体系来表征。

如果一个人的信息能力不仅偏向于他的现状，还偏向于他自己的学习方法，那么社会信息能力不仅偏向于现在，而且还蕴涵着历史和人文的积淀。换言之，社会信息能力不仅是当今个人信息能力的集聚，同时也是历史和人类以前产生的记忆的体现，是社会专业知识的传统特征之一。社会信息能力是一个社会从自然环境中消化吸收信息，积累经验和文化，进而保持社会良好运行和持续发展的关键特征。

第二节　社会信息能力的层次结构

社会信息能力是各种行为者在其信息活动过程中表现出的属性特征的综合。只有在确定了社会的界限之后，它才能具有确定的整体意义。结构是指"某一整体的各部分相互关联的方法"。根据不同的规范，社会信息能力可以实现不同类型的分区，进而呈现不同类型的结构。一般的分区规范有两种：一种是以信息活动的主体为分区；二是基于社会信息

[1]拉，兹，洛.系统、结构和经验[M].上海译文出版社,1987.

活动过程的阶段性特征进行区分。前者是社会信息能力的层次结构，后者是社会信息能力的要素结构。

根据行动者的信息活动过程对社会信息流作用的差异和级别大小，我们可以将社会领域划分为三个基本角色：个人、社会信息系统和政府机构。这三个角色涵盖了信息活动的所有参与者，在社会信息流程图中各自占据不同的层次。因此，我们可以将社会信息能力划分为三个相对的层次：个人信息能力、社会信息系统信息能力和政府机构信息能力。

一、个人信息能力

这里的个体不仅是指从事信息活动的具体一个人，也是指信息的最终用户。它可以是个人或组织，只要该组织的信息需求表现出整体特征，且信息流最终会在组织内停止即可。个体信息能力是指个人或组织作为最后的信息客户，利用信息解决困难的能力。个人信息活动是社会信息流的源头，个人信息能力在社会信息能力层次结构中处于基础层面。

信息能力是我们社会化的基础。社会化是指每个人获得个性，学习社会和集体方法的社会交往和交流过程。从人们出生开始，并延续在一个人的一生之中。而且社会化不仅对我们的生存和发展很重要，并且对社会的生存和高效运行也很重要。社会化是怎样实现的呢？各种人格发展趋势的基础理论侧重于强调信息交流的关键作用；学习社会实际上意味着你可以从社会中获取信息并准确理解信息的含义；而交流最重要的方式是基于以语言为代表的符号进行沟通。符号 [1] 是指一群人认同的并且可以更有意义地反映他们周围一切实务。显然，符号是一种特殊的信息交流工具。从而，我们可以认为一个人的信息能力是自然人成为社会人的基础。而社会信息流是社会全体成员社会化过程的产物和凭借资源。

组织是具有一定目标的团体。组织既是分工合作的产物，又是推动分工合作的主要要素。组织中每个信息用户需要具备信息能力，是社会责任分工产生的基础。只有在各个社会成员之间建立了联系的基础上，才能落实职责分工。这种联系首要指的是信息联系。责任分工越是发展，信息沟通的必要性就越明显，这也恰好是信息能够成为与物质和能量并列的三大资源之一的关键原因。

英国公共图书馆研究协会（ALA）的信息能力主席委员会的 Patricia Senn Breivik 博士将个人信息能力视为个人幸福生活、组织事业顺利推进和完成社会民主的重要条件。他将信息能力提高到一个新的高度。

在众多支持信息能力的声音中，也有反对的声音。劳伦斯·J·麦克兰克就指出，信息能力实际上只是专业术语中某种程度的自主创新，其本质与过去公共图书馆的信息检索能力并无太大区别，而它可以成为时尚的一个词语，其直接原因在于美国文化对成功、发展和自我完善的追求。他并且认为信息能力的定义过于宽泛，在定量并成功实施信息能力项目培训过程中存在诸多困难。事实上，麦克兰克将信息的概念限制在参考信息范畴，所以出现了这种观点。这可能也与他了解的信息能力的大多来自于图书馆学有关，并且把个人

---

[1] 赵慧，刘君. 以用户为中心的信息构建与网络治理——信息构建理论视野下的政府网站信息资源"去孤岛化"研究 [J]. 公共管理学报，2013.

信息能力教育被归为公共图书馆用户教育行业。

二、社会信息系统信息能力

信息系统是指由信息收集者、各种终端设备、信息、传输媒介、编码、解码规则等要素组成，完成信息收集、整理、清洗、生成、利用等功能的综合体。信息系统按照规范的不同可以分为不同的类型：按规模可分为小型、中型和大型信息系统；按社会功能可分为工业、农牧业、经济和科学技术；按应用领域可分为专用信息系统和公共信息系统。社会信息系统是各类信息系统的总称，其功能是为社会提供信息服务项目。社会信息系统的信息能力是社会信息能力的心脏，其活力的大小影响着社会信息流的活跃程度。

作为一个社会组织，社会信息系统也是一个职责分工的问题。与作为一般信息客户的组织不同，社会信息系统的特殊目标是提供信息服务项目。从社会信息流的流向来看，社会信息系统软件只是社会信息流的中间连接点。它既不是社会信息的最终来源，也不是社会信息的最终归宿，而只是促进社会信息的流动的泵。它的信息能力不仅是水泵的驱动力，也是社会信息系统能够在社会责任分工中占据一席之地的竞争优势。

社会信息能力取决于信息服务结构，同样，情报信息的基本结构决定情报信息的能力"。基于这种认识，胡雄彪[1]将"情报信息基本服务结构"分为"情报组织、情报员、情报信息资源、情报信息技术手段、情报信息传递方法、情报信息教育、情报科学、当前情报信息政策等八要素和组织形式"，认为从这八个结构要素目前的层面上可以表达社会信息能力。这八项要素中，除了现行的情报科学和情报信息政策外，其余六项都是社会信息系统的结构要素或其功能。

也正因为如此，学者们有时将社会信息能力理解为社会信息系统的信息能力，其本质是将图 3-2 中的 C 作为社会信息系统软件的功能。虽然社会信息系统的信息能力可以在较大的层面上反映社会信息能力的情况，但在学理上将"信息传播的社会系统"作为信息交流本身仍然是不恰当的。社会信息系统软件的信息能力在社会信息能力层次结构中处于动力层。

三、政府信息能力

政府机构是我国控制社会的组织形式。政府机构最重要的能力之一是公共信息的解析。各类公共信息是政府机构的信息输入，现行的政策、发展战略、政策法规、规划等是政府机构的信息输出。自然，政府机构在解决公共信息问题的基础上，也为公民提供各种服务项目，包括信息服务项目，以确保政府政策、发展战略、政策法规、法律法规、规划的完成。政府部门的信息能力如何，决定了一个政府部门能否有效地履行职责。因此，政府部门信息能力是政府部门必须具备的基本能力。

政府部门的信息化能力是政府部门行政部门的基础。政府对社会的操纵有多种形式，例如军队、警察和税收。操纵和控制信息也是一种主要方式。流入社会大众的信息无疑会

---

[1] 胡雄彪. 竞争情报研究与企业经营决策 [C]// 全国竞争情报与现代咨询业学术研讨会. 1996.

干扰他们的思想和个人行为，而总的策略，小至小众的宣传，相关信息都掌握在我国和地区各级手中。一方面，政府部门必须向公众提供非保密的公共信息，这使得它似乎与社会信息系统软件具有相同的责任；另一方面，政府部门可能操纵社会信息流动的标准，提供社会信息流基本性网站的关键能量，政府部门和社会信息系统软件在提供信息服务项目的目标和方法上存在实质性差异。政府部门在给予信息服务项目时的作用是信号源，而社会信息系统软件的作用是"信息栈"；政府部门根据给定的信息服务项目达到操纵社会信息流的目的，而社会信息系统软件则主要是根据提供信息服务项目来完成组织的特殊总体目标。这个总体目标本身与社会信息流没有直接关系；政府部门对社会信息流的直接影响是同步性和即时性的，而社会信息对系统性社会信息流的直接影响是间接和延迟性的。政府信息能力规定了社会信息能力可能达到的水平，在社会信息能力的层次结构中处于中枢控制层的位置。

第三节　社会信息能力的要素结构

根据社会信息活动过程中的不同阶段性特征，我们可以将社会信息能力分解为信息认知能力、信息编辑能力、信息处理能力和信息再造能力四个因素。一方面，这四个因素的划分与信息能力学者广泛认可的将个人信息能力分解为信息收集能力、信息解析能力、信息分析能力和信息应用能力的划分方式密切相关。另一方面，它也考虑了划分方法，在社会整体层面上，信息流动性的差异与个人信息主题活动的特点息息相关。

一、社会信息能力相关概念解析

（一）信息收集能力

信息收集能力是原始、自然的信息进入社会并转化为社会信息的基本条件，也是人们了解、认识实务的基础前提。

就人类个体而言，人脑是一个信息生产和处理系统软件的重要场地。在认识外部世界的过程中，人脑不能同时生产和处理外部事物，生产和处理的信息是键入的外部信息流。身体的视觉器官是身体的效应器。外部信息产品的流动是通过感官来打字的，直觉是"感觉信息的排列和表达，即获得感觉信息意义的全过程"。感觉能力和直觉的融合是一个人感知信息的能力。由于直觉是实际刺激与储存的常识经验相互影响的结果，人们的直觉表现为大量的标记结构。人们的直觉能力往往表现为倒三角符号管理系统，即能力识别参考信息，如文字、语言表达等，而感知能力主要表现为识别图形、声音、外观、味觉等实体信息和隐性信息的能力。因为参考信息是固定在记录介质中的信息，而且记录介质的功能改进越来越快，在遗传和交流方面优于物理信息和隐性信息，进而人类对信息的感知能力和感知能力更多的在于感知参考信息的能力。

社会信息收集能力是每个社会群体成员的信息收集能力的组合。因为社会群体成员的参考信息知识能力是由他们的教育水平决定的，所以社会信息知识知识的水平是由社会教育水平决定的。

（二）信息解析能力

信息解析是传递和传达信息实际意义的必要条件。社会信息的流动是非常可能的，因为社会群体成员可以通过一套信息解析、编码管理系统共享资源。解析的作用是促使社会群体成员所知道的信息具有统一的实际意义，进而在社会领域内进行规范、高效的信息交流。信息编号能力意味着信息编码和解码能力。解析过程是信息产生和加工的过程，编码和解码过程是获取信息意义的过程。

对于社会群体成员来说，信息主题活动过程的关键是信息编号和编码解码的过程。从信息编码和解码的角度来看，信息的生产和加工过程可以分为三个环节。第一阶段是编号过程，主要表现为用自己理解的标记结构对获取的信息进行标记，例如通过某种方式将信息（测试数据信息、可听声音、所见界面等）记录下来，编码方法或使用自己的语言组织获得的参考文献（将国外的参考文献翻译成中文等）；第二阶段是编号和编解码的过程，主要表现在维护类型化和派生的标记结构，即将新信息与现有的标记结构并排显示；第三阶段是混合的过程编码、解码和编号，主要表现在基本信息过程和上下文记忆的紧密结合，不仅仅在结构中标记位置，它还是新信息决策前两个阶段的融合过程。例如，在看到外文参考资料后，首先确定外文参考资料的内容，然后在回忆记忆匹配中的中文表达，接着用中文表达引用的内容，最后将这些内容分配给特定类型的专业知识。

较大层面的社会信息编号能力决定了社会信息主题活动的高效性，这实际上是礼会信息排序过程的必要能力因素。参考人们对主题活动的理解历史，我们可以发现，每一次重大人物理解能力的飞越，都对应着一个信息编号能力飞越的过程。从视频和语音编号到图形图像，再从图形图像到文本，接着由文本到电子计算机使用的二进制编码，社会信息编号能力的每一次演变都会立即促进社会信息流量的大幅增加。社会信息化主题活动的迅速兴起，带动了社会信息化能力的快速提升。

（三）信息处理能力

调节是环境和生态工程中的一个定义。它是指将选定的化学物质解决成可以随时随地进一步轻松解决的情况，例如更新和转换化学物质的形式、规格和包装。该制剂不涉及化学物质的含量，只是为了更好地解决实际操作的便利性，增强对高效外部操纵主题活动的处理。信息准备具体表现在对信息媒体、记录文件格式、传输方式等进行必要的更新改造。在社会信息流动的过程中，信息准备是提高社会信息流动效率的合理途径。

准备信息的能力首先体现在社会干预信息的能力上。从社会信息流的角度来看，往往是从地理环境等信息活动主体流入信息居所。这种信息流向来是个人的、瞬间的，但也会留下特殊的运动轨迹。如果社会不能合理整合和存储此信息流的内容，则此信息的最终结论将被淹没。相反如果社会能够提供一个稳定的系统，使信息内容的流动不流动，并根据认知能力的主题活动发现信息的实际意义，使其最终进入社会专业知识的传统风格，那么这信息可以连续应用，参考文献便是巩固信息的最重要系统。其他常见的系统还包括社交仪式。

信息准备能力其次表现为有序地存储和传递信息的能力。虽然信息媒体和传播方式层面的自主创新不会立即影响社会信息流的内容，但基于方式的创新，为社会信息流提前准备了有效的服务平台。例如，参考媒体方法的演变；邮政快递和通讯方式的变化。这样的参考记录和传输方式的发展，推动了信息越来越丰富多彩、有序，以更多的技术专长和大量的优质方式在大众的认知能力产业中逐步展现出来，为物质生活做好了准备提前推进社会信息化能力提升。

（四）信息再造能力

信息再造能力是社会信息流持续流通和社会信息能力在个人信息能力基础上进行整合的必要条件。

对个人而言，信息识别、编号、准备都是信息利用的必要前提准备。信息利用是信息主题活动的中止，其本质是利用新信息弥补或调整经验解决困难的过程。当个人成功地凭借编号、编码、解码、分析获得的信息整合到自己的工作经历行业中时，便会必须做出相应的管理决策。个体的决定会改变自然环境，给自然环境带来新的信息刺激，然后再创造更新的信息，可能会被某个行动者（可以是自己，也可以是其他行动者）认可，然后逐渐产生新一轮的信息脚步。因此，信息重构实际上是社会信息流的驱动力。信息再造是信息利用能力集中体现的必要阶段。它是个人信息能力的存在、特征和能量的主要体现过程。因此，推断个人信息能力的水平也很重要。

在社会信息能力建设中，信息再造能力对于推动其绩效曲线螺旋上升具有重要意义。基于信息利用完成的专业知识升级，必须经过信息再造，才能在社会实践活动中得到检验，从而沉淀为传统的专业知识风格。信息再造能力决定了个人工作经验积累进入社会工作经验行业的高效率，决定了社会工作经验行业门类扩大的概率，决定了社会专业知识传统的刷新频率。而且，这种决策的效果是基于环境损害的体现，根据特殊的评价指标体系（不是精确的衡量）促进社会信息能力的表现。

二、社会信息能力的结构整合

卢泰宏先生将社会信息化能力分为四个因素：信息化员工集团公司的信息化能力、信息技术装备与方法、信息产业链总产值和年产值以及信息工作全面高效。国家统计局学者将我国信息能力分为四类：信息技术与信息先进装备利用能力、信息资源研发利用能力、信息技术人才与人口素质、我国在发展中的应用信息产业规划。这两种分区方法都同样重视社会信息的利用。换言之，信息生产制造的方法和结果实际上是基于这样的考虑：社会信息能力的整体水平可以通过可衡量的信息生产制造能力来体现。

将社会信息能力分解为三个层次和四个因素，是因为对社会信息能力的结构已经有了更清晰的认识，但这种基于还原论的认知无法详细把握社会信息能力的含义。总的来说，没有各个部分的简单积累，社会信息能力也不会是各个层次和因素的简单拼接，需要在社会信息流的结构中整合结构分析和因素构建，才能准确理解社会信息。

社会信息能力的结构整合，首先建立在各种信息能力和谐互动的基础上。社会信息的流动主要表现为一个连续的过程。在这个连续的过程中，每个因素往往会产生交叉功能的影响，特别是社会信息活动主体的信息生产和加工过程，主要表现为在反馈调节系统上形成的循环系统流动过程，而不是单边流动过程。代理知道的信息总是由一般信息流和失配信息流的混合组成。信息准备是协助代理人进行信息的制作和加工过程，生产加工的效果在于信息编号和编解码条件，信息编解码经过分析，信息的效果会体现在信息感知环节，信息利用的作用将重新创造和更新信息，从而对信息意识和编号的方法和方法产生不利影响。意见反馈分为反馈调节和负反馈。反馈调节激励信息活动主体按照设定的步骤进一步获取、生产、加工和利用合适的信息流，并重新创造和更新信息，负面反馈刺激性行为的主体会停止不合时宜的信息流。

社会信息能力的建设与整合，其次是在各级信息能力相互影响的过程中完成的。各个层次的信息能力并不是孤立存在的，而是自始至终都处于相互缠绕、相互制约的状态。造成这种情况的关键有两个因素：一个是对个人认知能力的限制，另一个是对信息流与社会规则的关系。两者相互克制。

一个人认知能力的限制是由人生理能力的限制来决定。每个人的大脑都不是一个可以无限扩展的神经系统仓库。它对每个人都可以记住的项目和可以解决的项目进行了限制。必须为室内空间腾出新的数据信息的现象，要求每个人都以各种方式消除可以更好地存储在其他区域的信息。因此，合理的学习需要掌握选择性遗忘的能力和利用外部记忆存储的能力。外在记忆的钥匙储存在社会、文化和艺术中。社会文化艺术的媒介无非是实体、人脑、参照物，它们的属性主要是参照物。使用外部存储器存储的能力实际上是指运用引用的能力，社会信息系统软件的产生是为了更好地提高人们使用参考文献的能力，社会信息系统软件的信息能力的作用也是为了更好地填补个人信息能力的不足，提高人们的认知能力。

充分利用个人信息能力和社会信息系统软件的信息能力，都依赖于信息的流动。没有信息，或者信息处于停滞状态，两者都不可能有其他功能的室内空间。操纵和获取信息是一个非常重要的政治问题。由于信息不受限制的自由流动很可能造成社会纪律碎片化，到达不同人群的信息一般要经过过滤系统和权利人的调整，以维护社会规则和法规的稳定。然而，一个社会的维护和运行离不开信息的桥梁。社会信息的流动和解析具有社会操纵功能。社会机构和参与者的调整只能基于信息商品的流通来完成。信息流动与社会规章制度的相互制约，体现了政府部门信息化能力的必要性。在法制社会中，唯一有权以社会的名义参加调整信息的官方部门就是唯一的政府部门。只有政府部门才有权调查和解决国家地理杂志的人口规模、资源、地形等与社会安全稳定有关的各种社会信息，并以适当的形式向公众提供这些信息。

只有政府部门才有权制定需要社会信息流通的信息法规和标准，也有权控制个人和社会信息系统软件的信息主题活动，也可以在认为必要时依赖信息自行制定的规章制度干扰个人和社会信息系统软件的信息主题活动。因此，个人和社会信息系统软件信息主题活动的室内空间在于政府部门的信息能力。所以，在个人信息能力和社会信息系统软件信息能力的背后，隐藏着政府部门信息能力的痕迹。

社会信息能力主要表现为社会对信息的吸收、储存、解决、使用和给予的能力。这种能力依靠社会团体成员对主题活动的信息收集、解析、分析和运用在汇观视点进行塑造，并依靠各种社会信息系统软件为社会团体成员提供必要的信息服务项目，进而支持社会团体成员。在宏观经济方面，依靠政府部门制定和保护的信息规章制度来保证，作为个人信息能力、社会信息系统软件信息能力和政府部门信息能力的融合材料，社会信息能力只是在各个独立层面上的是不完整的，只有在社会信息不断流动中才能呈现出来，发展整体特色，从而激发其相应的社会效应。

第四章 档案信息化与自动化管理的创新思路

信息化是一种改革，它引起了档案管理方式的深入变革。社会发展信息化向档案工作的快速发展，带来了一个融合核心理念、方法和技术的大环境。档案工作作为社会发展和文化事业的重要组成部分，已纳入社会经济和社会经济发展总体规划，遵循和服从社会发展信息化发展的总体要求和发展战略，使档案工作自我发展。档案工作的发展壮大与我国信息化发展战略相统一、协调。档案信息化[1]是 21 世纪当代档案管理方式区别于传统档案管理机制的关键特征，也是信息社会档案管理方式发展市场拓展的必然趋势。

档案信息化潜在地改变了档案工作人员的思想观念、档案业务流程的办公环境、档案的建立方式和档案的传播方式。档案将不再局限于纸质、音频和视频媒体，而是更多地由数据生成、传输和传输、评估、归档、存储和使用。在档案工作中，利用电子计算机来完成自动化技术。存档资源，用于存档使用。信息作为档案的使用显示出前所未有的便利。图书馆档案智能化已成为时代的必然。智能档案的信息化大大提升，用最新的思想、方法和措施来发展档案工作，是一个信息时代学习型社会为为档案工作人员的自我发展提供的新契机。

第一节 多媒体档案统筹管理

在中国，信息管理真正应用于各行各业，创造了具有历史文化价值和凭证功能的电子档案和智能档案，这是 1990 年以后的事情，有条件的档案馆也随之探索和开展档案信息换的初期建设和简单的案卷目录计算机化管理和查询工作。初期，进行了档案数字化的基

---

[1] 孟醒，曹安阳，张雅娟 . 档案管理信息化建设的意义及信息化管理流程 [J].《中华传奇》. 2019

础建设和简单的文件目录查看应用的探索和实施。但是，从国内来看，还有很多档案馆没有进行信息化管理，或者还没有真正应用计算机和信息管理系统。档案在各个领域的数字化应用能力也参差不齐，导致档案和资料的产生有模拟的，也有数据的，应用介质有纸张，也有 CD、电脑硬盘等数字格式。

应该说，进入 2000 年后，大家都处于纸质与电子设备、模拟与数据并存的局面，处于从传统监管向现代管理方式转变的融合与调整时期：档案室有以前保存的档案、缩微胶卷、录音带和录像带以及其他物理实物档案；同时期，档案馆新受理的档案不仅包括各种形式的电子信息档案，还包括大量纸质档案。在这个特殊时期，[1]档案数据媒体方式的多样化、管理的复杂化、方式方法的多样化、服务项目的人性化成为现实挑战，但档案存储的安排和队伍却难以升级和发展。因此，随着档案数据资源的不断发展和档案信息管理管理规模的扩大，档案数据的监管必然会引起当今社会的高度重视。这就要求档案工作人员统一的监管理念，兼顾不同类型的媒体档案的综合管理。

一、档案目录信息统筹管理

无论是电子设备还是纸质档案，无论是人工管理方式还是利用电子计算机实现智能化管理，整理、分类、描述都是档案管理工作的关键组成部分。文件目录是各个档案馆提供的档案使用和数据服务项目的基本信息，也是维护档案检索和档案使用的元素。

曾经，馆藏的传统媒体档案中书写的文件目录是最常用的方法。现在，新归档的档案将生成各种计算机可读的档案目录，或以 Excel、Access、Word 或以关系数据库格式存储的数字形式的目录信息。为了更好地方便档案使用者，档案室必须实现现有馆藏列表信息内容与新归档的所有电子档案资料的整合，根据来源原则或信息衍生的分类方法分别进行排序、归类、合并处理，生成可覆盖各种档案资料资源的清单信息，并利用档案信息管理系统对档案目录、信息内容实行统一管理，完成文件目录信息内容的资源整合和统筹管理。还应杜绝一些档案馆的做法：智能档案馆采用信息化管理系统进行管理手段，纸质档案馆采用传统的手工操作，制作取回单形式进行检索。在档案室信息管理流程的实施中，档案目录信息内容的智能化也是一项非常重要的日常工作，它不应该因为大量的劳动力和过去没有录入就成为历史时间的遗产。

档案目录信息内容整体管理的另一个含义是档案目录与文件中文件名的关系管理方式，即新版本的档案中文件名也尽量实现计算机化的管理方式，和对应的档案目录的建立映射关系。查找档案目录时，可以方便地访问文件中的文件名，提高查找的准确性；当您在档案中找到文件名时，可以快速准确地定位到对应的档案目录及其所属的逻辑保存地址，方便文件的调取。

早期，由于档案馆人力、财力、物力的限制，档案信息化管理是一个由浅入深的全过程，不可能一蹴而就。因此，部分档案馆从自己的客观条件出发，先解决关键问题。实施信息化管理之初，注重新档案目录的基础建设和新收档案的计算机化管理办法，而把档案馆藏

[1] 高全忠. 社会信息化背景下的高校学籍档案管理 [J]. 机电兵船档案，2005, 000(001)：40-42.

的原有传统的手工目录和实物的数字化作为后期工作来计划。综合实力较强的档案室将两项任务同时进行，加快档案系统解析和信息管理的高效化。目前来看，[1]电子化档案管理工作已然发展成为时代的必然趋势。无论采取何种对策和方法，档案信息管理最终的实际效果是对档案室所有档案进行信息化管理和统筹管理，方便档案工作人员和档案使用人员，可以提供快速便捷的操作。未来，为市场化的服务项目和档案数据资源的资源共享奠定坚实的基础。

二、目录全文一体化管理

20 世纪 90 年代初，数字档案的形成主要[2]有两个途径：一方面是指博物馆馆藏的原始档案的智能化、信息化的过程，如缩微胶卷、照片生成的静态位图文件、及纸质文件、录音带、录像带等模拟信号 / 数字信号转换后，建立声音、图像、视频等多媒体系统文件；另一方面，是指由计算机应用系统软件生成的，经过归档后建立的电子档案的信息内容。这种完整的信息内容是数据档案与档案目录的信息内容相比，整个文件信息可以得到更详细、更完备、更精确的存储。众所周知，许多档案馆在接受电子文件或进行智能化生产加工后，并没有对这些全文信息内容进行有效的管理，而只是将这些智能化的全文和图片存储在光盘、硬盘或网络存储中。就像存放纸质档案一样，这些档案被放在仓库里，如果没有分类和记录，也没有办法制定科学的管理方法或应用它们。这完全违背了电子文献入馆收藏和检索智能化的基本原则。我们知道，档案内容信息化的特点是使用方便，搜索快捷。当时，档案馆要耗费大量的时间、人力、物力和资金来开展馆藏档案信息化改进，接受电子文档入馆。目的是更加快速、便捷的使用数据，也对原始的馆藏数据起到保护的作用。

对整个档案目录实施一体化管理方法是数字化管理中比较合理的方法。其基本原理是先在档案目录中实现搜索，缩小范围，再搜索整个文档，从而准确、准确地定位文件的总体目标。一般采用的方法是利用关联的数据库智能管理系统，对档案目录信息的内容实行统一的管理方式，将扫描后面的图形文件和新接受的电子档案存储在档案服务器中。在档案服务器中形式的文本文件目标或文件，或者在网络服务器上，经过一定的查阅标准，建立档案目录信息的内容与那些文档对应的关系。当搜索存档目录的信息内容时，您可以访问并找到整篇文章。如果在信息管理系统中，还需要按照系统软件设置方便的文件使用权限和标准，为以后面向市场的服务项目和文件数据资源的资源共享奠定坚实的基础。

在这个阶段，很多档案馆在接受电子文档时，都选择了"目录全文关联归档"的方式。这种归档方式是将电子信息进行整理分类，整理成方便检索的目录信息，建立电子文档全文与电子文件目录之间的关联关系，即将电子信息的目录与全文进行捆绑。该模式的实际应用是将文件目录信息的内容从电子文档的整个信息内容中分离出来，进行数字化的分类和描述，生成文件目录信息内容，将这些分类、编目的文件目录信息关联数据库查询中的内容；将整个电子文档全文存储在文件服务器或数据库的二进制存储介质中。因此，在完

[1] 吴启瑞. 档案管理发展中电子档案的现状与分析 [J]. 黑龙江档案 ,2021(04) : 200-201.

[2] 薛四新 , 孙宇华 . 数字档案管理方案——目录全文一体化管理 [J]. 数字与缩微影像 ,2003(03) : 9-11.

成电子文档信息化存档工作时，要做好分类描述、全文梳理，理清它们之间的对应关系。同时，要打造"电子信息技术环境应用场景"自动下载功能，保证电子文件档案的易读性。文档的中心可以是一个逻辑管理中心，它汇集了所有需要归档的数据，它的物理地址可以是存储在各个业务管理系统中的分布式系统，也可以是存储在专业档案机构内部。在云服务器上，互联网的应用早已模糊了电子信息数据的物理位置，只需要让工作人员按照规定方便管理和浏览即可。

在实际应用工作中，并非所有有价值的档案资料都会被所有档案用户频繁搜索。例如，建筑工程设计或施工的技术人员必须经常查看施工图等个人档案的内容。不太注意会计档案，大多数建筑工程用户只是查询系统软件和访问此类档案的专用工具。正是基于文件用户的这些基本要求和特点，所以文件目录全文关系归档方案方便有效，它不需要像"离线存储方式"那样，记录各类电子文件的信息内容。移动存储设备的应用环境和自然环境信息内容存储了大量的冗余信息内容，导致网络资源的消耗。但是，为了更好地实现和方便用户查询其他类型档案的信息内容，例如企业员工有权限可以查询各种综合档案时，"目录全文关联归档"方案采用电子信息技术，环境应用场景可以实现自动下载并提示装载相应软件，为其下载想要查询数据文件并对没有安装软件环境提供可行性建议，从而"文档目录全关系归档"得以实现。

档案数据"档案目录档案"方案，体现了档案工作人员在电子档案归档全过程中采用的主动服务、一体化管理方式的全新升级核心理念，也保证了电子信息的安全以及归档后的文档可以得到科学有序管理和应用。这种方案已被众多档案馆选用，并且推广应用于馆藏档案数字化处理后的目录信息与电子图像信息的管理中，这是目前我国档案信息化工作过程中值得借鉴和采纳的、行之有效的解决方案。

三、档案工作中的"双轨制"

各领域信息化的积极发展，最终会产生大量的电子档案和形式各样的电子文件，但这并不意味着档案馆以后将不再接受纸质文件。由于涉及电子档案的相关法律规定、保存期限和安全措施等，还存在一些需要进一步研究和明确的问题。社会经验告诉我们，高质量的纸质档案可以保存数千年。因此，在未来很长一段时间内，电子档案和纸质档案将长期共存。两者的共存、互动补充、交织，构成了信息时代人们记录历史的一种特殊方式。"双轨制"将成为21世纪档案工作的主要方式。

"双轨制"是指在文档生成、解析、归档、存储、应用等环节，纸质文档和电子文档同时存储。两种媒体的文档与办公流程一起运行，同时存档，同时进入归档存储的全过程。实行双轨制的机构在文件进入操作程序流程时，使用电子设备和纸盘并存。有时，工作人员必须对两种信息相同的单据进行并行处理申请，正因如此，"双轨制"的关键在于通过文档的制作，逐步将各种社会实践的信息记录在两种媒体中。此类具有保留价值的记录将作为档案进入归档环节，纸质和电子设备记录同时转入档案。这种自始至终实行完整的双套做法，是信息化在各个领域运用的初级阶段，特别是在《中华人民共和国电子签名法》

颁布之前，电子文件的识别无法被识别，电子文件的安全系数、真实性、有效性和一致性难以保证。2004 年 8 月 28 日《中华人民共和国电子签名法》经全国人大常委会批准，自 2005 年 4 月 1 日起施行。法律承认为手写签名或公章，电子文件与书面正式文件具有相同的法律承认。此后，借助网络空间、电子签名、身份验证等技术，确保了电子文档的创建、审核、操作、会签和存档的法律效力。当今，人们都追求快捷的效率和专业化、标准化、自动化的技术管理的法案，如此一来，在文件运行过程中是否还需要实行"双轨制"，就成为了我们讨论的热点话题，也是专家们研究的重点。

就互联网和电子设备的自然环境而言，虽然它们具有"不安全"、"快速更替"等固有缺陷，但每一个新的网络服务器、存储和数据管理系统软件都会与旧版本兼容或颁布新的数据交换或传输协议，目的是确保原始电子数据的有效性或可读写性。事实上，许多"丢失"的电子文档和档案"不可读"，归根结底，关键是在计算机系统硬件环境和软件系统升级的特殊时期，数据转换或传输工作并没有完善，这属于管理上的失职。当然，每次更改或复制都可能破坏档案的内部性或丢失一些相关信息。这就是实行"双轨制"的直接原因。

一个完整的"双轨制"要投入大量的人、财、物，而且在生成电子文件的全过程管理上也非常复杂。因此，很多企业实行了"双套归档"的做法，即在归档前，将办公系统软件中属于归档类别的电子文件进行纸质副本，并在归档前将两者传输到文件中。存档的同时开展纸质文件智能扫描、识别文本解决方案，制作纸质档案电子设备副本。这样，存储的电子文件就可以方便、数字化地使用，而纸质文件主要用于保存。一些单位选择缩微技术来完成文件的存储，这种方式不可避免地会增加对档案的接受和管理的复杂性，增加档案管理和存储的成本，但这仍然是档案管理的普遍适用方式。随着时间的推移，纸质档案和电子档案在档案中的比例可能会逐渐发生变化，但在很长一段时间内，纸质档案将继续成为博物馆馆藏的主要组成部分。

因此，各档案馆必须根据自身管理档案的特点和资产、人才、计算机设备资源等情况，选择合理的档案受理方式，进行档案阅览和档案信息管理。例如，所有文件归档或关键部分归档，在管理和使用文件的整个过程中必须部分数字化或全部数字化。对此，每个存档的单位并不完全相同，因此没有固定的方法可以借鉴。

第二节　文件档案一体化管理

1946 年第一台电子计算机的发明，到后来的普及，电子文件的创建，以及各种办公系统软件的推广和使用，使文本文件的计算机化管理真正成为可能。千禧年后，[1] 一套新的管理理念、技术和方法将取代传统的手工管理方法。文件档案一体化管理是将文件生命周期基础理论、全过程管理理论和以往操作概念应用于电子文件管理的过程。在互联网信息系

[1] 尉永洁. 对建立现代企业档案管理制度的探讨 [J]. 黑龙江史志，2012(13)：3.

统软件中，电子文件和电子档案难以区分。各个领域的信息化产生了许多电子文件。整合现行标准业务流程后，必须对具有保留价值的电子设备信息进行整理归档，进入永久保存，这必然会使文本文件的综合管理进入实际使用环节。

一、文档一体化管理思路

文档一体化注重整个电子文档管理过程的连续性和信息记录的一致性，目的是确保具有保留价值的电子文档逐步转化为生命周期的全过程信息能够得到充分的存储、保存。本文档一体化管理的理念体现在以下几个层面：

（1）管理全流程的交互

文档一体化最重要的特点是：完成当前业务范围内的工作与文档工作之间的交互沟通和融合。一方面，档案工作人员可以从电子文档生成后后进行评估、归档和管理。在前期参与和流程管理的基础上，提高社会信息积累的执行能力；另一方面，当前业务规范的流程活动也促进了工作人员对档案内容的理解水平。他们不仅要明白，只有将有价值的文件详细归档并移交档案单位保管，才能真正完成相应的操作，同时也必须认识到，在办理档案的过程中，遵守现行的业务管理制度，要责任明确、注重积累、记录电子文档活动全过程的所有主要和有价值的信息，保证电子文档的真实性和一致性。管理全过程的互动，增强了各个部门人员工作的有效沟通，对形成和积累有价值的、完整的、真实记载社会活动记录的电子档案具有非常重要的社会意义。

（2）应用系统的统一性

文档一体化管理方法的建立是文件和档案相互依赖又统一的管理信息系统，运行在同一局域网罗、网络服务器、数据库查询管理服务平台上。使用相同的数据信息和文件存储文件格式，不同的是，档案管理人员和档案人员对信息系统使用和管理的权限是不同的。在文件转换、解析、会签、审核等业务工作解决环节，业务流程人员拥有文件升级、修改、删除等管理权限，而档案人员只有查询、访问的管理权限。文件完成本期标准化业务工作后，进入归档环节，由电子档案归档整理人员进行筛选整理，档案工作人员开始履行电子文件和档案的鉴定职责、备案前的指导工作。电子档案归档生成电子档案后，档案工作人员必须存储电子档案，使得档案可以生产为企业和社会发展提供相关业务和服务的作用。系统的统一性促进了从文件到档案转化过程中数据交换和传输的完整性，保持了档案信息的真实性和一致性，同时减少了工作人员使用的信息系统的繁琐性，减少整个运行过程中不确定性的发生。

（3）工作流程的集成性

在传统文档管理的整个过程中，涉及文档的生成、归档、存储和再次使用等环节，将文档生命周期明确划分为三个相对独立的整个过程，即现行期、半现行期和非现行期，并通过现行业务工作部门、机构档案室和档案馆三个物理位置不同的部门分别完成各自的工作。文档一体化则将完成了文件和档案管理步骤的集成。规定在统一的操作系统中，有统一的控制中心，统一的工作规范，统一与个性化相融合。程序运行流程是将档案编目、评审、保管、管理工作与文件的生产、整理、评审、备案、移交、保管或清理等环节联系起来，完成各环节的整合和信息资源共享。可以根据不同的文件和工作要求定义不同的工作流程，达到的流程的优化和人性化的解决方案，提高工作效率，减少文件接收和存储的多样性，防止多次输入信息并导致信息不一致的可能性。工作内容的整合体现在以下几个层面：

①归档工作与文件处理业务活动的集成：各部门在选择办公系统生成和解析文件时，可以考虑在关键文件上附加归档标志，以确保其能够被存储后在存档数据库中以供查询。这个步骤始终被定位为流程活动最后阶段的归档，贯穿于电子文档解析工作流程的各个环节。

②归档工作和鉴定工作的集成：文件生成时对重要文件做归档标记，是文件存储价值的初始判断。档案保管员在进行评估工作时，主要考虑的是带上标记的文件。这样既保证了鉴定质量，又提高了工作效率，使归档文件的质量控制和文件的技术鉴定工作得以同步进行。

③归档工作和用户权限设置、数据备份等安全保护活动的集成：归档代表电子文件管理权从文件生成部门到文件存储部门的转换，系统使用者的使用和管理文件权限不同。另外，在整个归档过程中，需要对归档的电子文件进行电子印章和数据备份，这种操作可以与归档工作同时进行。

④归档工作与档案分拣工作一体化：归档的同时，系统将根据预先设定的档案目录信息著录的规则，实现自动分类、自动著录，然后，在人工参与下进行核对、再确认和添加档案馆保管档案的其他元数据项的内容。

（4）业务流程解决的自动性

文档一体化是在互联网、电子计算机和信息系统的数据环境下充分安全的环境下工作。采用信息技术和基于工作流程管理理念实现的自动化信息系统，不仅提高了工作效率，而且减少了错误造成的概率。同时，在一些业务流程解决阶段，系统自动处理技术得到了改进，如电子文件版本号信息的自动跟踪、电子文件处理方法中责任链信息的记录、电子档案按照管理标准完成全自动索引等，大大提高了业务流程处置操作的智能化水平，降低了人工操作的复杂性。由于这一智能操作流程是根据操作系统的身份验证自动生成和存储的，进一步提高了电子文件整个生命周期中信息描述的真实性和一致性。

（5）归档工作的及时性

根据文本文献综合系统的普遍应用，档案工作人员可以对归档范围内已经完成的重要任务文献进行及时的评价、整理、归档和使用。一旦电子文档的生成结构确定文档已经完成了当前现行期的历史使命，就可以完全完成及时归档和及时评估，杜绝隔年归档出现的各种问题，如丢失、泄漏、落后等。

（6）安全管理的有效性

文档一体化，一方面使电子文件归档的整个过程越来越简单方便，自动化技术水平高；另一方面，我们完成了电子档案初始文件和档案文件目录数据信息的同步管理，最大限度地减少人为干扰，不仅提高了备案工作的高效率，更重要的是大大提高了整个备案过程的严谨性和安全系数。互联网和信息系统提供的安全风险可以根据各种方法进行降低和改进。事实上，根据权威部门的统计分析，70% 的信息安全事故都是由于管理上的系统漏洞造成的。应该说，使用自动化技术进行审计的安全系数要高于依靠人工审计的安全系数，尤其是《中华人民共和国电子签名法》实施后，选用电子签名、个人数字证书认证等一些安全防范措施和技术的实施，也大大提高了电子文件和电子文件安全管理的有效性。

二、文档一体化实现方法

文档一体化管理系统的创建离不开计算机和信息技术对文件管理方法、信息化和自动化技术的支持。智能协同办公系统促成了公文与档案的紧密联系，完成了办公信息传输、存储、查看、利用、采集的智能化、自动化。由于我国文件档案分离管理的旧模式的限制，到目前为止，办公系统软件和电子计算机文件自动化智能管理系统是两个不相关的系统。

现阶段，很多叫作"文件和档案管理一体化的信息系统"，其实也只是把档案管理方法与档案管理方法并列，并不是真正将数据整合在一起，而只是一个办公系统软件形成的信息导入到文件自动管理信息系统中这绝非真正意义上的文档一体化管理信息系统。文档一体化规定在文档创建过程中需要确保归档文档的真实性、一致性和有效性，在文档创建和索引中也需要进行评估、描述、编目、索引等处置任务。因此，产品研发可以覆盖电子文档的所有活动，完成文本文档情况记录和流程管理方法的系统集成，将部分"档案管理方面"外化为"公文处理工作"中的文档一体化计算机管理信息系统，是实现文档一体化管理的关键。

从文件创建和使用的生命周期来看，文件与档案的关联决定了它们具有实施综合管理方法的前提。一方面，现行的文件与档案是一个密切相关的整体，它们的构成形式、内容主题风格、实质结构基本相同，它们都是附加在有形物质上的信息，区别仅在于由于文件是当前使用的文件，档案是历史文件，从现行文件变成历史文件，是一个顺序完成的过程。显然，档案和归档文件只是文件所在的使用阶段不同，没有本质区别。对不同时期的文件实行综合管理，是社会现代化的必然要求；另一方面，文件的生成部门、处理部门和档案部门只是按照各自的管理方式在不同的时间节点管理文件。在文档的创建、操作和审核中，文档是在持续运行的，因此，他们必须分散存储和管理，这有利于随时随地检查、快速使用和流转。文档分散存储的任务主要由文档创建单位承担，当文件运行周期完成以后，处于"睡眠状态"，这时候就必须集中归档存储。这不仅有利于档案的详细、安全、合理的保存，也有利于后期的查阅。

从系统科学的角度来看，档案和文件的管理方法是一个完整的信息系统。在这个信息系统中，文件的质量可以直接影响档案的质量，而档案的质量又会影响到以后文件的制作、收集、整理以及新档案的归档等后期效果，两者相互关系，相互影响。因此，将文件和档案纳入统一的操作系统来完成管理方式，不仅有利于充分发挥文献档案信息资源的专业优势，而且符合档案馆现代化管理的快速发展需要。

真正的办公文档管理的整个流程是比较复杂的。将具有保值价值的电子文件整理、评估、审批、传输、归档到档案管理系统后，生成电子档案。文档一体化管理信息系统的功能包括系统维护、收文管理、发文管理、归档管理、文印管理和档案管理。这些控制模块相互关联，内部信息整合共享资源，真正完成了电子文件到电子档案的自然归档和集成管理。

①来文管理：以电子文件的形式处理、记录上级领导和同级交流的文件。客户可以根据文件的备案日期、紧急程度和当前的运行情况，快速高效地搜索相关文件，实现相应的实际操作，关键步骤包括接收文件、文件归档、文件提醒、步骤监督、文件发布等全过程。

②发文管理：处理并转发内部制定的或外来的文件。电子文件起草完成后，需要由组织会签的工作人员逐步审核修改，最后提交领导审核签字，生成正式公文，然后归档备案。关键包括文件起草、文件登记、文件流转醒、步骤监督、发布等具体工作。

③归档管理：以下两种方式大多用于电子文件的归档：一、通过机构内部局域网的电子公文传输系统从网上实现自动归档系统通过归档环节后，电子文件的管理权就移交给档案管理部门成为电子档案。此时，其他人员可以根据系统授予的管理权限查看电子文档，但不能对其进行修改。在档案归档阶段，系统必须设置电子印章、符合性认证等多种技术措施，确保归档的电子文档合理、详尽。这种形式是文档一体化系统自动生成的功能。文件管理器只需按照系统软件应用规定进行有效的实际操作即可。系统按照档案法和电子文件归档标准设计，档案管理人员抓好管理和执行即可。在系统开发之初，档案工作人员必须提出充分的精准要求，以保证文档一体化管理系统功能的一致性，满足实际工作的要求。其次，在向档案馆提交纸质文件的同时，各立卷部门上交存储各种信息的电子设备，如硬盘、光盘等。

此类方法主要适用于一些重大凭证或安全保密电子文件的传输。归档后的监管还应采取有效的物理隔离对策和安全防范措施，尤其是机密文件不能存储在互联网上，以免泄密。

④档案管理：按照我国同期版本的电子档案备案和监管的有关规范，实行档案传输、受理、审批、存储、查看、统计分析和使用功能。档案生成机构可根据档案信息类型或档案来源建立相应的档案信息数据库，并可建立基于档案年份、档案单位或栏目实体的快速检索系统行分类，便于阅读和使用。

（3）确保电子文档数字化归档的真实有效途径。[1] 整个过程包括电子档案归档带来的智能化档案信息的生成、归档、管理方式和利用四个关键环节。每个时期都必须采取各种对策和方法，确保档案信息的真实性和有效性。

目前，标准的电子文件是数据量累加后的原生态信息，保证本环节文件信息真实性和有效性的首要责任是电子文件被业务流程工作操作者持续解析记录。信息系统中经常会选择的技术保障方法是电子签名、日志跟踪、电子计算机解析等，在信息系统中，记录和存储电子文件的生产和运行，业务流程的初始信息和变更、审查信息，并产生许多电子文档版本，整个过程的不同的版本在进行定稿后，在档案技术人员的指导下，做最终的电子文

[1] 刘冬艳.浅谈文档一体化的实现方法 [J].赤子, 2013, 000(001):110-110.

件归档。

当前现行期的常规任务完成后，电子文档真实首当其冲的风险因素是人为因素引起的变化，例如，黑客故意伪造记录在系统中的初始信息、全过程信息和最终内容等，因此，确保信息真实的可靠方法是创建电子文件的最终副本到图书馆，完成电子文件从现行期系统到半现行期使用的信息系统，加强管理，完善系统的智能解决功能，采用多种有效对策，确保定稿的电子文件不被随意更改。因此，现行期电子文件的办公系统软件中应采用电子签名技术，加强对浏览系统客户身份的验证，并在文件定稿、发布或归档前加盖电子公章以防止它被篡改，这正是《中华人民共和国电子签名法》的实施要求。

如果对进入存档的电子文件采用网络化存档方式，主要是防止个人在互联网上的篡改行为和数据传输全过程中数据被篡改的可能性。在这个环节上，创建一个用户信任的网络安全通道来传输是必不可少的，也是非常高效的。使用外网地址传输的客户也可以充分考虑使用 VPN 技术完成数字归档，充分选择 VPN 数据库加密和身份验证、密钥管理、隧道封装新技术等，确保文件信息真实地从信号源传输到信息宿。对于保密级别较高的数据，使用资料归档更为合适。当然，在这个过程中，档案工作人员在档案处理中是否遵守规章制度和是否采取规范的操作规程还是非常关键的。在这个环节中，档案专业指导人员的重点在于专业指导，严格控制因人为因素造成的失误。

电子文件归档后，进入档案信息受理、维护和管理环节。档案馆受理的电子文件应当有法律规定。2019 年 4 月 23 日修正的《中华人民共和国电子签名法》要求对电子签名采取合理的操作方法。因此，档案制作单位在传输电子档案时，必须使用法律法规认可的电子签名和电子印章，以保证事先准备好的电子档案的真实性和有效性。档案馆在接受文件时必须首先对电子签名进行认证名称及电子印章合理合法，存档信息，最后电子文档才可以被复制到图书馆档案中。只有核对真实细致后，才能将电子档案公示并转入档案智能化信息管理系统中。此时需要在物理隔离归档信息的灾难备份数据数据库中添加当前归档信息，然后进行维护管理和使用。

根据《档案法》、我国信息保密政策法规和档案保管规定，准予使用的档案信息一般仅用于互联网上发布档案信息的服务项目，一般只在网上提供公开档案信息的服务利用，在档案工作人员严格执法和规范化操作的前提下，破坏档案实有效的风险因素主要来源于非法用户在互联网上恶意制造病毒入侵。因此，在给予档案信息数字化使用时，除了完善网络信息安全防范措施外，还需要对已发布的档案信息采用灾难数据备份，并定期对互联网上可用的公开信息进行真实有效的验证。

不难看出，档案馆制定了管理制度，确保电子文件在不同环节的真实性和有效性。它将围绕电子文档整个生命周期的整个运转，并创建物理隔离的电子文档最终副本到图书馆和档案信息的灾难备份数据库，以确保档案的真实性。有效合理的对策，虽然会增加信息系统软件的运行成本，但对于保证档案信息的真实性和有效性是非常行之有效的。

三、文档一体化深化应用的要求

完善文档一体化管理方式是信息时代档案工作新的升级管理方法，是未来电子档案与电子文件管理方式一体化发展的必然趋势。文档一体化管理方法的最佳措施是创建一个管理方法信息系统，该系统包含组织结构内包涵电子文件生命周期内所有的业务流程内容。

文档一体化的完成，使得办公业务流程实现了自动化和标准化，文件管理方式也变得更加智能化。具有电子文件从起草时就备份、从办文时就修正办完后就归档、鉴定及整理等工作都能依靠计算机实现互动管理等优点。自然，在文档一体化管理方面，对档案工作人员的要求也提高了，规定工作人员不仅要具备多种档案专业技能，还需要掌握当代信息技术，熟练使用电子技术计算机和通讯设备。

1. 提高思想觉悟、统一思想认识是文档一体化管理的基本要求

文档一体化的本质是将各个组织相对分散的个体数据和文件统一为一个有机物的整体管理方法。这样不仅可以提高归档单元对文件管理的高级操作，保证文件质量，还可以完成文本文件数据信息的一次性输入，多次使用，减少无效人工，节省人力、资源、资金、物质资源和时间。众所周知，要想真正完成文档一体化管理方式，对于档案工作人员，尤其是档案单位的领导干部，需要对文档一体化管理模式有一个全面、客观、合理的认识，并实现一致性，让他们深刻认识到整合管理方式的真正受益者是档案工作人员本身，明白文本档案整合在新形势下的重要性和紧迫性，明白这也是新时代授予当前档案工作人员的重要任务。只有这样才能顺利实施文档一体化管理方法，提高主动性，使他们面对困难，不逃避，不胆怯，敢于接受新事物，逐步落实并利用文本文档的综合管理机制来开展各项业务流程。

当然，信息化工作是一项长期而复杂的工程，所有企业都必须投入必要的资金才能进行。这就要求各部门逐步加大对档案管理方式和机构的资金投入，落实档案工作经费投入预算，高度重视档案信息化基础建设，把档案信息化作为单位信息化基础建设的主要内容，把握发展趋势，提高档案工作质量和工作效率。

2. 提高电子档案管理的规范化和标准化

文档一体化的综合管理方式，使电子文件与电子档案之间的关系更加紧密，将两者整合为一个综合管理信息系统，作为前后联动、交互作用的子系统，并统一安排和操纵所有文档的生命周期的全过程。由于文件管理与档案管理方法之间有着承前启后的关系，文件管理直接影响着档案管理方法的存在和发展趋势。只有文件管理保证规范化、标准化，档案管理方法才能顺利进行。如果文件管理不规范、混乱，可想而知文件管理方法的各个阶段也会处于忙碌和混乱的状态，这也会损害信息管理信息系统软件的整体效果。因此，有必要加强电子文件管理方式的标准化和规范化，严格规范表达文件内部特征和外部结构特征的各种数据信息，更好地实现文本文件的综合管理服务。作为档案工作者，应当严格按照《档案法》和《电子公文归档管理暂行办法》，参照《电子公文归档管理规定》，明确提出全过程的各项规范和标准。现行标准文件管理。并落实好办法和规定，进而推动文本文

件综合管理办法的规范化、规范化。

3．加强培训和继续教育，提高档案工作人员的综合能力

文档一体化管理办法规定，档案工作人员不仅要具备档案学的基本知识和专业技能，还需要掌握当代信息技术，熟练使用计算机和现代通讯设备，能够操作网络化管理信息系统软件，要求档案工作员工不断调整自身知识结构，提升专业技能，增强综合能力的塑造。如果不熟悉电子计算机，不懂网络安全知识，不能接受集成文档一体化管理的概念，不能管理电子文档文件，根本不太可能参与电子档案管理方法。因此，完善档案信息化咨询服务、学习培训，持续再教育当代档案管理方法专业技能和档案信息化技术基础知识，是档案单位日常工作的紧迫任务，也是完成综合管理的前提。否则，进行前端操作，开展电子文档的完整、有效和安全管理就成了一句空话。

第三节 档案资源多元化利用

进入 21 世纪，信息技术快速发展，智能化社会初现端倪展，档案信息化的基础建设和进步的体现在许多方面，无论是信息资源的合理积累和普遍利用，最终都会以档案信息资源的形式进行收集、整合、共享和利用为出发点和重点，传承人类发展史，共享信息资源，完成时代可持续发展。

一、档案资源的知识积累

档案的生成（评估、收藏、整理、归档）是从个人专属知识到机构专门知识再到社会发展专业知识的全过程的积累和动态追踪的描述记载过程。档案的研究、出版、对外开放和利用是人们传承知识、改革创新促进进步的过程。这两者相互对接、推动的全过程不断重复，破旧创新，构成了人类社会的系统动态改进（Adaptive）和社会自适应的资源持续改进的全流程实体模型（如图 4-3-1 所示）。这反映了档案文化艺术的生产过程类似于文化知识加工厂，基于"传承 – 收集 – 积累 – 发展趋势 – 传承""全过程实体模型。

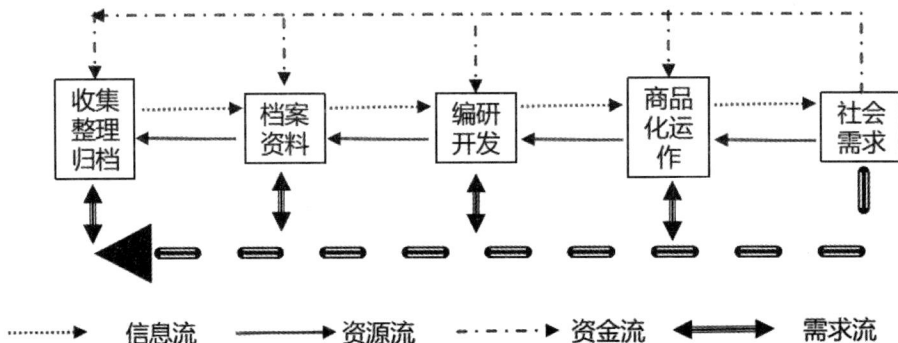

图 4-3-1 档案资源系统积累全过程实体模型

进入 21 世纪初，我国智慧政务及各行业信息化已呈现以知识管理系统为契机的快速提升和综合发展的趋势。信息技术的进步为知识管理系统提供了技术加持。基于知识的社会经济的提出反映了对知识和科技在经济发展中的助力作用的理解。可以想象，未来的互联网将是一个多元化的"知识网络"，一个存储综合应用能力的文化资源仓库。档案作为人类社会实践活动的实验原始记录者和忠实的承载者，记录着人类社会的各种文化成果，也展示着各民族的文化艺术。它是中华民族历史文化遗产的重要组成部分。同时，档案在传统文化中占有重要的影响，发挥着不可替代的作用。正如张辑哲在他的[1]《维系之道：档案与档案管理》中提出，正是因为档案和档案管理方法，人们才能不断继承和发展趋势，继续存在和发展趋势，并不断使人类的发展真正成为一个连续的时空总体。档案和档案管理方法是保持人类社会时间统一性和连续性的途径。因此，档案资源必将成为未来"知识网络"不可或缺的重要组成部分，世代相传的文明资源。

二、档案资源共享使用

社会发展的信息化使档案信息资源遇到了最新的生存环境和发展机遇。英国档案专家杰拉尔德·汉姆先生曾强调：档案应该记录"人们日常生活的方方面面"，档案工作人员必须"创造反映普通人日常爱好和要求的新一代参考资料"。档案馆藏是一座体现"人民日常生活"的广阔空间，因此，档案资源只有回归社会发展，得到最大限度的利用，才能体现档案存储的使用价值和有效性。客观事实提醒我们，完成档案信息资源的一体化管理和共享利用，是档案走向群众、服务社会的最佳方案。

完成档案信息资源共享利用，首先要在档案基础数据库建设上下功夫。档案基础数据库是数字档案建设和档案信息化的基本任务之一。它是完成档案信息资源集成共享、统一管理、高效检索、使用方便的基本信息存储结构，也是我国的信息资源数据库基础设施的关键内容。今天，每个人都处于数字经济中信息技术飞速发展的时代。在我国，大城市综合服务数据库的建设是现代社会的必然，提高政府信息公开水平，完成便民惠民是一项基本任务。我国在人口、法定代表人、生态资源和宏观经济四大数据库建设方面取得了较大成效。档案是人们社会实践活动有目的性的记录，档案资源的开发、设计和利用，是档案的基础性功能，这些功能是我国信息资源基础建设的重要组成部分。可以说，档案基础数据库建设早已成为全国各档案馆提供档案资源利用服务项目的基本职责，成为整合档案信息资源、弘扬民俗文化、提高我国国民素质的基础性研究课题。同时，也是档案工作人员顺应当前社会改革创新、基础设施建设而选择其智能化发展的过程。档案工作者提高工作效率为社会发展和经济的崛起提供完备的数据支持。

英国、英国、德国、法国、韩国等一些发达国家已经在智能档案、文档一体化、数据资源的长期存储、和数据存档等方面先后开展了前瞻性、预见性与可操作性的研究，开发设计了文件管理基础方法、电子文件管理方法的元数据类型和标准、信息系统、文件资源共享网站等的基本思想和方法。科技发达国家的工作经验提醒我们，基础数据数据库基本

---

[1] 张辑哲 . 维系之道：档案与档案管理 [M]. 中国档案出版社，1995.

建设的核心理念是遵循国际标准，建设跨区域开放档案共享数据库，为民众需求提供高效精准的档案资源的使用服务。

我国各个省市级档案馆已经完成电子档案基础建设，制定符合各地区要求的数据档案数据类型标准，创建档案目录核心，提供部分检索等档案信息服务功能。例如，福建档案基础数据库是基于分布式系统数据库，它是在原有单机电脑和无线局域网的基础上开发设计的内部数据库。然而，有些档案馆并没有真正建立一个面向大众搜索需求的综合性、系统性和基础性的档案数据库。相反，他们只创建了一些专业和专题数据库，只覆盖了一些部分或指定的用户要求，特别是开放的档案信息资源没有整合，信息结构不统一，档案数据信息不系统，不详细，不能共享。更严重的是没有统一的叙述性数据文件，资源的文件格式标准和基础建设档案基础数据库的标准方式，档案资源的整合，组织和存储的技术规范，实用的建设理念。此外，从知识管理系统的技术层面来看，基础建设档案中数据库的关键技术，如大规模非结构化数据存储解决方案在档案信息行业尚未得到广泛应用。管理和数据分析能力的低下降低了基础档案数据库建设的速度和质量，导致各种档案资源无法整体产生统一的数据，制约了档案资源的多方面挖掘和普遍利用。因此，科研档案基础数据库的数据库标准集、智能档案信息的文件格式标准和基础档案数据库的构建理念和方法，是各种结构化和非结构化的机构存储、检索和利用的核心。档案数据信息化技术、整合方案、合理的系统提供检索服务和共享利用等，将成为当今档案信息化基础设施的关键基础工作。

三、档案信息服务机制变革

随着全国各领域信息化进程的加快，档案信息化的运用正逐步走向更广泛、更深层次的发展。档案信息服务项目将不再局限于传统的单一方式，会有一定程度的自主创新，趋于多元化发展趋势。

1. 服务方式从消极到主动性的转变

不断创新服务方式，积极开展档案信息服务工程。长期以来，在档案信息的使用上，一直遵循着一种传统的经营方式——"等客户上门"。事实上，这与信息社会的发展进程是极不相符的。不利于档案信息使用价值的展示和充分发挥，封闭了档案信息主要体现使用价值。档案信息服务项目的方式也需要充分考虑档案的特点，"送上门"也是不允许的，不符合《我国档案法》的主要规定。档案信息的主动服务方式应该是"请客入门"。

实际对策包括：①开展档案用户使用情况的科学研究，积极提供不同需求的档案使用信息。要对不同层次、不同层次的用户进行普遍深入的科学研究；②制定所需档案宣传工作计划，如果人们对档案没有了解和掌握，馆藏档案无法使用；③提供多种档案信息利用方式，定义和编辑多样化的检索工具，制作多功能高效的检索系统；完善编辑工作，研究成果的原创发布和交流，可以带来档案使用价值的系统向社会各各界发布，吸引更多的民众为档案信息的使用者；扩大档案信息中介公司服务机构。现阶段，我国的上海、苏州等地区已经出现了这样的组织。

2．服务模式由传统向智能化转变

互联网技术、数据库系统和数字媒体技术的发展，使档案信息服务方式发生了巨大变化。参考学科智能化开发相关的科研成果，档案现代化管理的完成应依托智能化信息管理信息系统，将分散在不同媒体、不同地理环境中的档案信息资源以信息化方式存储，基于目标对象的管理方法以数字方式相互连接，实现可以立即使用，完成文件信息共享资源。我国是一个发展中国家，经济发展和技术标准制约了档案管理方式变革。传统的档案信息服务技术和服务方式将在一定程度上被摒弃，采用新的信息传播方式提供档案信息服务。

3．服务内容由单一向多元化发展

根据互联网等信息技术和其他档案、信息组织和社会整体发展信息资源，建立严格的通信及其信息服务将提升新的内容。例如档案信息资源的数字化组织协调网络导航档案信息资源，档案信息智能化开发、设计与利用，为客户提供培训教育。例如，在档案用户培训教育层面，需要对用户进行传统档案检索获取方式的专业培训，关键是帮助用户学习如何使用智能信息资源，如何选择档案信息数据库，如何从网络上查询获取所需的文件信息，如何实际操作控制响应软件等。与其他类型的文献信息相比，档案信息的组织方式、检索方式、采集方式具有复杂多样的特点，科技含量高，对用户的信息能力要求高。对档案信息使用者的培训如信息获取能力、信息选择能力和信息识别功能的培养是档案信息服务的核心工作内容之一。

4．文件资源由封闭变为开放

互联网时代，档案馆的信息服务资源不再局限于档案馆档案信息量等指标值，而是密切关注档案信息的获取和提供档案信息的能力。因此，除了充分开发、设计和利用档案馆的档案信息外，档案馆还需要利用互联网查找和利用其他档案馆的馆藏和在线信息资源的功能。打造档案信息资源智能化、智能化管理系统，将档案信息融入互联网，是实现信息资源利用的最迅速的信息利用效果。借助互联网等信息化的信息技术，最大限度地发挥档案信息的使用价值，最终获得档案信息服务社会发展的最佳实践效果。这必须是一个完整的过程，从个体的实际操作到创建档案管理信息系统网，链接到相关信息组织的内部网站，最后到互联网。从我国的实际情况来看，这将有一个长期的全过程，最终将是档案信息服务发展的最终目标。

5．档案资源由单一类型向多元化转变

档案馆带来的单一信息服务的自然资源是以纸质档案的个人收藏为具体内容。互联网时代，档案综合信息服务方式的服务资源向多种媒体方式并存的方向发展，包括各种电子文档、光盘、多媒体系统、微型媒体、视听媒体等。智能博物馆馆藏资源基础建设。网络空间下数据档案馆的综合馆藏意义应该是"物理实体馆藏 + 数字化馆藏"。

在我国档案馆中，档案信息数据库基础建设的日常查询任务是：在保留传统档案参考文献的同时，要以协作与合作为基础，将图书馆馆藏资源应数字化。将各馆不同市场价值的馆藏参考文献数字化，制作成光盘或在互联网上传播，使各馆的网上信息独具特点，并

在此基础上建立档案信息互联网。

四、档案文化产业的形成与发展

文化创意产业是世界上一种新型的产业。20世纪50年代，文化创意产业在西方一些经济发达的国家慢慢流行起来。随着时代物质文化的提高和发展，追求完美和享受早已成为一种时尚潮流，甚至成为每个人的基本的日常生活。我国文化产业发展较晚，但在文化教育、体育文化、度假旅游、旅游、游戏娱乐表演、媒体广告、影视制作及包装印刷、中介公司、运营、管理方式等领域已产生经营规模，有较为完善的经营管理体系。这充分体现出，新形势下文化创意产业的产生和发展早已成为我国社会经济发展的重要内容。档案作为互联网时代的重要信息资源，在当代专业知识、经济和现实社会的发展中发挥着越来越重要的作用。档案业务流程的进步催生了新的工作模式，档案文化的发展也得到了助力。在最新的市场环境下，具有浓厚文化内涵的档案馆，档案馆自身的专业知识是整个社会的使用价值、信息利用率、公信力等方面主要的文化资源特性。使用价值和市场需求的开发、设计和利用的不确定性也是档案文化产业创建的机遇。在此尝试根据文化创意产业运行的规律性来界定档案文化创意产业的理想化路径，展望档案文化形成产业必须具备的基础环节以及这些环节之间的协调互动关系。

收集、整理、评估、归档的业务过程是档案文化产业发展的基本步骤，随着资源的不断积累和丰富，追随时代的发展与变迁，档案已成为宝贵的社会资源。对其资源进行了深入探索和详细处理，综合开发、设计和利用是档案资源增值的主要途径。因此，系统的编辑、研究、开发和设计是整个产业链活动中最重要的主要内容之一，也是将档案资源转化为文化创意产品的关键步骤。商业运营是了解档案产品的重要途径，只有经过商品流通阶段，才能成为熟悉的产品，才能被消费、消化、吸收，也才能形成更高端的需求，这是产业链能否建立的主导因素。需求流、销售市场信息流、资源流和现金流是档案文化产业发展的全过程不可或缺的。档案文化全产业链各重要环节点的主题活动可以形成体系，各阶段的和谐运行是档案文化全产业链持续存在和健康发展的保障．档案文化创意产业的发展壮大，可能会增加我们对档案资源的认可度，也同样会吸引越来越多的投资者，借助档案文化创意产品，将创造大量的社会价值和经济效益。

全球经济一体化以足够的发展标准推动档案文化创意产业的生产，但要真正开发和生产以档案文化产品为服务目标的产业发展服务，还必须与档案馆的发展相适应。实际情况要以适当的方式进行。同时，也要看档案从业人员及相关工作人员能否抓住机遇，突破自我，开展各种有利于社会发展的档案文化艺术推广利用专题活动。如今，我国档案工作长期以来一直以服务档案服务工作为基础，开始了商业化档案文创产品销售市场的研发。这也是融入世界经济发展的重要举措。众所周知，为了适应时代的进步和发展，我们必须在档案工作和档案科学领域不断探索和思考，不断创新和自主发展。

（一）升级意识

关心现实，按照先进文化的理念管理档案，按照文化创新核心理念管理档案，是摆在人们面前的一项非常艰巨的工作任务，也是时代赋予我们的机遇。在理论进步的同时，更要注重实践活动的探索和应用。就档案文化产业的创意而言，关键表现是利用档案资源为人们的各项活动提供服务，而不是看能否盈利，多方面盈利；其服务的另一半应该是具有社会公益性和广泛性，应该包括对社会发展和社会阶层等各个方面的服务。自然，这种服务的一部分应该是有偿服务，但服务必须是的微利般公益性。事实上，档案有偿服务已经体现在档案利用水平上。可以推测，未来很可能会创造出多种收益方式。档案的付费服务是一个非常复杂的问题。目前，利润难以成为档案文化创意产业创建的前提，档案文化的发展不能靠档案单位自身的有偿服务来维系。

（二）以政府部门改革创新为突破口

在工作中调整管理体制，转变职能，自主创新档案文化发展体系，深化案件管理方式改革，迫切需要以政府部门改革创新为突破口，调整档案工作管理体制，转变职能，融入数字经济下档案文化发展。条件允许下，可以考虑将学会改为协会，充分发挥协会工作机制的作用，将培训教育、沟通协调、评估等协调工作移交给协会。政府部门要把档案工作纳入经济社会发展规划，地区或专业技术研究协会的职责必须由法律法规确定。以协会为桥梁，以档案（室）为实体，完善档案管理部门的巡查力度、监督范围，重建档案管理新管理体系。从职能上看，档案局的工作重点是如何保障我国对档案的管理方式和我国档案资源的使用权，主要职能是要体现依法监管和服务。档案研究协会是一个以服务为导向和管理辅助的组织。档案馆是档案工作中的实体，作为协会成员，应当履行会员职责，缴纳会费，获得协会带来的服务，接受协会的控制。同时，协会也是档案工作人员在档案工作中的权益，在"依法治档"和保守国家秘密的前提下开展活动。

（三）以信息化手段推动档案行政管理改革深化。

现行规范的档案规章制度、图书馆馆藏的优化是长期以来未涉及的重要研究课题。信息工程的实施，可以将档案的物理管理方法与信息管理方法物理分离，改变或撤销档案馆沿袭多年的规章制度。只需一个信息化动作，就可以节省大量的需消耗财力、物力归档工作。在当前形势下，档案信息互联网服务可以摆脱几年来重档案、轻服务的现状，彻底改变我们对档案工作的认识，这对档案信息资源的开发和设计具有重要意义。我国信息化的基础理论和运作已经证明，信息技术对于完成监管机构的扁平化设计、提高行政部门的工作效率起着至关重要的作用。从领域特征来看，档案也是充分发挥信息化作用的主要用途之一。借助信息化管理仍然是档案高层管理方法的关键核心概念，尤其是办公系统与文件管理方法的集成是现在和未来政府服务和企业信息化的主要方面。档案信息已成为各种数据库管理和信息处理系统的数据组成部分，是智慧政务不可或缺的组成部分。

（四）开展各类档案馆藏、利用、宣传策划、服务主题活动

目前，我国档案文化创意产业的活动主要依靠政府财政补贴来支持，在很长一段时间内，这种状态仍将持续下去。这一阶段，各种档案活动相继开展，文化教育、展览等主题活动取得了较好的社会效益和经济效益。在重大事件和个人档案的收集上也有新的改进，但在认证服务和各类提供凭证性的服务工作中，档案单位的特色服务水平仍然无章法，随机性非常大。在现行制度下，档案的收费服务规定并不统一，主要是因为高新技术、文化教育、文化艺术档案的社会化利用本身未能体现知识产权的价值。在后续的重组和新的管理模式中，这个层面需要有所进步。未来，在档案服务层面，计算机用户提供的档案信息服务将在档案、文化和艺术服务中普及。这种服务无疑是面向全国经济政治的各个领域，其范围也将是全国化和国际化的，如果没有市场化运作的保障机制，将是不可能实现的

（五）提高档案工作者或从业人员的综合能力

提高档案工作者或从业人员的专业能力，对于档案文化的延续具有重要意义。近年来，档案工作者的文化素养发生了变化。但是，改变档案人员"档案保管人"、"物资保管人"的传统形象，适应当前社会经济发展，还需要很长时间。档案工作者需要具备该领域文件管理方法的基础知识性和专业技能，掌握信息化专业知识、计算机专业基本技能、数字文件管控和备份数据方法，又要有文化产业要求的市场开发能力和服务能力。培养工作和服务能力，实现信息时代国家政务人员和文化工作者的多重要求，这显然是对当今档案工作人员的挑战。

目前，我国处于档案文化产业政府部门监督和支持下，以商品化档案服务项目工作为主，以档案文化产品销售市场为辅助的布局。地市政府和档案单位正在主动出击，筹备工作，以改革创新为突破口，引领档案文化走向社会发展、走向市场。在未来的某一天，会进入档案工作不断进步的新局面，档案文化将成为社会文化创意产业发展中的一朵奇葩。

第四节　档案的数字化应用

为了满足群众数字化检索和档案信息管理方式的多样化需求，馆藏档案数字化和档案系统的基础建设成为当代档案管理的主要内容。对于档案工作人员来说，这也是一项与时俱进的日常任务。必须在深刻认识馆藏数字化的必要性和可行性的基础上，采取相应的对策和方法，构建和合理应用馆藏档案数字化系统。

一、馆藏档案数字化的意义和日常工作

中共中央办公厅、国务院联合印发的《关于加强信息资源开发利用工作的若干意见》

明确提出，各级党政机关、企事业单位要充分认识信息资源开发利用工作的重要性，加强政务、企业、产业等信息资源的开发与利用，充分发挥信息资源在信息化建设中的重要作用。国家档案局在《关于加强档案信息资源开发利用工作的意见》中明确提出档案信息资源的研究、开发和利用是当代档案工作的重中之重。作为独特的文化资源，档案是中国信息资源的重要组成部分，其研究开发利用具有非常普遍的社会效益和现实意义。馆藏档案数字化具体涉及两个日常工作：一是将传统载体档案目录进行数字化，二是将档案内容数字化。档案目录数字化是指将档案进行编目，使得目录可以进行数据库查询，并使用管理信息系统完成归档文件目录数据化的方法和文件目录信息的资源共享。档案内容数字化的首要任务是将馆藏的纸质、照片、音频、视频、微缩档案，按照扫描、处理、提升分辨率（包括去污液、图像处理、OCR 识别等）等数字化处理，如图像、图形、流媒体等数字格式的文件可以在服务器存储，可以通过电子计算机和信息系统进行查看、搜索和访问。

二、馆藏档案数字化的思路与方法

一切为了更好的使用是档案馆藏数字化的首要目的。这说明档案工作人员不仅需要记录档案的目录信息、馆藏的数字化处理和扫描，而且还需要创建一套完整的完善的综合业务流程信息系统，提高了数字化档案信息在服务项目工作中的运用。因为馆藏数字化要消耗大量的人力、物力和资金，整个数字化处理过程也会出现在原始档案上或多或少出现损耗。因此，不赶潮流、不追求快速、保质保量的将场馆的所有档案逐渐数字化。

（一）抓好馆藏档案数字化前期基础工作

什么档案必须数字化，必须使用什么方法，必须购买什么机器设备进行数字化处理。此外，那些准备工作以及如何去做都是必需的，都是馆藏数字化的早期基础准备。

1. 做好可行性分析讨论

要根据档案利用的基本情况、资产状况、场地工作人员的知识体系、场馆软硬件服务平台，场馆信息化现状等。在确定数字系统建设的复杂性和技术标准后，在阐述图书馆数字系统建设的必要性时，确保系统的基础建设自始至终不中断，确保数字化档案信息才能真正得以使用，见到实效。

2. 选择数字化处理方式

数字化是档案保管全过程的一种做法：在高度专业化、智能化的工作中，这对于习惯于传统管理的档案工作人员来说是非常困难的。因此，必须提前做好总体规划，建立系统建设的实施意见。关键包括：馆藏档案数字化系统软件分为多个环节，各时期的日常工作任务和发展目标，数字化处理和分解解决了哪些档案，以及安全管理、进度操作、质量管理和成本管理、数字化处理方法管理等环节应采取的方法和对策，如何将数字化文件信息与当前电子计算机信息系统相结合，如何发布文件信息供使用，以及如何解决备份数据和长期存储等问题。解决方案必须提前制定，档案保管员与数字处理合作人员达成协议后，才能开始工作。边处理边谈的方法，只会造成工期延长、施工缓慢，安全系数难以保证，其至项目不成功。

对馆藏结构、馆藏量、馆藏利用率、本年度馆藏档案、馆藏档案损坏状况、档案移动存储设备、各移动存储设备使用寿命等综合因素进行进一步分析，密切关档案永久保存特点，客户快速建档标准和高频建档的标准进行进一步的科学研究，根据档案利用率和档案应急维护水平进行库案量化、材料总数、印刷纸张总数、纸张尺寸总和视听迫在眉睫缩微文件总数等，以此来指定设备的购买类型、总数和特点。

如果档案馆的微缩档案数量非常多，以后还会有微缩档案进馆，就要考虑是否可以在馆内购买微缩扫描仪，以应对长期数字化的问题。微型产品如果总数很少，而且以后库里也没有微型文件，所以不需要购买专业设备，完全可以考虑一次性外包处理方式。音视频文件数字化方案也采用同样的统计分析方法，并根据实际情况考虑是否需要购买专业设备和创建数字处理生产设备。

大多数档案馆藏以纸质档案为主。因此，用于创建纸质档案的数字化处理已基本成为必须。当然，档案馆（室）也可以根据自身的具体情况，而无需购买扫描仪设备，采用分包的分包处理方式，只需对处理后的数据档案信息进行科研管理信息系统软件供应服务项目利用的管理与利用。对于馆藏档案的数字化处理，这也是一个非常推荐的解决方案，尤其是在数字化处理量非常大的情况下，即使您在会场内创建了一条数字化处理生产线，如果您没有聘请足够的扫描仪处理人员，您只能依靠档案内部人员很难在短时间内处理日常任务并取得显着成果。但是，在保证质量和可靠性的情况下，加工服务的系统外包可以快速达到目标。

3.资产规划与实施

数字化处理仅靠档案人力难以进行，通常需要采用商业化运作模式或外包处理。此外，档案信息服务项目需要采购数字化存储设备，通过订购的各种移动存储设备进行数据备份，还必须采购数字化处理的全过程的安全监控设备和扫描设备，系统运维还必须聘请人员管理信息系统或者本单位的管理人员进行数据库运维工作。创建馆藏档案数字系统所需的资金包括以下部分：①扫描和进行整个数字化处理的成本；②数据信息信息发布系统的订购成本包括全文检索、模糊检索、多分类系统、图文关系、数据库在线编辑等；③租用服务器的费用；④场地人员管理的费用，网络工程师和网站管理员的引进等都需要费用。因此，在馆藏档案数字化之前，应充分重视流动资金的准备工作。

（二）明确数字化处理的合作方式

档案内容的数字化包括数字化预处理和深度处理两个步骤。预处理可以将纸质文件、照片文件、缩微胶卷等转换成电子设备位图文件，对纸质文件进行文字信息化处理。深度处理是利用高科技 OCR 和语音识别技术获取媒体档案中的文本信息，有利于馆藏档案的全文检索，档案数字化涉及大量劳动，涉及到扫描处理、图像处理、数据信息存储与管理、OCR 自动检索等技术环节。为应对这一工作，档案馆必须做好以下工作：①在系统基本建设之初，进行需求调研和分析。考虑必须购买哪些硬件配置设施，以及软件支撑的系统和系统软件所能达到的智能化水平，这肯定是很多工作，在诊断分析工作中，非常有必要聘请有工作经验和数字化处理的专业服务机构来帮助档案馆进行系统软件规划；②对于数字化处理，需要构建一个可以应用于整个处理过程的基础架构。数据库管理的信息系统在此阶段进行，然后根据系统有条不紊地开展工作。只有熟练使用和操作各种数字化机械设备的加工服务人员才能保证提供更快的、更高速并保证合理的操作；③进行数字化处理后，转换后的各种电子设备图像、全文信息、档案文件目录数据信息等必须通过关系解析，并必须通过光盘或网络方式存储。

信息发布身也是一个系统，必须经过专业的开发和设计。如果选择一个优秀的软件，可以大大缩短数字化档案数据信息的滞销时间。现阶段，销售市场上从事数字加工的专业公司已经在信息系统基础设施、加工生产线、安全防范等领域开展了大规模的工作，积累了足够的工作经验。借助这种公司的力量，将馆藏档案数字化会是一种省时、省力、经济、可靠的工作。

（三）保证数字档案信息的真实性和有效性

在档案数字化的整个过程中，数字化档案信息的真实性、有效性和一致性，确保档案实体扫描处理和档案目录数字化两个层面的关键性能。

1. 扫描仪处理全过程的真实性和有效性

在数字档案信息的生成、管理和利用等环节，制定管理制度，确保档案信息真实有效，监管策略非常关键。各个阶段的安全注意事项的要点并不完全相同。

在数字化生产加工的文件信息生成环节，提高数字化生产加工员工的管理方法是非常重要的。最重要的是，不得将文件带出生产加工产业基地。此外，为了更好地保证可信度，信息化承包单位还必须制定严格的生产产业基地管理办法和对策。大多采用半封闭管理、循序渐进、自动化技术，加强管理、反抄袭的责任制。避免档案信息在处理时，因为人为因素而泄漏的管理机制。在文件信息生成过程中，信息真实性和有效性的风险主要表现在过程中操作环节的不熟练，如扫描仪整个过程中信息的丢失、图像被整个过程中的错误识别等。文档转换出现乱码等，通过优秀的方法和软件就能够彻底保证信息的真实有效。因为每一个环节、每一个岗位都会将数字化的文件信息与原始文件进行比对，而且参与生产加工关键工作的员工，一般不聘用文化程度高的员工，他们可能不关心文件或者素材内容不是很掌握，甚至是无意掌握。因此，对本环节档案信息真实有效的保证，主要是采用专业的方法来减少偏差。

在数字化档案信息的管理方式和利用环节，这与电子文件归档后增加的管理方式类似。灾难备份数据库还用于备份博物馆馆藏数字化后新生成的档案信息数据，并利用在监督环节，改进网络信息安全管理方法，提高实际操作的严谨性。完善档案内部管理人员和管理程序化事务，制定全自动核查方案，确保档案信息的真实性和有效性。

2. 数字档案文件目录信息的真实性和有效性

数字档案文件的目录信息一般存储在数据文件中。其稳定性的关键在于数据库查询智能管理系统本身的管理水平，其真实性和有效性的关键在于档案管理人员严格"按规定办事"。这部分数据信息是管理员根据原始文件获取的数据库信息，用于描述原始文件的具体内容，这部分信息不像原始文件那样有依据，只是为了更好的管理和快速搜索而生成的，有些信息在后续的管控过程中很可能会发生变化。因此，其真实性和有效性并没有大家对档案原始数据和信息的规定那么高。编目规范和标准严格自我管理，严格保证档案编目信息的真实性和有效性，进一步提高档案检索和利用效率，更加合理。

4.完善数字档案信息的整合与整合

博物馆馆藏档案数字化和电子档案归档后，形成了大量数字化档案信息。如果只将其刻录于光盘或存储在磁盘中，不提供系统化的档案利用服务，不是博物馆档案数字化的真正目的。一些档案正在数字化以往通过档案管理方法信息系统对档案馆的档案目录信息进行管理，在馆内提供档案档案目录信息的检索服务。也有一些档案馆正在数字化，也建立了电子档案归档系统软件，收集电子档案并整理其档案目录信息，其中不少将图书馆档案数字化作为档案信息化的运作项目。但无论是什么情况，都需要解决当今档案馆所遇到的电子档案归档、馆藏档案数字化和传统媒体文件管理方式与生成的数字档案文件之间的工作关系。在这三项主要工作中，数字化目录信息和文件内容数字化实现相同的管理方法。对于纸质备份数据的电子文件或数字拷贝的纸质文件，必须进行关系解析，以确保相同文件内容的管理方法一致。否则，在档案馆创建电子档案智能管理系统、馆藏档案数字智能管理系统、纸质档案智能管理系统中，必然会导致系统软件之间数据信息的重复，即是不重复，也会增加管理方法的复杂性。

进入 21 世纪初，我国各类档案馆正处于纸质文件与电子文件并行处理、验收和控制的特殊时期。位图文件必须采用信息化的管理方法。电子档案备案后建立的电子档案也必须进行信息化管理。因此，当今档案工作的复杂性比较大，需要建立科学合理的管理计划，组织流程管理，完善档案实物与档案数字信息一体化管理方法。只有这样，档案工作的效果才能提高到一个比较大的水平，档案信息才能得到合理利用。

5.保证数字文件信息的存储安全

数字化档案信息的安全是档案信息化利用的前提条件。文件安全的必要性是由文件本身的性质和文件管理决定的。档案信息化的基础建设必须兼顾电子设备、软件系统、档案数据存储等自然环境中的安全风险，妥善处理便捷高效的应用。在安全工作方面，档案信息的数字化传输和应用不应因过多的安全考虑而受到限制，这将大大降低数字化软件系统的实用价值。可以对于数字化档案的数字化分布式存储，分级管理。

可以才用具有一键备份功能的常用网络服务器和数据库查询智能管理系统，可配备备份数据工作计划并安全实施，如光盘库、磁盘阵列、互联网专用存储设备等，可完成数据信息的信息备份，后期转移维修都方便；另一方面，应结合使用安全资料备份数据，并随时将备份数据信息记录在盘（副本）上，提倡现场存储。

自然，数据文件的保护必须不断完善管理方案和安全操作规范，实施合理的互联网安全管理方法和对策，选择严格的访问管理方案。从档案内容的安全工作角度，应考虑以下基本安全防范标准：

①保密等级区分标准：对信息保密文件信息实行物理隔离，层层落实义务。

②内外区分标准：区分档案信息的开发设计和可控的档案信息应用。

③客户区分标准：文件生成人员、文件管理人员和大众客户应建立不同的应用系统软件和管理权限来访问数据和信息。

④系统软件区分标准：档案馆使用的档案管理办法、信息系统软件、电子设备、档案归档系统软件、档案信息发布利用服务项目、行政部门系统软件在行政法规、管理方式等方面存在诸多差异，对各个安全的实际运行管理权限进行严格控制。

6. 提供便捷的数字档案信息使用

馆藏档案数字化的基本意义之一是方便使用。如果将数字化刻录光盘存放在仓库中，并采用与纸质档案相同的管理方式，则数字化的效果将难以体现。只有把档案的数据和信息放到网络空间，给予他们数字化的高效服务项目，才能保证项目投资的收益。

第五章　社会可持续发展要求有效率的信息资源开发利用

第一节　信息资源是当今三大资源之一

　　信息是每个人认识事物、发现问题、处理问题的思考和理解的基础。是提升专业知识和基础能力，完善专业知识和技术创新，推动社会发展各领域发展趋势所需的资源动力。近三十年来，以信息高速公路和多媒体技术的出现为标志的信息技术革命正在将我们带入知识经济时代。信息化已成为当代世界经济发展和社会经济发展的主流趋势，信息资源也成为继化学物质、电能之后最为重要的发展战略资源。它是个人、机构和我们国家获得核心竞争力的来源。

一、信息是一种资源

　　《辞海》将资源表述为："财源"；联合国环境规划署对资源的理解是："简言之，资源，尤其是自然资源，是指资源在一定阶段能够创造经济价值，并针对标准来改善人们当前和未来利益的自然因素和标准。伴随着社区实践活动的发展，资源的含义得到了丰富和发展。一般来说，资源是指可以用来创造社会财富和精神食粮的自然和人类社会，具有一定积累的客观现实形态。其构成不仅是自然资源，还包括社会发展、经济发展和人们工作的技术水平等因素，包括人力资源、优秀人才、IQ（信息，专业知识）等资源。

在当今知识经济时代，信息也被视为一种资源。主要原因是它有自己的资源特点。

首先，信息可以为人们创造经济价值。信息作为事物存在、运动状态和方法的一种表现形式，以其他信息活动要素（如技术、机械设备、资产、人员等）为支撑，根据收集、生产和加工解决方案、存储、转化，和分布。当上述系列的全过程在客户身上发挥作用时，可以为人们创造更宝贵的精神财富和精神食粮。这是因为当我们接受了描述运动客观现实状态的信息时，经过深入的分析和科学研究，我们会对事物产生新的认识，从而能够有针对性地指导其进一步的研究和研究。实践活动。；当我们将科研成果信息应用到生产一线，转化为实际的生产主力军时，就可以创造出专业知识高、效率高的化工产品，进而为社会发展创造新的财富。

其次，信息具有"待开发性"的特点。作为一种资源，它的"财富特征"一定是经过一定的开发和设计的。因此，资源的另一个关键特征是"内在性"或"有待开发的区域"，即只有基于开发和设计，资源才能成为现实上的财富。而信息资源并非"纯天然产物"，它们是我们对原始源内容进行采集、生产、加工、解析、存储的结果，表明它是"有待开发的区域"。

再次，大量信息作为资源出现。信息资源依靠一定的媒介以一定的经营规模存在，具有实用、客观、现实的形态。

二、信息资源的含义

1960年代，英国专家学者斯蒂格勒研究了信息在经济发展手段中的作用机制。他觉得获取信息必须要花费一定的金钱。同时，他发现信息可以减少经济发展手段的不确定性。节省制造和投入成本，并产生利润。随后，马可·卢普、波拉特、贝尔等经济学家从信息资源的角度提出了信息经济发展的定义，将信息视为后工业社会的更新改造资源。

现阶段，世界各国尚未就信息资源（Information Resources）的概念达成一致。美国联邦政府的文件将其理解为"信息和信息技术的总和。中国对信息资源有两个关键的表述。一。这种理解是狭义的。感觉信息资源是指人们在社会经济发展活动中生产和定居后的大量有效信息的组合，是指信息要素本身。实用价值。信息资源、自然资源和人力资源共同构成了当代社会经济快速发展的资源管理体系的支撑点。"另一种广义理解是，信息资源是人们的社会经济发展活动中积累的各种信息活动要素的集合，包括有效信息、信息操作者、信息技术以及通过生产科学化解的其他信息活动要素（如信息机械设备、信息活动经费等）。预算等）。

信息资源所包含的有效信息可以消除经济活动中的不确定性，减少经济发展活动中其他资源的消耗，协助大家进行选择管理决策、控制成本和节约成本等，这是信息活动中最重要的因素，处于核心地位。没有信息要素的存在，其他信息活动要素就失去了存在的价值。但是，信息资源价值的实现离不开信息生产者、信息技术等其他信息活动要素的综合作用。没有信息生产者、信息技术、信息设备、信息活动预算等信息活动的基本要素，信息资源的开发、设计和利用就无从谈起。因此，对信息资源的理解既不能否认信息活动中信息要素的核心地位,也不能忽视信息资源开发、设计和利用的各种必要条件。所谓信息资源"就是指人类社会在信息活动中积累起来的以信息为关键的各种信息活动要素。

三、信息资源的特点

随着知识经济时代的到来,人们对信息资源的依赖程度越来越高,而对物质资源和能源资源的依赖程度相对降低。信息资源作为一种社会发展型经济刚刚发展起来。大学生消费群体的消费属性是比较关键的资源之一。潜在的经济发展性质取决于这样一个事实,即信息可以在社会经济发展行业的所有领域发挥作用。在科研、总体规划、设计方案和生产过程中减少人力资本、原材料、资金、动力等资源的消耗,是一种重大的经济发展资源,极大地促进了社会经济效益和社会价值的提高。.具有自然资源、人力资源、资产资源等经济发展资源的一般特征,包括:

1. 生产经营

社会生产力是由劳动材料、员工、劳动对象、社会生产的组织和管理等基本要素组成的生产力系统。信息资源是生产力诸要素中的主体要素。它渗透到生产的主要要素中并与之融合。根据主要生产要素的科技知识成分,提高和扩大主要生产要素的效率和功效和作用。

2. 稀缺资源

稀缺性是经济发展资源的最基本特征。与物质资源和能源资源一样,信息资源也是稀缺资源。这是因为信息资源的开发、设计和利用必须与资金投入成本相对应,并且必须在信息资源上投入一定的成本。在明确的时间、空间及其他条件的约束下,经济发展活动中某一特定个体行为者对信息资源的留存也不足。

3. 使用方向的可选择性

同一信息资源的效果可能对不同的效果目标产生不同的实际效果,信息资源的应用方向可以根据这种不同的效果目标所产生的不同效果的实际效果来选择。

信息资源除了具有一般经济发展资源的特点外,也有其自身的特点。这种特殊性包括:

4. 共享性

化学物质资源和电能资源的一个重要特征是独占权和排他性。在物质资源或能源资源的总产量一定的情况下,每个用户在资源利用上一直存在着显着的竞争关系,即"你多我少"的排他性。信息资源不会有上述竞争关系。例如,如果有人阅读了书中的一篇文章,他从书中获得的信息不会受到损害,因为其他人已经阅读了该书。即不同信息的用户可以共享相同的信息,而不会影响彼此对信息的获取。但是,当信息成为支配权时,信息资源也将具有唯一性,如商业秘密信息资源、部分不能公开的政府信息资源、拥有专利权的信息资源等。

5. 依附性

即与承载者的不可分离性。物质,能源具有具体的形状,信息资源较为抽象。它是基于某种标记系统软件，它固定在某种化学物质载体上，没有它的介质就不能存在。

6．转型性

信息资源可以转换、生产和加工，其媒体可以改变，而媒体改变时信息内容不变。例如，纸质参考信息可以转化为电子设备参考信息，其媒介发生了变化，但需要表达的信息内容并没有因此发生变化。

7．传递性

信息资源的传递性包括时间和空间的传递。信息资源的传输从持续时间上主要表现为存储，将信息资源存储在各种媒体中以获得传输；空间上的传播主要表现为扩散，即信息在不同区域之间的流动，传播。

8．时效性

信息资源的使用价值对时间概念高度敏感。但这并不意味着开发和设计的信息资源越快，资金投入和利用率就越高。它们之间没有一定的逻辑关系，规定了信息资源的使用者善于把握机会。

9．不同一性

在信息资源方面，当客户提到需要越来越多的信息时，意味着它需要更加具体和不同。如果将原始信息的大量副本组合在一起，则无法实现上述规定。因此，对于一个清晰的信息资源，它必须是不同信息的组合，组合中的每一个信息都有其独特的特征。

10．不可分割性

有时，即使信息在交换中被分割，但对于指定的主要总体目标，如果所有的组合都是需要的，不能任意缺少，那么只有所有的信息组合才被使用。可以充分发挥其实用价值。

11．驾驭性

信息资源具有开发、设计和控制其他资源的能力。无论是物质资源还是能源资源，其开发和利用都依赖于信息资源的应用。人类理解和实践的过程大部分是信息的全过程。化学物质和电能虽然在每个阶段都密不可分，但它是信息一直围绕着整个过程，统领全局，操纵一切。

12．累积性与再生性

信息资源具有非消耗性，信息资源一旦产生，不仅可以满足人们同一阶段的需求，还可以根据信息的存储、积累和传递，及时地持续满足每个人的信息需求。另外，大家在利用现有信息资源的同时，会不断积累和创造大量的信息资源，完成信息资源的再生。

第二节 信息资源开发利用

一、信息资源开发利用的定义

英国科学家詹姆斯·马丁通过科学研究得出结论："人们的科学知识在 19 世纪每 50 年增加一倍，在 20 世纪中叶每十年增加一倍，在 1970 年代减少。它将每 5 年增加一倍。"最近的科学研究资料表明，近年来人们的科技知识每三年翻一番；就全球区域而言，平均值不到 1 分钟。当一部新小说问世时，每 3 到 5 秒就会发表一篇科学论文。科技知识只是一种信息资源，其他各种信息资源每天都在以更快的速度形成和升级。据调查，1940 年代以来形成和积累的信息量，已经超过了迄今为止人们在此掌握的全部信息量的总和。人们正被淹没在信息的海洋中。

但是，信息资源的存在并不意味着可以立即使用。需要对信息资源进行不同层次的开发和设计，使信息资源方便被客户获取和使用。

信息资源的开发利用，简单的说就是将信息按照各种相应的方法挖掘出来，将挖掘出来的信息进行排序，传递到需要这些信息的人手中，然后应用到他们的实际工作中。在具体工作上，他们转化为实际的生产力，为人类社会创造了大量财富。

理论上的信息资源开发与设计包括信息本身的开发与设计、信息技术科学研究、信息系统软件基础建设、信息装备制造、信息组织创建、信息开展标准制定、信息自然环境维护、信息人员培训等专题活动。而小规模信息资源的开发利用只是指对信息本身的开发利用，就是将信息源中存储的信息从不可用变为可用，并按照一定的方法从可用变为可用。使用情况，从中等应用情况到优质应用模式的全过程，包括信息的制作、展示、收集、排序、整理、存储、搜索、资产重组、转换、传播、审核、应用等阶段。它是订购信息开发，为用户提供信息产品和信息服务项目的全过程，是基于用户需求进行信息发现和专业知识查看的全过程。

信息资源的开发设计只是信息主题活动的逐步推进，信息资源的合理利用才是我们的最终目标。

二、信息资源开发利用的发展

信息资源在现代社会的发展中发挥着越来越重要的作用。进入互联网时代后，我国综合国力的市场竞争在很大程度上体现在信息技术的发展水平上，信息资源的开发利用是所有信息技术基础设施的关键内容之一。对我国而言，信息资源是我国自主创新管理体系中的主要发展战略资源，是不可替代的。对于公司来说，它是"公司最重要的财产"。

CKeyenterpriseassets，这也是在英国成立的全球信息资源管理方法研究小组对公司信息资源的断言。对于学术界而言,信息资源是人们从事科学、建立自主创新体系的基础。很难想象，一个不了解别人已经行之有效的科学研究,不了解该学科科研前沿和最新消息的人，怎么能做自己的科学研究。因此，无论是资本主义国家还是发展中国家，都对信息资源的开发利用给予了极大的重视和发展。

早在 1990 年代初，美国政府就公布了"国家信息基础设施建设计划"，即"信息高速公路"计划。规划强调，通信、电子计算机、信息资源和人才是构成信息高速公路的四大要素，缺一不可。在这四个因素中，信息资源是一种通过创造、收集、积累和传播而产生的专业知识资源和智商资源是关键因素。不久之后，英国进一步明确提出"建设世界信息基础设施"的基础建设。

欧盟国家在信息化基础设施水平上落后于英国，但近年来一直在追赶，并取得了很好的成绩。例如，《2010 年欧洲信息社会发展战略》中明确指出，要完成人人受益的信息社会发展，消除社会发展差异和地区差异，确保完成一个让每个人都受益的数据社会发展，然后最大限度地减少"数字鸿沟"的风险。

改革开放以来，我国信息资源的开发利用耗费了大量精力。毛泽东的朋友邓小平同志早在 1984 年 9 月 18 日在《经济参考报》头版就发表了对后来中国的经济建设和信息化建设产生了重大影响的著名十二字题词："开发信息资源，服务四化建设"。1997 年，在《科技部关于加强信息资源基础设施建设的实施意见》中，第一条建议是"深刻认识信息资源基础设施建设的必要性"，并明确提出"信息资源的开发利用是信息化的核心内容。"信息化的最终目标是方便、快捷、准确地为世界各地的信息销售市场和客户提供他们所需要的信息资源。 在我国，信息资源的开发利用取得了非常大的进步，各部门和地区图书情报机构根据自己的系统软件收集了大量的信息，社会发展信息机构也做了一些工作使信息资源有了更多的积累，到 2003 年，我国相继建立了许多个中国信息系统软件，其中包括以我国信息核心为标志的国民经济发展、金融业、商业服务、贸易等 20 多个区域信息系统，地方信息港口 10 余个，全国已完成数据库查询 3000 余个。现阶段，我国完成了 4 种国际进出口互联网管理网络：邮政部中国网和电信、国家教育部的中国教育科研网、中国科学院的中国科技进步网、电子部的金桥网。2004 年信息产业增加值 9500 亿元，占国内生产总值的 7.50700。经过几年的建设和发展，我国信息基础设施基础建设取得了重大成就。室内空间相得益彰，遍布全国、畅通世界的当代信息互联网，技术骨干传输网络已达到全球优秀水平。

第三节 社会可持续发展要求改善信息资源的开发利用状态

一、可持续发展的定义

20 世纪 60 年代以来，经济学家、生物学家、自然环境学者、理论家逐渐审视和反思工业经济发展中普遍坚持的非持续发展道路，重新认识发展的意义，进行科学研究，探索人类社会的可持续发展道路。1978 年，国际条件与发展联合会在文件中首次正式将"可持续发展"的定义应用于社会经济发展中。可持续发展被理解为：在不牺牲子孙后代需求的情况下，满足我们这群人的需求。

可持续发展的定义来自生物学。一开始，它指的是一种资源开发策略，列如如何通过多种方式只获取全部资源的一部分，使得资源不会被破坏，并且新开发的资源总数足以填满获取的总数。可持续发展在经济发展层面的运用主要是在 20 世纪 80 年代以后。挪威首相布伦特兰夫人在《我们共同的未来》报告中首次系统地探讨了可持续发展的基本原则和基本理念。她对可持续发展的理解是当前国际社会的阶段一个普遍接受的定义。报告强调，可持续发展是要满足现代人的需求，同时又不危及子孙后代满足自己必要需求的能力。

二、社会发展的可持续发展规律与信息资源开发利用现状的分歧

工业社会取代农业社会是人类社会的一大发展，但现代化的代价也不容小觑。高损失人力资本密集型经济发展是"涸泽而渔"的经济发展方式，是社会发展、资源、自然环境、绿色生态和灾害等诸多问题的罪魁祸首。在知识经济时代，智商密集型的经济发展和资源节约得到普遍认可，可持续发展战略作为一项浩大的工程受到高度重视。

基于对可持续发展的直接理解，可以得出实现可持续发展的两个主要原则。

一是发展原则。发展是人类共同的权利。现代人有发展权，子孙后代也有发展权。现代人在发展的同时，也应该保持这种权利，即必须关心子孙后代的发展权利。按照发展，人民才能脱贫致富，才能积累解决室内环境和生态问题所需的经济实力，社会发展才能最终摆脱贫困、无知和落后。

二是可持续性原则。换言之，人们向往的发展必须是可持续的。为此，我们必须改变传统的单纯依靠增加资金投入、增加消费来完成发展的发展方式，减少对自然资源的依赖。世界各国的实践经验证明，信息资源与化学物质、电能资源一样，是重要的发展战略资源。信息资源具有开发、设计和控制其他资源的能力，它所包含的有效信息可以减少经济活动

的可变性。根据改进信息资源的研发和应用，信息流促进和正确引导化学物质、电能和现金流及其人力资源的改进，可有效降低制造业、制造业等行业的资源消耗。基础设施和分布。高，营运资金慢，损坏和消耗严重，经济效益低。提高资源利用率，降低化工能源消耗，控制成本节约成本，降低经济发展对自然资源的依赖，完成从粗放型管理向集约型管理转变的增长方式。自然，信息资源的错误操作也会对经济活动造成不可估量的损害，例如增加成本和增加其他资源的消耗。这种信息资源对其他资源的控制，促使信息资源开发利用的实际效果立即影响其他资源的利用率。换言之，要减少对自然资源的损失和依赖，实现可持续发展，就必须合理开发和利用信息资源。这也是科学、合理、高效利用其他资源的规律。

同时，就信息资源而言，作为促进社会发展的众多经济发展资源之一，信息资源十分稀缺，需要区域开发。要实现其经济发展的使用价值和价值，就必须开发和利用信息资源。而且，这类信息资源开发利用的主题活动必须在身心健康方面不断开展，必须符合可持续发展的标准，即发展标准和可持续性标准。换言之，对于信息资源本身的不断发展，其开发利用也必须是有效的。

可见，无论是为了社会发展的整体可持续发展，还是为了信息资源开发利用这一主题活动的可持续发展，都需要信息资源的高效开发利用。

但是，我国信息资源开发利用的现状令人担忧。信息封闭造成了许多"信息孤岛"，成本高、产出率低、能耗高、效率低，重复基础设施建设条件十分普遍。信息资源分配不是很有效。许多信息主题活动要素在信息资源开发利用的全过程中并没有实现其使用价值和利润的最大化，导致信息资源开发利用主题活动的效率低下。

我国为此付出了大量人力财力物力后，低水平的开发利用使信息资源基础建设陷入僵局，阻碍了社会发展信息化进程，根本没有办法促进可持续发展。这是整个时代的缺陷，为此，迫切需要将社会发展的可持续发展规律与规模不经济的信息资源的开发利用分离开来。

第四节 可持续发展——水文水资源信息共享

水源是地球上人们日常生活的根源。中国虽然拥有较大的水资源储备，但人口众多，平均拥有量极低。同时，它具有分布不均的特点，导致一些地方水资源匮乏。为确保水文水资源获得可持续发展，需要构建可持续发展理念、水文水资源信息内容数据共享平台。在现阶段水文水利及其水资源资源共享管理方法中，，通过实践活动的论证与讨论，对其合理性和可行性分析进行评价，以提高资源共享管理水平。借住信息共享系统，完善相关管理机制，充分发挥两者资源共享的关键效应。

如果水文状态信息及其水资源的信息内容能够在较高水平上共享，那么围绕两者的紧密运作就可以实现较高程度的协同合作，这将有力推动不断进步和发展趋势相关领域和工作，特别是在水资源保护保护方面，具有充分的指导作用，便于利用水文水利信息资源对水源地维护给予相应的管理决策信息内容和应用。两者资源共享的规章制度的健全，也有利于合理统筹各区域资源的合理利用，减少基础建设初期不科学的开发设计和自然资源的铺张浪费，也可以帮助当地防灾减灾，抗震救灾宣传和援助具有合理防灾和保护生态的作用。

一、共享水文水资源现状

（一）共享资源体系需要不断完善

为更好地完成可持续发展观、水文水资源资源共享，相关部门开发了水文水资源数据信息专业软件。但由于缺乏统一的规范，不同的产品开发公司在开发结果上存在差异，导致不同手机软件中间数据信息无法沟通，增加了数据共享的难度。另外，紧密围绕当代水文水资源信息内容的分布，可以解释为关键数据被一些重要单位掌握，相关科研人员获取关键水文水资源数据的难度系数较大。这种现象在很大程度上影响了水文水资源的科学研究。信息资源不足会导致科学研究的有效性缺乏稳定的信息来源。总体而言，由于缺乏统一的资源共享体系，水文水资源共享的实际效果受到威胁。

（二）信息技术不足

在水源系统软件监管方面，科技人员开发了一些水源数据库查询系统软件，但由于各个部门的技术实力不同，提交的资源也会有所欠缺。在数据传输过程中，标准化是水文水资源信息内容资源整合的主要要求，并且由于资源共享的技术不一致，规章制度不完善。很多数据库查询都是自成体系的。因为标准不统一，数据信息整合的过程会很难进行。甚至造成了一些内容的重复和差异。

（三）资源共享理念有待完善

目前受到资源共享观念薄弱的危害，增加了资源整合的难度。关键是部分学者资源共享观念淡薄，对水文水资源的科研资料严格保密，不愿意共享资源，担心资源共享后自己的研究意义不大，或者被自己的竞争对手超越，使得信息内容共享资源的效果不甚理想。

现阶段，水文水资源共享的可持续发展观存在一系列问题。要针对资源共享的现状制定有效的对策，提高水文水资源电子信息工程可持续发展观的质量，确保水源的获取。有效利用促进水利工程领域的成长和发展。

二、水文水资源共享可持续发展理念的有效性

水文水资源资源共享的可持续发展理念是以绿色发展的核心理念为根本，结合计算机技术、互联网、通讯设备，更好地整合水源信息，实现内容信息开发全方位的管理，最终完成资源共享的目的。其中包括水文水利改造、水灾、水源地等全方位数据信息，对所有

数据信息进行综合分析，这样，完成资源共享，促进水文水资源可持续发展，促进我国环境保护工作顺利开展的有效途径。

近年来，在我国现代化建设中，城市化进程不断加快，水污染对地理环境的影响问题日益突出，尤其是水源地环境污染现象时有发生。在提高社会经济发展水平的同时，保护好水源，是大家的热门话题。完成基于服务平台的资源共享，开展水利工程信息内容基础建设，确保相关部门依托共享资源信息内容，提高对水文水资源的监控和深度分析。根据水文水资源综合数据覆盖，大大提高了水文水资源综合利用的效率，改善了水文水资源的维护方法，避免了消耗和破坏的问题。同时，要为一定程度的气候灾害整治提供相应的方法，提前制定抗旱抗洪预案，减少极端自然因素的负面影响，确保水源合理利用、开发、设计和使用。总的来说，可持续发展观认为，水文水资源共享是处理水资源的主要方式，要重视和加强文学水资源的共享。

可持续发展理念逐渐贯彻，水文水资源共享现阶段，我国大部分地区水文水资源共享理念还不够深入。大多数水利工程企业虽然掌握了水源信息，但未能加强资源共享理念。同时，大部分水利局都是独立的，彼此之间没有产生密切联系，导致水文水资源信息管理没有统一的规章制度，无法完成各数据的高效沟通和交流。在此基础上，由于我国各地区水文水资源差距较大，各地区具体使用的服务平台也有很大差异，要完成彼此之间水文水资源信息的共享，必须有统一的技术规范和标准。现阶段还没有形成统一的技术标准，各个区域的数据信息也不尽相同，不可能完成现代信息技术的资源共享。归根结底，我国水文水资源共享滞后，水利工程部门对资源共享的重视程度有待加强。目前相关法律法规需要不断完善，制约了信息内容和数据共享平台的发展趋势。由于相关法律法规的缺失，无法为工作的深入开展奠定坚实的基础。在具体的运行过程中，水文水资源共享的推进缓慢。

三、可持续发展水文水资源信息共享的思考

（一）完善资源共享理念，完善资源共享规章制度

现阶段资源共享的意识逐渐加强，可以将资源共享体系、供给体系、激励机制三者结合起来，改善水力部门研究者对水文水资源信息内容的传统看法，并加强信息内容的交流。按照政府有关部门的宏观经济政策和方法，确保水文水资源资源共享的有效性，完善资源共享理念。在此基础上，重视资源共享规则的制定，按照水文水资源数据共享平台规范，为各水利工程单位摆脱传统的信息沟通难题，并创建完善的共享资源规则。在此过程中，严格按照制度执行，让水利部门的研究者获取时效性强、使用价值高的物质数据信息，提高水资源应用的高效性。

（二）水文水资源信息内容数据共享平台

在建设过程中涉及各个行业，首先要明确资源共享的标准和规范。在信息内容网络互联的时代，需要融合智能化、优秀的管理方式，整合信息化管理方式。在发展水资源共享

服务平台时，要明确统一标准，完成统一管理办法，同时，明确互联网服务平台的传输效率，确保水源信息内容数据信息内容实时共享和传输，做到各区域信息内容合理化即时共享。可以实现各地区水利局的信息交流流畅。在工程建设和实践活动中实现科学合理的具体指导，避免违规作业，减少消耗和破坏，真正落实水资源共享下的可持续发展理念。

（三）有关法律法规的执行情况

所有的工作任务都必须受到相应的法律法规的控制。水文水资源共享建设必须有健全的相关法律法规。政府部门要发布相关法规，实时关注水利局的执行情况，确保相关法律法规的执行，同时根据存在的不足，不断完善法规的内容，体现法律法规的合理化和与时俱进性。确保各项相关法律法规在具体过程中得到重视和落实，推动建立以水文水资源绿色发展为基础的资源共享。

总体而言，水文水资源资源共享的可持续发展理念极为重要。要根据水文水资源共享可持续发展理念的现状，不断强化资源共享理念，制定资源共享规章制度，落实相关规定。法律法规，开发设计多种相关技术，摆脱传统水文水资源沟通障碍，深入交流，完成资源共享，让水利局早日采取措施，提高效率水资源综合利用。

第五节 地理信息系统和遥感技术在可持续发展中的应用

党的十九大将可持续发展战略确定为要坚定实施的八大战略之一，并就可持续发展和生态文明建设提出了一系列重大创新论述和重大战略部署。站在新时代的高度进一步探究可持续发展思想和可持续发展政策，是当前一项有意义的工作。可持续发展是 20 世纪 80 年代提出的一个新的发展观。它的提出是应时代的变迁、社会经济发展的需要而产生的。可持续发展，是指满足当前需要而又不削弱子孙后代满足其需要之能力的发展。可持续发展还意味着维护、合理使用并且提高自然资源基础，这种基础支撑着生态抗压力及经济的增长。在可持续发展战略实施过程中，地理科学发展的一个新分支——地理信息系统的作用逐渐变得不可或缺。我国是利用大数据服务可持续发展目标实现的先行者，我国科技界在利用大数据服务可持续发展方面已开展了全面实践，以系统性和整体性的理念去研究可持续发展目标实现面临的一系列问题。

一、地理信息系统

（一）定义

地理信息系统（GIS）是 20 世纪 60 年代中期发展起来的新技术，它是一种特定的十分重要的空间信息系统，有时又称为"地学信息系统"或"资源与环境信息系统"。它是在计算机硬、软件系统支持下，对地球表面空间信息进行采集、处理、存储、查询、分析和显示的计算机系统，是以计算机图形图像处理、数据库技术、测绘遥感技术及现代数学研究方法为基础，集空间数据和属性数据于一体的综合空间信息系统。

Michael Goodchild 把地理信息系统定义为"采集、存储、管理、分析和显示有关地理现象信息的综合系统"。美国学者 Parker 认为，"地理信息系统是一种存储、分析和显示空间和非空间数据的信息技术"。加拿大的 Roger Tomlinson 认为"地理信息系统是属于从现实世界中采集、存储、提取、转换和显示空间数据的一组有力的工具"。俄罗斯学者 Trofimov 把地理信息系统定义为"一种解决各种复杂的地理相关问题，以及具有内部联系的工具集合"。

地理信息系统处理、管理的对象是多种地理实体和地理现象数据及其关系，包括空间定位数据、图形数据、遥感图像数据、属性数据等，用于分析和处理在一定地理区域内分布的地理实体、现象及过程，解决复杂的规划、决策和管理问题。不同的人、不同部门和不同应用目的，对其认识也不尽相同。地理信息系统具有学科和技术的双重性质。

（二）地理信息系统的内涵

GIS 的物理外壳是计算机化的技术系统，它又由若干个相互关联的子系统构成，如数据又集子系统、数据管理子系统、数据处理和分析子系统、图像处理子系统、数据产品输出子系统等，这些子系统的结构及其优劣程度直接影响着 GIS 的硬件平台的功能和效率、数据处理的方式和产品输出的类型。

GIS 的操作对象是空间数据，即点、线、面、体这类有空间位置和空间形态特征并且能够复好地表达地理实体和地理现象的基本元素。空间数据的最根本特点是每一个数据都按统一的地理坐标进行编码，实现对其定位、定性和定量的描述，这是 GIS 区别于其他类型信息系统的根本标志，也是其技术难点之所在。

GIS 的技术优势在于它的数据综合、模拟与分析评价能力，可以得到常规方法或普通信息系统难以得到的重要信息，实现地理空间过程演化的模拟和预测。

GIS 与测绘学和地理学有着密切的关系。大地测量、工程测量、矿山测量、地籍测量、航空摄影测量和遥感技术为 GIS 中的空间实体提供各种不同比例尺和精度的定位数；电子测速仪、全球定位技术、解析或数字摄影测量工作站、遥感图像处理系统等现代测绘技术的使用，可直接、快速和自动地获取空间目标的数字信息产品，为 GIS 提供丰富和更为实时的信息源，并促使 GIS 向更高层次发展。地理学是 GIS 的理论依托，地理信息系统和信息地理学是地理科学第二次革命的主要工具和手段。

二、地理信息技术的应用领域

（一）在环境管理方面

GIS 的应用很大程度改善了环境管理方面基础数据的处理和收集方式，提高了环境管理的效率。利用 GIS 的数据采集、信息查询、数据库管理、统计制图、空间分析等功能，环境管理的工作人员可将收集到的数据进行整合处理，并确定环境问题的地理位置，同时可以了解到不同区域地理环境之间的联系。GIS 还在环境的规划与宏观调控方面发挥着作用，利用 GIS 可以实现环境管理规划中的定性与定量相结合、空间分析与属性分析相结合、历史信息与发展方向相结合。并且 GIS 在对环境管理进行调控时，还可以观测到区域性污染源分布、污染扩散等。利用 GIS 中的综合信息和空间分析模型，为解决环境污染问题提供科学决策提供依据。

GIS 可以为环境监测研究人员提供准确的污染源分布，污染源扩散条件、扩散范围等情况。根据被监测污染物质或与其直接相关物质的最大吸收波长，来进行大范围的污染物定性、定量分析。而污染源的地理位置坐标则可以用 GPS 进行定位，通过地学编码和环境数据实时采集系统，实现动态连续监测。

例如，可以通过夜间灯光数据，估算碳排放，进一步研究全球气候变化问题。

全球气候变暖是当今人类面临的主要环境问题之一，碳循环过程的非对称发展是全球气候变化的基本动力源之一；随着陆表系统物质能量交换规模的不断扩大和交换速率的不断加快，碳循环过程排放多、吸收少的情况对全球气候会产生越来越明显的负面影响。联合国政府间气候变化专门委员会（IPCC）第四次报告认为，人类活动产生的大规模能源消费所排放的 CO_2 是导致全球气候变化的最主要原因之一。因此，探索能源消费等人类活动造成的碳排放成为目前国内外学术界研究的热点问题。中国作为世界最大的能源消费国之一，控制碳排放增长速度和降低碳排放强度是我国积极应对气候变化，承担合理国际责任的决心，也是我国走绿色低碳发展道路的信心。但目前我国 CO_2 排放量已上升至世界第一位，减排形式十分严峻。

以往对碳排放进行研究的数据主要来源为国家或省级统计部门，市级以及更小尺度区域的数据难以收集，难以全面了解市级及其以下尺度碳排放情况；与此同时，国家级、省级、市级统计数据的统计口径、计算方法、统计误差等不同，造成了统计数据之间"横向不可比，纵向不可加"，使得制定准确、差异化的减排政策有较大困难。

美国军事气象卫星 Defense Meteorological Satellite Program（DMSP）搭载的 Operational Linescan System（OLS）传感器，能够有效地探测到城市夜间灯光甚至小规模居民地、车流等产生的低强度夜间灯光，适用于监测人类活动，是强度良好的数据源。DMSP 数据具有时效性、覆盖面积广、真实性、获取方便等特点；而且，DMSP/OLS 夜间灯光影像可用于大尺度、大区域的碳排放量的估算。

美国新一代极轨运行环境卫星系统预备项目卫星（National Polar-orbiting Operational Environmental Satellite System Preparatory Project，NPP）发射成功，NPP 携带的可见光红外线成像辐射仪（Visible Infrared Imaging Radiometer Suite，VIIRS）可得到接收 22 个波段的影像数据，其中白天/夜间波段（Day/Night Band, DNB）能够识别微弱灯光源。相较于 DMSP/OLS 夜间灯光数据，VIIRS 传感器采用星上定标，可以得到更高精度的数据，新型夜间灯光数据空间分辨率的提高，也为小尺度级别的数据空间化研究提供了技术支持。

珞珈一号01星由武汉大学于2018年6月2日发射，是珞珈一号科学实验卫星系列中的第一颗卫星，珞珈一号01星配备高灵敏度的夜光摄像机，光谱带宽为 $0.319\mu m$，可获得高精度夜间灯光图像，夜间动态范围可达14位，空间分辨率为130 m，幅宽为250 km，约15d完成全球夜光遥感。

以上3种卫星都可以为全球提供夜间灯光数据。以DMSP数据为例对东北三省碳排放进行估算，具体估算方法如下。

首先构建包含稳定夜间灯光亮度DN值空间滞后项W*DN的时空地理加权回归模型，然后对单位面积碳排放与稳定夜间灯光亮度DN值之间进行线性拟合，构建线性模型，Y=aX−b；Y代表单位面积总碳排放（吨/公顷），X代表稳定夜间灯光亮度DN值。

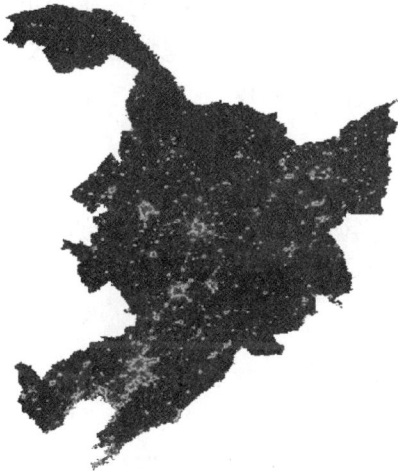

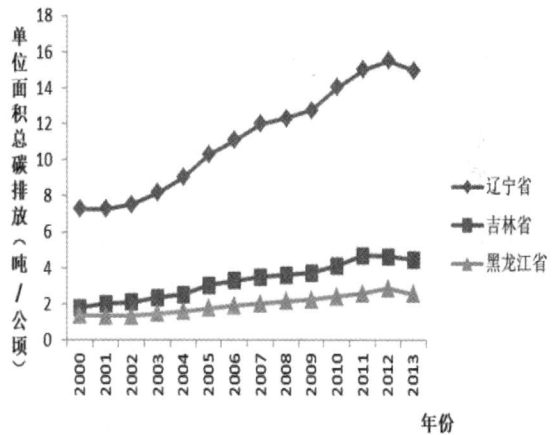

图5-5-1 东北地区夜间灯光分布　　图5-5-2 东北三省2000年—2013年单位面积总碳排放变化折线图

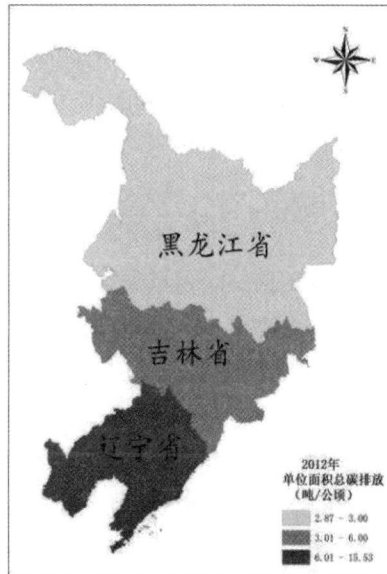

图5-5-3 2012年东北三省单位面积总碳排放空间分布图

（二）城市规划与选址

城市多网点公共服务设施的合理布局，是城市规划过程中较为复杂、难以定量预测和评估的方面。城市发展的不确定性以及规划手段的不科学性，往往造成城市整体或局部基础设施分布的不均衡。因此，优化多网点布局的公共服务设施在城市内部空间的合理配置，显得尤为重要。地理信息系统中的空间分析，可以很好的解决这个问题，在现实生活中，得以广泛应用。例如我们可以根据百度地图的 POI 数据，对北京市的图书馆进行布局分析，利用 GIS 的核密度分析、基本空间分析模块、空间分析和空间统计分析方法，通过构建指标体系和量化统计对北京全市各区的图书馆网点进行外部要素评估、网点评级以及评价结果及分析优化研究。

POI 指具有地理标识的空间特征物，包含名称、类别、经纬度等信息，是空间大数据分析的基础性数据，包含餐饮服务数据、风景名胜数据、公共设施设施数据生活服务数据、体育休闲数据等等。电子地图中的每一个住宅小区、公园、学校、医院、公司、商场等都是一个信息点。

利用 ArcGIS 中的核密度来分析各类公共服务设施——图书馆的基本分布情况。核密度分析主要是以某一要素为中心，在指定的范围内通过距离衰减形成连续不断的空间密度曲面，而核密度值就是由不同密度曲面叠加而成，具体计算方法如下。

$$D(xi, yi) = \frac{1}{ur} \sum_{i=1}^{u} k(\frac{d}{r})$$

式中，D（xi, yi）为空间位置（xi, yi）处的核密度值；r 为距离衰减值；u 为与位置（xi, yi）的距离 ≤ r 的要素点数；K 函数则表示空间权重函数；d 表示当前要素点与两 D（xi, yi）点之间的欧氏距离。

为了方便的比较数量级不同的指标，进行对归一化处理。由于城市公共服务 设施周边的影响因子同等重要，因此各项公共设施加权求和时因子所占比重相同 [7]。在各指标权重未知的情况下，取相等权重求和。具体公式如下：

$$Xnorm = \frac{X - X\min}{X\max - X\min}$$

其中，Xnorm 表示归一化后的权重值，X 表示某因子的某一值，X min 表示某 因子对应的最小取值，X max 表示该因子对应的最大值。 然后根据每个指标权重具有相等权重进行赋值：

$$I = \sum_{i=1}^{n} xi / n$$

I 表示分级后的结果，n 表示指标个数，xi 表示其中一个指标。

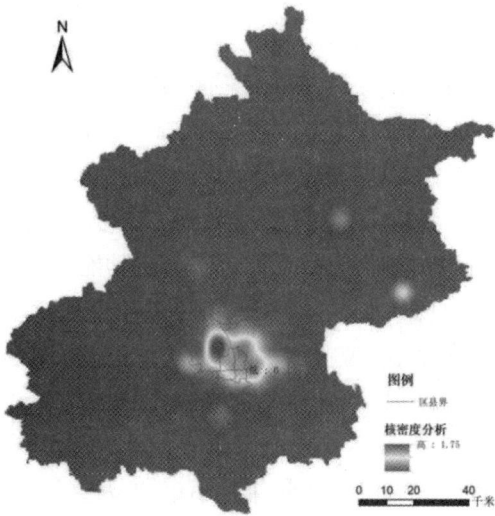

图 5-5-4 北京市图书馆核密度图

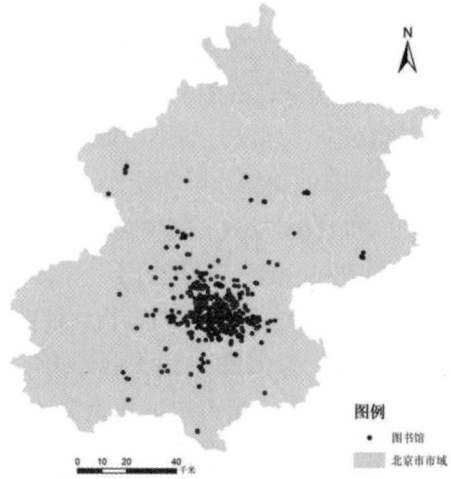

图 5-5-5 北京市图书馆分布图

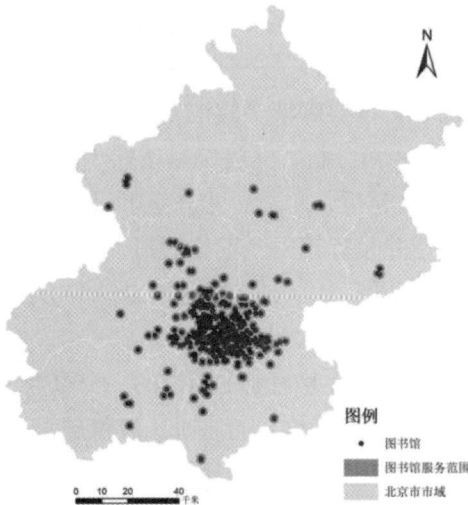

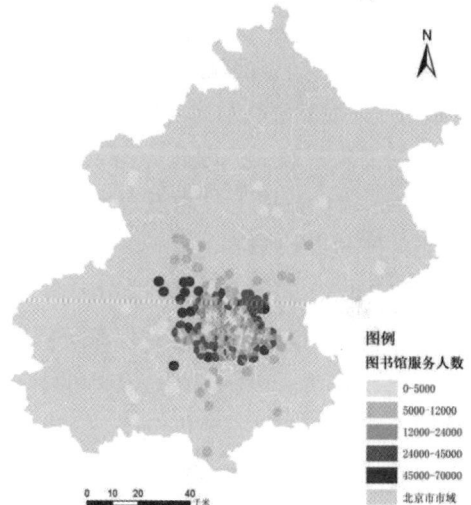

图 5-5-6 北京市图书馆辐射范围图　　图 5-5-7 北京市图书馆服务人数统计图

通过 GIS 对北京市图书馆网点分布进行评估，得到了北京市图书馆网点分布的规律。结果表明北京市图书馆呈现出核心——边缘的模式。图书馆主要分布在中心城区且集聚，城市郊区的图书馆较少且分散，高质量的图书馆也主要集中在中心城区，与中心城区分布公共服务设施齐全以及交通便利，服务人群多等因素有关，而低质量图书馆主要分布在郊区。

超市选址应用。随着我国社会经济的快速发展，人民生活水平不断提高，超市在满足居民日常消费中扮演着越来越重要的角色。为了能够给予消费者更快捷、便利的服务，超市经营者无一例外地将选址规划作为决策中的重中之重。消费行为的改变、出行方式的变化以及市场竞争日益剧烈，传统仅依靠简单的数据的统计、调研分析、个人经验以及经营者主观判断等选址方法，已经难以适应新环境下科学规划和决策的需要。

店址选择是否得当，是影响经济效益的一个重要因素。店址选择得当，就意味着其享有优越的"地利"优势，在同行业商店之间，如果在规模相当，商品构成、经营服务水平基本相同的情况下，必然享有较好的经济效益。一般来说，如果店址好，即使经营一般，也容易获得成功；相反，如果店址不佳，经营者再有能力也往往难以弥补这一缺陷。

GIS 所具有的空间分析功能，包括空间查询与量算、缓冲区分析、叠加分析、路径分析、空间插值、统计分类分析等。它将地图这种独特的视觉化效果和地理分析功能与一般的数据库操作集成在一起，广泛应用于对交通安全、区域城市发展规划、公共设施管理、网点布局、服务分配等领域的空间分析，能够为决策者提供支持。

超市选址主要考虑的几个因子，第一个是道路因子。道路缓冲区因子分析中，方便快捷的道路交通是影响超市选址的重要因素，也是考察一个超市门店吸客能力的重要指标。一般来说道路越密集说明居民区较多，人流量越大，也越适合作为超市的备选地址。道路交通指标一般选取：城市快速路、国道、行人道路、九级路、其他道路、省道、县道、乡镇村道等道路数据（高速路不考虑在内）。

第二个因子是居民小区。超市的消费者是城镇居民，因此人口的分布应是超市布局的首要考虑因素，一个大型超市的布局必须有相应的客源人口。一般说来，一个大型超市的周围必须有一个 3-5 万人的居住社区。居民小区、宾馆酒店较多的地方，消费者对超市等零售网点的需求量较大。因此，需要对住宅点进行距离分析，并将结果按照 100m，200m，300m，400m，500m 以上分为五个类型。距离居民区越近，越适合建立超市门店。

三是停车场。快节奏的生活下，能够快速到达并且有较多停车位的超市，备受消费者的喜爱。同时较多的停车位也能够拓展门店的辐射范围，以增加销售额。按照同样的标准对停车场进行缓冲区分析，得到停车场点距离分析数据。

四是科研院所。科研院校较集中的区域也是超市经营者选址中考虑的一个重点。对科研院校按照距离远近进行赋值分类，离该数据点越近，越适合进行选址，赋值越大。

五是房屋租金。房屋租金是超市成本中的重要一环，房租低，可以降低成本，确保盈利和降低风险。所以要对不同的地段按照房租高低进行赋值。

通过以上几个因子的叠加分析，在 GIS 中通过缓冲区分析、叠加分析、OD 成本矩阵、网络分析等，得到几个适合开超市的网点分布图。

（三）城市交通

随着人们生活水平的不断提高，汽车越来越普及，交通问题已经成为一个人们出行比较棘手的问题，如何能较为准确的估算交通出行所需要的成本（包括时间、交通费用等），也是很多学者关注的方向。国内外很多学者都在致力于交通可达性研究。

交通可达性是指通过一定的交通系统到达城市某一地点的便利程度，一般取与交通量相关联的度量，如时间、距离、费用等。

目前通过 GIS 对于交通可达性的分析具有多种方法，如最小邻近距离法、等值线法、潜力模型法、平衡系数法、机会累积法、空间句法、出行效率法等。总的来说，目前常用的可达性分析方法可以分为两种，一种是基于交通网络的方法。这种方法只考虑交通设施本身包括线路和结点的连接状况。另一种交通可达性分析方法除了考虑两点之间的联系，还要考虑起点和终点的属性。这些属性主要是社会经济属性，例如产业规模、就业人口、经营范围等。

（四）国土资源管理

随着科技的不断进步，传统的土地管理模式，已经难以适应市场经济发展需求。而且我国幅员辽阔，资源种类偏于复杂，山区和沙漠地区很难成为城市建设和工业发展的主要领域，近年来，随着经济的发展，有限的国土资源变得越来越紧张。传统的管理方式不仅会造成人力、财力、物力资源的浪费，且会降低管理质量，在短时间内很难制定科学的资源利用规划和方案以促进经济发展。针对这些状况，使用地理信息系统对土管进行技术支持显得十分必要。地理信息系统不仅通过将学科领域的传统知识与技术、地理知识、制图相结合，同时还整合了计算机技术，将地理信息系统智能和集成的现代技术数字化，集成的操作系统智能实现数据收集、分析、存储和应用程序的实现，大大降低了人工成本，不仅土地使用效率得到了进一步提升，并且达到了土地管理的动态化，便于多级治理。

具体的应用，包括以下两点：一是空间定位。即按照特定的经纬度或者坐标系统，对土地资源进行系统的空间定位，从而让具有区域性、时序性及多维性特点的空间元素能够进行分解、复合等处理，将地理信息内容的形式由隐藏变为显示表达，直至形成时空连续分布的地理信息基础。二是信息处理信息处理，即采取一定措施，将多个信息源中的空间数据信息及统计数据信息进行标准化、规格化、分级、分类处理，使这些信息能满足计算机输入及输出的基本要求。这可以辅助管理人员针对自然资源、环境要素以及社会经济状况进行相关的对比分析，并且在多维的结构中，体现出分析结果，为管理部门创造实时显示及多层次分析的环境和条件。

例如，在城市用地扩展研究中，我们使用 landsat7 和 landsat8 的影像数据，利用归一化植被指数（NDVI），对建筑用地进行提取。我国城镇化率正在逐年提高。通过 2015《城市蓝皮书：中国城市发展报告 NO.8》可以看出，截止 2010 年，我国城镇化率已达 50.0%，并有继续发展的趋势，中国正在稳步走向城市型社会阶段，2012 年中国城镇化率相比 2010 年上涨 2.6%，超过世界总体水平（52.5%），并以年均超出世界平均水平 0.5 个百分点快速推进。从坚持可持续发展、构建和谐社会的要求出发，我国需要坚持最严格的耕地保护制度，要深入研究城市扩张规律，科学预测城市用地规模，从而保证城市土地利用总体规划编制的科学性、合理性，为落实最严格的节约用地制度提供支撑和依据。在城市化进程中也出现了许多诸如人口与产业集聚不协调等一系列问题，城市用地明显向外膨胀，建成区面积不断增加，对周边的农田、农村住宅区不断侵占，这种扩张不仅影响着城市自身的发展，还对城市所在的区域生态环境产生深刻影响。

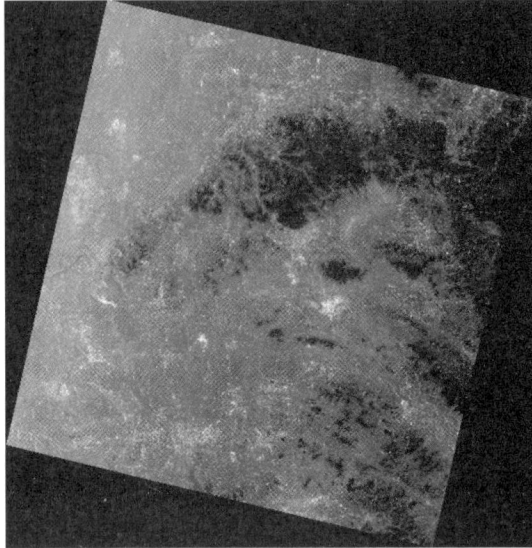

图 5-5-8 Ladnsat8 OLI_TIRS 数据实例

利用归一化植被指数以及归一化建筑指数进行交集运算，利用这两个指数各自的优势提取城镇用地，可以有效的去除 NDBI 提取信息中的低植被覆盖区以及部分裸土。低密度植被覆盖区在红波段以及近红外波段具有植被的光谱特征是变大的；在近红外波段和中红外波段上具有城镇用地的光谱特征或者说具有裸地的光谱特征，即在绿波段和红波段之间 DN 值是变大的。

在 NDVI 基础上引入 NDBI，通过对图像的二值化、求交运算等方法，利用这两个指数各自的优势来提取城镇用地，将这两个指数的结合用于提取城镇的信息。低密度植被覆盖区在 TM3 和 TM4 具有植被的光谱特征，即在红光和近红外波段的 DN 值是偏大的；在 TM4 和 TM5 上具有城镇用地的光谱特征或者说是具有裸地的光谱特征，即在近红外和中红外之间的 DN 值也是变大的。因此，低密度植被覆盖区既具有植被的光谱特性又具有城镇用地的光谱特征。利用这一独特的光谱特性可以将 NDBI 提取得到的城镇用地（其结果还包含裸地和低密度植被盖区）中的低密度植被覆盖区从中分离出来。

（五）人口空间化管理

人口问题是当今世界上的热点问题，人口空间分布、人口老龄化现象等，越来越引起世界的重视。《2010 年世界人口状况报告》预测，到 2050 年，世界人口将超过 90 亿，人口急速膨胀，并且分布不均匀，导致了资源和人口的失衡。我们国家也面临着相同的问题。特别是人口老龄化现象，已经十分严峻。GIS 作为空间分析工具，可以结合社会数据，分析出人口老龄化的时空分布特征及形成因素，为国家相关部门制定人口政策服务。具体方法和步骤如下。

首先是选取指标。选用老龄化系数（60 岁及以上人口数占总人口数的比例）作为反映区域人口老龄化程度的指标。其次是选取方法，采用空间分类法和探索性分析法。

空间分类法是将评价结果按照一定的标准进行空间表征的常用方式，能清晰地反映表征值的空间分异特征。参考联合国关于人口老龄化的判定标准，结合研究地区的实际情况，将研究区域人口老龄化系数分成如下不同等级（以60岁及以上人口数占总人口数 的百分比来划分）：

表 5-5-1 老龄化程度分级标准及年龄结构类型

老龄化系数	年龄结构类型
<7%	年轻型
7%-8%	成年型初期
8%-9%	成年型中期
9%-10%	成年型晚期
10%-11%	老年型初期
11%-12%	老年型成长期
12%-13%	老年型扩张Ⅰ期
13%-18%	老年型扩张Ⅱ期
>18%（红色预警）	老年型晚期

探索性分析方法是指为了形成值得假设的检验而对数据进行分析的一种方法。这里引入衡量区域整体关联水平的全局 Moran's I 指数和检测局部地区是否存在高值或低值聚集状态的局部 Moran 指数，以此刻画人口老龄化的空间关联特征。

（1）全局空间自相关：莫兰指数 Moran's I 指数

$$I = \frac{n \sum_{i=1}^{n} \sum_{j=1}^{n} W_{ij}(x_i - \bar{x})(x_j - \bar{x})}{\sum_{i=1}^{n} \sum_{j=1}^{n} W_{ij} \sum_{i=1}^{n}(x_i - \bar{x})^2}$$

式中：n 为空间单元的数目；W_{ij} 为空间权重矩阵，文中采用邻接标准定义权重矩阵；x_i、x_j 表示空间单元 i、j 上的属性值；Moran's I 的取值介于 –1~1，在给定显著性水平下，大于 0，表示地区间存在正相关性；小于 0，表示空间负相关；接近 0，意味着各地区之间无关联。

（2）局域空间自相关：局部 Moran 散点图。

$$I_i = \frac{(x_i - \bar{x})}{S^2} \sum_{j=1}^{n} w_{ij}(x_j - \bar{x})$$

式中：$\bar{x} = 1/n \sum x_i$，$S^2 = (1/n) * [n \sum_{i=1}(x_i - \bar{x})^2]$，n 为研究区域单元个数；$X_i$ 和 X_j 分别表示在空间单元 i 和 j 上的属性值，$\bar{x}$ 是所有研究对象属性 x 的平均值；W_{ij} 为空间单元 i 与 j 的权重。局部空间自相关是指每一空间单元与邻近单元就某一属性的相关程度。与全局空间自相关相比，具有能区分区域单元与其邻近单元之间的空间联系形式的优势。Moran 散点图分为 4 个象限，第一、二、三、四象限分别为高—高区、低—高区、低—低区、高—低区，代表4种局部空间自相关类型。

最后通过GIS相关软件，求出相关系数，制作具体地区的散点图，得出人口老龄化的空间分布规律，再结合相关社会因素进行分析，找出人口老龄化空间分布的影响因素。对于人口老龄化时序特征研究以及空间分异特征的探讨，需要综合考虑多方面因素。要选取人口老龄化系数作为测度指标，首先进行时间尺度上的分析；其次基于空间分异方法和探索性分析方法进行空间分异特征分析和空间关联特征分析；最后，利用SPSS等相关统计软件对人口老龄化影响因素进行分析，对老龄化时空差异的影响因素解释。

第六节 地理信息系统与遥感技术集合的信息搜集

一、遥感技术简介

定义：遥感技术是从远距离感知目标反射或自身辐射的电磁波、可见光、红外线，对目标进行探测和识别的技术。例如航空摄影就是一种遥感技术。人造地球卫星发射成功，大大推动了遥感技术的发展。现代遥感技术主要包括信息的获取、传输、存储和处理等环节。完成上述功能的全套系统称为遥感系统，其核心组成部分是获取信息的遥感器。遥感器的种类很多，主要有照相机、电视摄像机、多光谱扫描仪、成像光谱仪、微波辐射计、合成孔径雷达等。传输设备用于将遥感信息从远距离平台（如卫星）传回地面站。信息处理设备包括彩色合成仪、图像判读仪和数字图像处理机等。

基本原理：任何物体都具有光谱特性，具体地说，它们都具有不同的吸收、反射、辐射光谱的性能。在同一光谱区各种物体反映的情况不同，同一物体对不同光谱的反映也有明显差别。即使是同一物体，在不同的时间和地点，由于太阳光照射角度不同，它们反射和吸收的光谱也各不相同。

遥感技术就是根据这些原理，对物体作出判断。遥感技术通常是使用绿光、红光和红外光三种光谱波段进行探测。绿光段一般用来探测地下水、岩石和土壤的特性；红光段探测植物生长、变化及水污染等；红外段探测土地、矿产及资源。此外，还有微波段，用来探测气象云层及海底鱼群的游弋。

系统组成：遥感仪器在探测中遥感技术是由遥感器、遥感平台、信息传输设备、接收装置以及图像处理设备等组成。遥感器装在遥感平台上，它是遥感系统的重要设备，它可以是照相机、多光谱扫描仪、微波辐射计或合成孔径雷达等。信息传输设备是飞行器和地面间传递信息的工具。图像处理设备（见遥感信息处理）对地面接收到的遥感图像信息进行处理（几何校正、滤波等）以获取反映地物性质和状态的信息。图像处理设备可分为模拟图像处理设备和数字图像处理设备两类，现代常用的是后一类。判读和成图设备是把经过处理的图像信息提供给判释人员直接判释，或进一步用光学仪器或计算机进行分析，找出特征，与典型地物特征进行比较，以识别目标。地面目标特征测试设备测试典型地物的波谱特征，为判译目标提供依据。

遥感平台是遥感过程中乘载遥感器的运载工具，它如同在地面摄影时安放照相机的三脚架，是在空中或空间安放遥感器的装置。主要的遥感平台有高空气球、飞机、火箭、人造卫星、载人宇宙飞船等。遥感器是远距离感测地物环境辐射或反射电磁波的仪器。使用的有 20 多种，除可见光摄影机、红外摄影机、紫外摄影机外，还有红外扫描仪、多光谱扫描仪、微波辐射和散射计、侧视雷达、专题成像仪、成像光谱仪等，遥感器正在向多光谱、多极化、微型化和高分辨率的方向发展。

遥感器接受到的数字和图像信息，通常采用三种记录方式：胶片、图像和数字磁带。其信息通过校正、变换、分解、组合等光学处理或图像数字处理过程，提供给用户分析、判读，或在地理信息系统和专家系统的支持下，制成专题地图或统计图表，为资源勘察、环境监测、国土测绘、军事侦察提供信息服务。

我国已成功发射并回收了 10 多颗遥感卫星和气象卫星，获得了全色像片和红外彩色图像，并建立了卫星遥感地面站和卫星气象中心，开发了图像处理系统和计算机辅助制图系统。从"风云二号"气象卫星获取的红外云图上，我们每天都可以从电视机上观看到气象形势。

二、遥感应用

随着人们观测尺度的加大，研究范围从小区域扩展到大的区域，乃至全球，信息的获取通过常规手段已经不能完成，因此遥感技术变的越来越重要。

遥感获取的信息是传统方法无法比拟的。遥感信息客观准确地记录了地表地物的电磁波辐射（反射和发射）特征，客观实时地反映出地表景观的实况。遥感既可以真实形象地反映地物分布的现状，地物或现象间的相互关系，又能反应地物间相互影响变化的情况。因此，遥感手段的引入，为地理学的区域综合分析，区域动态分析的进一步深入研究，以及提高成果的实际应用价值和效益提供了便利和基础。遥感可提供可见光波段的信息，又可提供红外、紫外、微波波段的信息以及多波段信息；可提供图像形式的信息，又可提供模拟或数字化的数据信息；不但能获得实时的二维平面信息，又能得到三维空间信息等等。从而使所获地理信息形成多层次、多方式、多侧面全方位，大大拓宽了地理研究的广度和深度，为当今众多领域的发展开辟了道路。

第七节 应用场景举例

一、遥感场景分类应用实例

可以结合计算机深度学习理论，通过高分辨率遥感影像进行场景分类。遥感影像场景分类是对高分辨率遥感影像的有效解译，场景分类的核心是场景特征的提取。传统场景分类方法仅可获取中低层局部特征或全局特征，造成信息的丢失。我们可以选取一种融合全局和局部深度特征的视觉词袋模型（Global and Local Deep Features based Bag-of-visualwords，GLDFB）来解决这个问题，它同时顾及场景的局部和全局信息。通过视觉词袋模型将深度卷积神经网络提取的卷积层特征和全连接层特征进行融合，并利用支持向量机对融合特征分类。该方法充分利用包含场景局部细节信息的卷积层特征和包含场景全局信息的全连接层特征，形成对遥感影像场景的高效表达，从而实现高分辨率遥感影像场景的准确分类。

具体算法：首先是卷积神经网络对局部及全局特征的提取，然后是将经过BoVW 方法处理的局部特征与全局特征进行融合，最后使用支持向量机 SVM 得出分类结果。

首先采用 VGG-19 卷积神经网络提取器提取特征词汇，VGG-19 提取器包含 1 个softmax 分类层、3 个全连接层、5 个最大池化层、16 个卷积层。VGG 的输入被设置为224x244 大小的 RGB 图像，在训练集图像上对所有图像计算 RGB 均值，然后把图像作为输入传入 VGG 卷积网络，使用 3x3 或者 1x1 的 filter，卷积步长被固定 1。

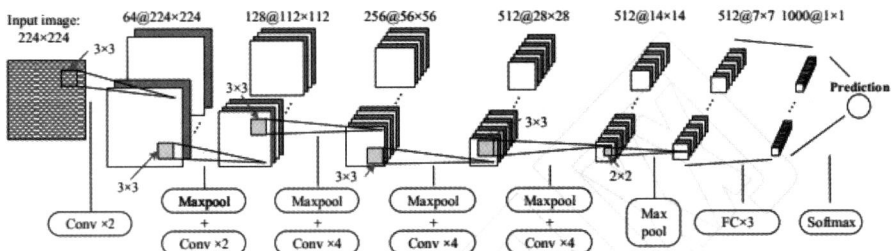

图 5-7-1 卷积神经网络提取器

特征图中的元素是对输入图像局部区域的卷积结果，不同特征图对输入图像的同一位置有不同的卷积结果，形成不同的元素。基于输入图像同一位置的特征图元素，可以看对输入图像局部区域的抽象。如图所示，我们将输入图像的同一位置的特征图元素排列起来，即可完成对输入图像的特征词汇提取。

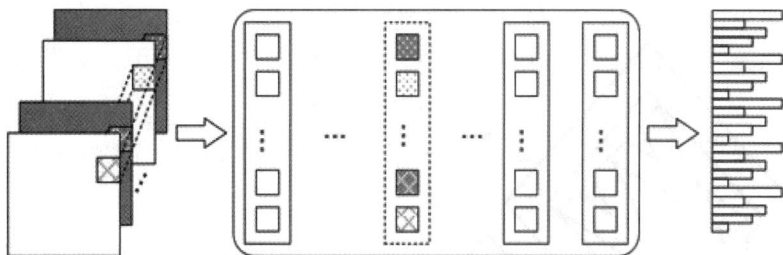

图 5-7-2 特征词汇提取示意图

记卷积层的第 个特征图为，该特征图第 i 行第 j 列元素为，则卷积层所有特征图的在 位置的元素可重组为如下特征向量（1）其中为卷积层的顺序，为特征图数目，为 ReLU 激活函数，T 为转置运算，为 维列向量。卷积层的特征图元素冲组得到的特征向量集合为：

（2）此处我们以每个列向量作为特征词汇，表示为一张遥感场景图像的个特征词汇合。M 个遥感图像则对应个特征词汇。我们提取出所有的特征数据集，记为特征词汇集。

通过上面的变换我们得到了输入图像的特征词汇，但是其特征输出维数依旧没有降低。接下来，我们通过聚类算法对所有的特征词汇进行聚类运算，生成为词汇聚类中心的特征词汇，对图像的特征输出进行降维。本文采用 BoVW 模型中的 K-means 作为聚类方法，对特征词汇进行聚类，产生 K 个聚类中心，我们把 K 个聚类中心视为 K 个特征单词，则特征词典就形成了。视觉词汇间的相似度由欧几里得距离进行度量，公式 3 所示，距离越小越容易聚类在一起。

（3）

根据上文输出的特征词典，对于之后生成的特征词汇，我们就可以计算其到各个特征单词的距离，用距离最小的特征单词代替所得的特征词汇，然后统计每个特征单词出现的频率，得到每副输入图像的单词词频分布直方图，并表示为 K 维特征向量如公式 4 所示。其中 K 值越大表示出的局部特征就越详细，但是 K 值过大又会出现过拟合现象而导致分类精度不高。后续经过我们的验证选取了一个相对好的 K 值进行运算。

（4）

，为第 i 个视觉单词出现的频率比例，为单张图像的视觉词汇总数。

该模型利用卷积神经网络提取的高层特征对遥感图像的语义信息进行表达，并通过视觉词袋模型对高维度卷积层特征编码，使图像的局部信息与全局信息得以融合。从而提高了对遥感影像的特征提取。

二、地表温度反演应用实例

过去几十年，城市化进程的不断加快，改变了地表和大气状况，对全球环境产生重要的影响，其中，城市热岛效应，是一个比较典型的负面影响，热岛效应就是城市区域的气温或表面温度高于周围农村环境的现象，是人类修改地球系统的重要案例之一。

热岛效应破坏了城市大气环境，造成城市污染，导致城市生态环境质量下降，对城市居民的身体健康带来负面影响，城市绿色空间作为一种稀缺资源，为城市可持续发展提供多种生态服务功能保障。城市绿色空间中的绿地可以通过植被的光合作用、蒸腾与蒸散作用来降低地表温度，是缓解城市热岛效应的有效途径之一。有研究表明，夏季植被覆盖率越高，绿地温度越低，当覆盖率达到或高于 60% 时，绿地具有明显的降温增湿效果。因此研究绿地空间减缓热岛效应带来的负面影响成为研究的热点问题。

在研究热岛效应时，我们通常会使用遥感数据，对地表温度进行反演，来探讨绿地和温度之间的相关性。一般会选用 landsat 影像数据，Landsat 8 TIRS/OLI 数据影像包括 11 个波段。地表温度反演的主要方法有：大气校正法、单通道算法和分裂窗算法。以分裂窗算法为例，双通道非线性分窗法，是在辐射传输理论的基础上，通过消除集中在 11m 和 12m 之间的两个相邻的热红外通道的不同大气吸收带所造成的大气影响，对亮温采用线性和非线性组合来计算地表温度，反演公式如下：

$$LST = b_0 + \left(b_1 + b_2\frac{1-\varepsilon}{\varepsilon} + b_3\frac{\Delta\varepsilon}{\varepsilon^2}\right)\frac{T_i + T_j}{2} + \left(b_4 + b_5\frac{1-\varepsilon}{\varepsilon} + b_6\frac{\Delta\varepsilon}{\varepsilon^2}\right)\frac{T_i - T_j}{2} + b_7(T_i - T_j)^2$$

其中，ε 代表波段 10 和波段 11 所对应的平均比辐射率；$\triangle\varepsilon$ 代表两波段地表比辐射率之差，T_i、T_j（i=10，j=11）分别为波段 10、波段 11 的亮度温度（K）；b_k（k=0,1···7）是基于大气水汽含量和地表条件对辐射传输方程数据进行回归分析后得到的系数。

表 5-7-1 地表温度划分标准

温度范围	温度等级
LST≤ $\overline{LST}$-2SD	低温区
$\overline{LST}$-2SD≤LST≤ $\overline{LST}$-1SD	次低温区
$\overline{LST}$-1SD≤LST≤ $\overline{LST}$	中温区
$\overline{LST}$≤LST≤ $\overline{LST}$+1SD	次高温区
$\overline{LST}$+1SD≤LST≤ $\overline{LST}$+2SD	高温区
LST> $\overline{LST}$+2SD	极高温区

注：LST 为地表温度值，$\overline{LST}$ 是地表温度平均值，N 为标准差的倍数，SD 为地表温度的标准差。

应用实例三，利用遥感数据，基于随机森林算法，对城市功能区用地进行提取。传统的城市功能用地多采用土地利用数据、城市规划数据、调查问卷数据等通过专家评判、聚类或构建指标体系等方法获得，这类方法精度高，但效率低，不适合进行大范围研究。随着遥感科学和图像处理技术的快速发展，一些利用遥感影像通过人机交互进行城市功能用地划分，过程仍然复杂且难以排除人的主观因素影响。随着机器学习的发展，部分学者利用遥感影像特征开展城市功能用地划分研究，特别是场景分类技术已被广泛用于商业用地、住宅用地和工业用地等的划分研究，发现多特征组合具有更高的分类准确率。随机森林算法是一种新型高效的组合分类法，其优越的性能在诸多领域得到广泛应用，国内外应用随机森林算法进行了大量关于土地覆盖分类的研究，发现该算法与其他算法相比具有更高的分类准确度，且可以确定变量对分类效果的重要性，以往研究多利用多光谱影像进行分类，一些学者在此基础上通过构建多光谱影像的纹理特征、结合 SAR 数据进行土地覆盖分类，发现纹理特征和 SAR 数据的加入能有效提高图形的分类精度。随机森林遥感图像分类的应用目前多几种在土地覆盖分类，通过观察发现，住宅、商业、工业用地的常用屋顶材料颜色及建筑分布结构存在一些规律，利用随机森林对城市用地进行分类具有一定的可行性。例如对我国东北某城市功能区用地进行提取，研究数据为 S1B 雷达数据、S2A 光学数据以及吉林一号夜间灯光数据，其中雷达数据和光学数据均下载于欧空局官网，雷达数据选用干涉测量宽幅模式（IW）的 Level-1 级 GRD 格式，光学数据采用上层大气反射的 1C 级别 S2A 数据。

表 5-7-2 研究数据详情

数据	类型	时间
Sentinel-1B	VV-VH 极化 IW 模式 Level-1 GRD 格式	2018-11-26
Sentinel-2A	Leve-1 C 波段 1、2、3、4、5、6、7、 8、8a、9、10、11、12	2018-11-10
吉林一号 夜光数据	R、G、B 波段	2018 年

采用的算法为随机森林算法。随机森林算法是由多棵 CART 决策树组合构成的新型机器学习算法：首先，采用 bootstrap 抽样技术从原始数据中抽取 N 个训练集，每个训练集的大小约为原始数据集 的 2/3，然后为每个训练集分别建立分类回归树，产生由 N 棵 CART 决策树组成的森林，在每棵树生长过程中，从全部 M 个特征变量中随机抽取 m 个，在这 m 个属性中根据 Gini 不纯度或者信息熵选出最优属性进行内部节点分支，最后，集合 N 棵决策树的预测结果，采用投票的方式决定新样本的类别；每次抽样约有 1/3 的数据未被抽中，利用这部分袋外误差数据进行内部误差估计，产生 OOB 误差。

具体步骤：

首先是 Sentinel-1B 特征提取。利用 SNAP 软件基于灰度共生矩阵提取纹理信息，最后将纹理特征影像导出为 ENVI 标准格式。

其次是 Sentinel-2A 特征提取。在 ENVI 中将 12 个波段（1.2.3.4. 5.6.7.8.8a、9.11.12）利用 Layer stacking 工具进行波段合成，然后利用 Band Math 工具依据归一化植被指数及归一化水体指数的计算公式提取 NDVI 和 NDWI 两个特征因子，利用 12 个波段进行主成分分析提取前三个主成分波段并利用灰度共生矩阵工具计算各个波段的纹理特征。

第三是特征合成。将 Sentinel-1B 的 VV、VH 极化数据的纹理特征影像、Sentinel-2A 的光学波段、NDVI、NDWI 以及 3 个主成分的纹理特征影像、吉林一号夜间灯光的可见光波段加载到 ENVI 中，利用 Layers tacking 工具进行波段合成得到原始特征组合。

第四确定分类标准。结合中心城区的具体情况将城市用地分为 5 个类型：商业用地、工业用地、住宅用地、道路用地、城市绿地，功能用地。

第五特征选择。通过 Python 软件平台的 sklearn 包实现随机森林分类器构建，在该分类器中需要定义 2 个参数：生长树的数目 N 和节点分裂时输入的特征变量个数 m。根据前人经验，N 设置为袋外误差收敛时的值，m 设置为特征数的平方根，本文经过实验发现在 N=200 时 OOB 误差开始收敛，设置 N=200，设置 m 为特征数的平方根。特征重要性排序的原理是若给某个特征随机加入噪声之后，分类的准确率大幅度下降，则说明这个特征对于样本的分类结果影响很大，也就是它的重要性比较高。

第六利用交叉检验的方法依次加入重要性由大到小排列的特征，每加入一个特征计算一次交叉检验精度，绘制交叉检验精度曲线，发现在加入第十波段达到较高且稳定状态，所以选取前十个特征进行降维分类，这十个特征分别是：Sentinel-2A 第一波段、第九波段、第三主成分均值、第二主成分均值、夜间灯光数据的 R 波段、Sentinel-1B VH 极化数据均值、NDVI、Sentinel-1B VH 极化数据相关性、差异性、Sentinel-2A 第二主成分对比度。

最后进行分类。考虑到数据运存问题，利用 ENVI 软件将图像分成 8 块导出为 ASCII 文件，利用 Python 转换为 csv 文件并调整结构得到预分类数据集。基于 Sentinel-2A 第一波段、第九波段、第三主成分均值、第二主成分均值、夜间灯光数据的 R 波段、Sentinel-1B VH 极化数据均值、NDVI、Sentinel-1B VH 极化数据相关性、差异性、Sentinel-2A 第二主成分对比度十个特征利用构建的随机森林分类器对预分类数据集进行分类。

通过随机森林算法对城市功能用地进行分类，取得了较好的结果。结合多光谱、SAR、夜间灯光数据利用随机森林算法进行城市功能用地类型识别有较好的性能，且根据特征重要性排序结果可以看出，多光谱数据的贡献率高于 SAR 数据和夜间灯光数据，但 SAR 数据和夜间灯光数据对于提高分类精度也有着明显的作用。

第八节 国土资源信息化

土地规划信息管理是利用现代信息技术完成土地资源优化配置的全过程，合理提高土地资源优化效率，为土地管理单位提供合理的耕地信息内容。此外，土地管理单位还可以根据加强国土规划信息化规划，提高土地资源优化配置精细化管理水平，扩大检查控制范围。当今国土规划信息化规划主要基于政务服务管理信息化、国土规划调查、信息化管理、数据服务社会化三部分。根据国土规划信息化规划水平的提高，完成数字化、数字化的基础。还可以完成管理模式和管理方式的重点改革和创新。并基于信息管理技术在相关工作中的应用，合理提高工作效率，保证管理决策质量，积极建立健全工作流程，从而为公众带来更高的质量、标准和充分的透明度。服务项目。

一、国土资源信息化建设的特点和现状

（一）土地规划信息化规划的优势在于优化土地资源配置

无论是"金土工程"还是"地图"工程，都离不开土地规划数据的应用。因此，根据土地资源规划信息规划的完成情况，可以合理保证土地规划数据的有效性和准确性，更好地满足土地资源优化配置的要求，为范围内的土地资源利用基础设施提供优质服务。该地区的。项目。同时，国土规划信息化规划还具有较强的服务型特征，在数据分析、信息内容记录、数据统计等社会服务功能领域具有较好的主要表现。此外，由于土地资源优化配置与经济社会发展密切相关，土地资源优化配置责任重大，这也使全国国土规划信息化规划工作呈现出较强的多样性。

（二）国土资源信息化建设的现状

1. 基础设施建设

基础建设日益完善。在信息技术快速发展的新时代，土地管理单位更加注重信息化规划，投入大量人力和财力，积极调配软硬件设备，扩大无线网络覆盖的总面积。一些底层土地管理单位还建立了政务服务互联网交换管理系统，为稳步推进连接网运行奠定了良好基础。

2. 政务公开取得成效

基层土地经营单位局域网各方面基本建成。许多公司都创建了信息网站。社会发展颁布了有关土地规划的法律法规，提供了备案查询服务项目，充分发挥了土地规划信息网站的功能作用。此外，国土资源部正在不断完善网站内容结构，积极持续完善网站管理方案，进一步发挥国土资源在网上工作中的作用。

3. 智慧政务应用有序推进

为更好提高土地资源优化配置效率，国土规划主管部门各主管部门大力开展政务服务信息化基础建设管理系统。政务服务信息管理系统在市国土部门。好好利用。已建成并交付使用的信息管理系统基本涵盖了土地资源优化配置的具体业务流程，包括智慧政务系统软件、文件传输系统软件、国土资源行业动态检测与控制系统软件、土地规划与控制系统软件等。报告系统软件、土地远程控制审批系统软件、综合治理办公管理办法和检查监督系统软件等。

二、推动国土资源信息化建设的路径

（一）提高对土地规划信息化规划的认识

国土规划信息化规划是完成土地资源优化配置、提高国土规划行政管理部门管理能力的有效途径。应受到土地管理单位自上而下的高度重视。各地要打造全国国土规划信息化规划牵头单位，加快国土规划信息化管理，共享资源制定现行政策机制，建立国土规划数字化管理和基础设施管理体系。同时，还要从思想观念上加强对信息化管理必要性的宣传和规划，普及现代信息技术专业知识的运用，充分研发和合理利用信息资源。

（二）完善国土规划信息化规划运行管理模式

不断完善各项信息化管理制度和制度，强化责任制。

围绕优化土地资源配置的中心任务，在现有信息管理系统的基础上，积极跟踪技术创新、产品研发信息管理系统的预警和预测功能，完成信息的多方位发现，为各级党委服务。领导干部的战略决策带来合理的技术咨询。此外，进一步提高信息管理系统的网络信息安全防范水平，创建病毒防御系统软件、数据库加密和传输数据保护系统，确保国土规划信息内容更可靠、更便捷地服务于社会和社会。经济发展项目。

（三）按照"一张图"技术标准建设国家规划大数据中心

根据大数据中心数据整合，积极构建大数据中心管理方法数据平台的优秀软硬件网络空间，完成数据共享数据数据信息。同时，企业管理系统的广泛应用，对于信息内容和数据的整合具有非常关键的现实意义。在国土规划大数据中心建设的全过程中，还需要建立完善的数据信息监管体系，加强员工的学习、培训和管理手段，完成数据与信息的融合，使其能够更快地到达区域规划业务流程。管控、管理决策、社会服务项目等灵活多样的需求。

（四）构建共享资源服务平台

根据信息化管理共享资源管理体系的不断完善，完成数据资源共享，产生全系统软件业务流程管理博弈的总体目标，完善单元联动协同，实施统一规划和部署。防止重复基建消耗。充分发挥信息内容综合视频监控系统的优势，加强保密资料库管理。利用管理系统开展相关信息发布，实现社会发展所需的土地规划信息内容，从而产生更好的社会经济效益和社会经济效益。土地规划信息化管理的合理基础，离不开完善的标准化管理和信息的统一。在国土规划信息化规划中，数据资料对其整体发展趋势有着不可忽视的重大危害。因此，在数据统计分析和收集过程中，要保证信息的真实有效，并按照相关分类进行有效分类，避免在管理中出现不正常的数据信息。方法大数据平台，将危及国土规划信息化管理。基础设施的发展趋势。此外，还需要统一的标准规范。国土规划信息化管理规范是确保信息管理系统基础建设和资源共享的整体协调一致的基础。不一致的标准和规范会导致基础空间信息的重复智能，造成资产、人力资源和时间段的消耗。因此，应加强国土规划信息化管理规范的研发、实施和应用。

国土规划信息化规划的合理实施离不开高素质、高技术含量的信息管理人才。因此，在国土规划信息化规划中，必须高度重视优秀人才的培养。在具体工作上，要制定完善的属地规划优秀人才管理方案，高度重视技术专业人才培养，为有技术基础的人才提供学习和培训机会。完成学业后，他们将回家学习和培训其他员工。打造系统化的信息内容人才队伍，进而带来至关重要的专业人才，确保国土规划信息化规划工作的合理推进。

在当前信息化管理的社会环境下，土地资源的优化需要解决紧跟社会发展趋势的步骤。

根据信息技术在土地资源优化中的应用，需要全面推进土地资源信息管理系统的管理工作。升级改造，利用现代信息技术提升土地规划管理能力，对经济发展和经济发展具有充分的促进作用。

第七节 道路运输管理信息化

中国特色市场经济体制的蓬勃发展和现代城市发展的迅速推进，我国道路运输工作取得了举世瞩目的成绩。这是在一定程度上，对于道路运输管理方法也提到了更好的规定。在全面倡导科学发展的直接影响下，将当代信息技术应用延伸到道路运输管理方法行业具有关键的现实意义，可以推动该领域逐步走向智能化系统和集成化。

2021年全国道路交通工作会议明确提出，要积极推广5G、物联网技术、人工智能技术、区块链技术、云计算技术、互联网大数据和道路交通，推进道路交通智能化以全方位的方式。智能系统更新改造加速智能交通发展。2021年2月24日，党中央、国务院办公厅印发《国家综合立体交通网规划纲要》，更加明确地体现了自主创新的重点影响力，重视道路交通创新驱动发展和智能发展趋势。智慧高速公路作为智能交通的重要组成部分，加速进入实用化阶段。

一、道路运输管理方法信息化规划方式分析

（一）信息管理组织结构

目前，中国大部分城市都规划建设了交通网络信息中心。根据数据采集、整理等方式，掌握道路运输状况，对道路运输工作进行整理和具体指导，充分发挥服务保障效能。

（二）道路交通智慧政务服务平台

大城市交通出行智慧政务网络系统服务平台可以覆盖大城市道路的道路、路线、交通。电子设备政务部门网络系统服务平台，上层省部级道路交通管理部门，下层县、省市交通局，可即时对接。这类方法喜欢维护数据的交互性，提高道路运输管理方法的及时性和有效性，完成智慧交通管理的完整性和互操作性管理方法。

（三）道路交通数据服务项目

当今很多省份都建立了专业的道路交通综合服务平台、服务热线等，根据人、视频、语音等方式，为群众提供相应的道路交通网络查询、报告服务项目等。..例如，中级道路运输单位开通了"12328"道路运输监管电话，有利于群众举报不科学问题，保障道路运输业务质量。同时，交通局建立门户网络，有利于服务公众，完善公众监督道路交通管理方式，突出"以人为本"的服务项目特色。

二、道路运输管理方法信息规划分析报告

（一）信息化规划重视不够

道路交通管理方式信息化规划可以推动当代交通出行的进步。但是，就当前交通出行管理方式的融合而言，信息化规划存在着更多关注度不够的问题。一些单位认为，信息化规划是信息化管理技术、机器设备的使用，计算机软件、智能系统技术等方面的学习培训不足，严重危及道路运输管理方法信息化规划的进展。道路运输管理方式信息化规划需要大量资产、机器设备的应用，必须提高资金配置的重视程度。然而，今天的一些企业，由于未能了解信息化规划的必要性和紧迫性，存在资金分配不足的问题。技术性强，机械设备不足，不能真正突出信息化规划的使用价值，危及道路运输管理方式的质量。

（二）信息化管理技术人才数量少

优秀人才是推动时代发展趋势的主要动力。道路运输管理手段信息化规划对优秀人才也提出了更高的要求。在信息化规划环节，不仅规定优秀人才具备道路运输管理方法工作能力，同时还必须灵活运用各种智能系统技术，运用云计算技术，充分发挥发挥大数据挖掘和应用的使用价值。但是，就目前道路运输管理方式的整合而言，存在着信息管理优秀人才总量、缺乏符合要求的专业技能等诸多问题。提高对人才培养的重视程度，提高内部技术人员的综合能力和专业技能。.

（三）信息管理和共享资源的管理体系不完善

道路运输管理办公室涉及的数据和信息量较大，各种运输工具管理系统涉及的数据和信息具有充分必要的条件特征。当信息交互的实际效果较弱，信息内容不在商品流通中时，显然会危及交通和出行的生产调度，环环相扣的管理方式将是一种痛苦。在当今信息化规划的自然环境下，道路交通信息化管理和共享资源管理体系尚不完善，数据服务能力还需不断提升。在道路运输管理方法服务方面，两个单位的合作还不够，大数据挖掘和分析水平亟待提高。

三、道路运输管理方法信息规划路径分析

（一）加强关注水平，提高管理方法质量

道路运输管理方法信息化规划可以促进行业发展，防止不良支付应用的高产生，提高道路运输管理方法的有效性和质量。在道路交通信息化规划环节，要坚持不懈科学发展观的核心理念，加强对存在问题的分析，提高对信息化规划和管理方式的重视程度。首先，道路运输管理办法期间必须进一步加强基础设施建设，确保资产充足，加强对信息化规划的重视程度，使内部道路运输管理办法数字化管理系统得以实现。改进。其次，要加强道路运输管理办法的宣传和规划。搭建综合信息网络服务平台，充分发挥道路交通监管实效，各项工作有序开展。最后，要在互联网平台上发力，坚持业务查询公开化、透明化，充分

发挥政务智能公告的作用，提高服务水平，营造良好的公众印象。

（二）完善管理计划

为专业人才塑造道路运输管理方法信息化规划，需要不断完善管理方法规范和管理方案。按照道路交通和城市发展的要求，制定科学合理的交通管理信息化规划规章制度，完善道路交通管理信息化建设和管理办法，细化道路交通管理办法规章制度，确保规章制度可适用于道路运输管理方面的要求。例如，能够落实"责任明确"的管理计划，将实际的网络信息安全管理方法、不同区域的道路交通信息管理等转移到专职人员、专业部门管理系统，并及时报告发现了各种问题。遇有不利情况，将追究相关工作人员和单位的责任，提高每位工作人员对数字化管理的重视程度。优秀的人才也是危及道路交通信息化规划质量的主要因素。在当前大城市道路运输管理方式下，对人才培养的重视程度有待提高。率先从外部引进，聘请专业技术人员参与实际工作，将优秀的技术和核心理念融入道路运输管理。其次，在内在塑造层面，可按时安排道路交通信息化规划专题讲座，解读主题活动，详细介绍信息管理技术的有效性、技术使用方法和全新概念。

（三）道路交通管理方式

信息规划的完成，为市民提供信息共享和高效服务，目的在于加强为市民服务的项目，提高交通管理的高效性。为此，可以改进数据信息的共享资源管理方法。在实际工作中，可以借助下图所示的方法全方位进行。一是加强道路交通数据信息一体化。随着当今城市经济的快速发展趋势，道路交通管理的法规越来越多被提及。重点城市要做好交通出行综合检查，智能把握关注度，发展道路交通数据信息接入，资源共享，提高信息内容和数据信息整合能力。借助数据信息的交互和数据分析能力，全面提升道路交通数据和信息的使用能力，完成交通服务平台的统一管理方式。二是在大城市道路交通管理办法环节，既要与下属单位保持联系，又要做好外联工作，完成市局间资源共享，促进道路运输服务业的准确性。性与优质性的发展趋势。三是要加强交通、城管、公安、测绘工程等单位的合作。以多方位协作、交互信息内容的形式，是针对道路交通信息管理发展趋势的更强的服务项目。

近年来，信息技术逐渐应用于各个领域，对社会经济发展的发展趋势和大家的衣食住行都造成了极大的危害。移动互联网给大家的交通带来了很多便利，数字化的道路运输管理机制可以充分发挥数据采集和数据信息利用、即时生产调度、即时监管的效果，确保道路运输畅通有序。. 在道路交通管理方面，要提高对信息化规划的重视程度，完善管理方案，加强优秀人才的培养，打造交通、城管、公安等多部门合作的综合数字化融合体系。、测绘工程。服务平台为未来运输工作的专业化和持续发展奠定了良好的基础。

第六章 社会信息利用——教育信息化

　　教育信息化是由网络信息、信息资源、信息技术应用、信息技术人才、信息技术和信息管理现行政策、法规和规范等要素组成的系统。在该系统中，信息资源的基础建设对教育现代化的快速发展起着至关重要的作用，信息资源是系统软件的关键，信息资源建设已然成为判断一个国家或地区教育现代化程度的重要指标。20世纪80年代以来，我国逐渐重视教育资源信息化建设，取得了明显的成效，但也出现了一些问题。与国际上教育现代化程度较高的国家相比，我国教育信息资源的建设水平仍有待提高。

　　信息技术自出现以来，在教育教学中发挥的推动作用不断增强。最初的信息技术最重要的功能是计算。而现在它作为一种测量、交流和学习工具可以满足大多数人的需求，并且已经发展成为一个转变教育方法和教学方法的工具。显然，教育信息技术已经发生了巨大的变化，教育现代化的内涵和外延也应随之发生变化。

　　当今社会的多维特征不仅包括人们迈入智能时代，还包括中国特色的社会主义进入新时代，中国进入创新驱动、创新强国建设的创新发展时期。中国，作为世界大国，并已进入加速的第二阶段。正积极实现第二个百年奋斗目标，科研进入高质量发展阶段，进入主导构建人类命运共同体、重塑新型大国关系的重要时期。它还包括推动各个领域的信息技术的不断深入发展。"互联网技术"、"区块链技术"、"人工智能技术"都期待在我国教育现代化建设中，都有能适应新时期、新形势、新环节的未来发展对策。

第一节 教育信息资源概述

资源可以解释为资产的来源。资源可分为自然资源和社会资源。信息资源属于社会资源，属于社会资源的这类信息资源可以称为智商资源或专业知识资源，特指新的专业知识、新的发展理念、新的思想、新兴的文化、新技术的应用等。信息资源与原材料、能源共同构成了人类现代文明的三大支柱。信息资源也就属于规模经济、无形资产摊销和物质财富。它对社会经济资源结构具有不可替代的作用，成为经济发展的环境以及经济全球化的关键。当今信息资源正向资源智能化、传输数字化、管理方法自动化、系统分析智能化、职责分工系统化、服务项目人性化、方法多样化的方向发展。

随着时代的不断发展，人们进入了信息时代，信息资源的优势地位和功能越来越受到普遍关注，信息资源的应用范围也越来越普遍和深入。教学中使用的信息资源是文化教育信息资源。文教信息资源在教育现代化快速发展中的价值日益凸显，已成为文教信息系统的关键。

本节，大家选择"信息资源"的这一说法。教育现代化中的信息化资源是指应用教育信息智能化的方法和技术来进行处理的能够以数字信号形式在网络上进行传输的教育信息资源。主要表现形式是文字、图像、声音、视频等。它包含图书、杂志和期刊、录像带、磁带等，按照一定的文件格式和结构智能存储在电子计算机或网络服务器中，有利于文教信息资源的查找、下载和处理，它还包含了整个进行过程中传递的信息内容。

数字化学习资源：是指可以对多媒体信息或网络空间进行操作的多媒体系统原材料，可用于独立和小组合作学习，也可用于建立共享资源。数字学习资源可以培养学生通过独立、协作、创造性的方法，从而使数字学习成为可能。

数字学习资源按其呈现方式不同可分为信息视频、信息音频、多媒体软件、光盘、网站、电子邮件、在线学习智能管理系统、电子计算机模拟、在线讨论、数据库文件、数据库查询等。

与数字学习资源相对应的是非数字学习资源，包括印刷材料、ppt、投影片、电影、电视机、录像等。

一、数字化学习资源的特点

数字化学习不仅限于课本的学习和培训，还可基于多种多媒体系统电子设备阅读、多种类型的网站资源、在线示例教程进行学习和训练，因此具有以下特点。

1.访问的便捷性

使用数字化学习资源的学生将不受时间和传输展示形式的限制。根据各种机器设备，可以利用各种在线学习平台获取高质量的课程内容相关信息，完成任意消息的发送、接收和传递，从而实现资源的共享、组织和存储。

2.方法的多样性

数字化学习资源主要以电子数据的形式表达信息。主流的媒体呈现方式包括文字、图像、声音、动画、视频等，极大地丰富了信息的感染力。此外，其友好的交互页面和庞大的 HTML 文件结构（超文本结构）方便了学生的训练，3D 模拟的使用也更有利于学生对基础知识的记忆和理解。

3.资源的传递性

所有信息资源都具有可传递性，但数字学习资源的可传递性相对于其他信息资源更强。具体表现为使用电子设备阅读器或在线课程完成的共享资源的传播范围及速度比一般信息内容资源整合的传播更广泛更迅速。

4.服务平台的交互性

与以往的传统教学资源相比，数字化学习资源的最大优势在于其交互性，无论是基于新媒体环境下开展的教学方式，还是基于 CD 完成的教学方式，这种双向交流的方式，获得越来越多学生的喜爱。一方面，学生也可以利用网络上的特殊交流工具，完成与老师或学生的互动；另一方面，学生还可以从学习 APP 的数据库中找到疑难问题的答案，同时也可将软件数据库自行更新。

5.内容可扩展性

数字学习资源的可扩展性体现在以下两个层面：可执行性和可再生性。

（1）可执行性：数字化学习的全过程不仅可以利用智能处理教学内容，还利用共享的信息资源将课程内容整合到课堂教学中。这些经过审查和评估的数字学习内容，在变化和生产中，它允许学生和教师使用各种专业的数据信息资源管理方法来应用和再创造它。

（2）可再生性：智能加工的课程内容可以培养学生积极参与学习过程。学生不再被动地进行信息化内容，而是选择新颖、熟练的智能生产加工方式来发展自己的专业。知识的整合和重构是学生学习的成果。数字化学习的可再生性，不仅可以有效地培养学生的想象力，还可以给他们创造激发灵感的巨大可能性。

二、数字化资源的作用

数字化资源在当代教育中的作用十分明显，是文教信息化管理中最充实、最主要的内容。大家开展的教育现代化实践活动，都是紧紧围绕文化教育信息资源展开的。综上所述，数字化的教学效果有以下三点：

1.数字化资源对教学的即时支撑作用

教育现代化是一个精巧的系统，数字化学习资源是系统不可或缺的组成部分。它对整个教育现代化的实施具有同步的支柱作用。随着教育现代化工程的全面推进，教育现代化资源基础建设也将顺应发展趋势。从全球教育现代化的发展趋势来看，智能资源的基础建设是重中之重。随着现代信息技术的飞速发展和开发者对教育现代化认识的逐步推进，未来教育现代化资源的基础设施将会不断成熟和完善。因此，教育现代化资源的基础建设成为教育现代化的一个较大课题。

资本主义国家非常重视数字化资源的基础设施建设。例如，英国教育传播与技术局（BECTA）在 2000 年进行了相关调查报告，主要关注科研信息内容和通信技术资源在提高教学水平方面的有效性。根据 2110 所院校的信息内容，利用校园通信技术使用实际效果调查，数据显示，拥有优秀数字化学习资源的校园学生中有 77% 达到了要求水平，进一步证明了校园通信技术的有效性。教育现代化中的智慧资源显得尤为重要。

2．数字化是文化教育资源共享的重要途径

在当今信息时代，新专业知识、新技术应用、新思想的更新换代速度大大加快。据调查，2000 年，99.4% 的人的专业知识是在 80 年代以后获得的，只有 0.6% 的知识是在 80 年代以前积累的。预计到 2050 年，人们现在掌握的专业知识仅占专业知识总产出的 1%。专业知识增长速度的变化可以用"核反应"来形容。在教育信息技术行业，也出现了专业知识升级较快的局面。在专业知识爆炸的时代，每个人的文化教育都必须跟上脚步，不断学习知识，资源的信息化可以加快信息内容的传播速度，促使优质的教学资源快速到达师生手中，然后融入不断变化的数字经济时期。文化教育数字化教学资源与模拟信息教育资源相比，数字化教学资源更便于资源的存储、求解、传输和共享。

3．数字化资源是网络技术和课程发展的前提

通俗点讲，信息技术与学科课程的融合，就是通过将信息技术合理地融入课程教学环节，构建信息技术应用的自然环境，完成一种信息技术的应用。充分发挥教师带头作用，充分展示大学生。以"独立、研究、协作"为基本特征的行为主体地位的有效教学方法，进而充分揭示学生的自觉性、主动性和创造性，使传统以教师为中心的教学课堂结构产生了全球转型。

在完成整合的渠道和方法上，各学科教育资源的基础建设是课程开发完成的前提。没有充足的优质教育资源，学生就不可能完成真正意义上的自学，也不可能进行自主发现和自我探索。危害在于教师主导课堂教学，学生被动接受专业知识的教学方式无法改变。自然，建立自主创新人才队伍的目的也就落空了。

第二节 世界各国教育信息化发展趋势现状

一、信息化概述

信息化（Informatization）一词最早出现在上世纪 60 年代日本的一些学术研究参考文献中。当时，信息化管理定义的关键是产业链视角。20 世纪 70 年代，法国、欧盟、联合国教科文组织等国家和国际经济组织相继出台了一系列促进信息技术在社会发展中的应用和

进步的总体规划。这一总体规划包括信息内容基础设施的建设作为重要的一环。

1993 年 9 月，美国克林顿政府宣布明确提出建设国家信息基础设施（National Information Infrastructure，俗称 NII），别名信息高速公路（Information Super highway）计划，关键是发展趋势以互联网为关键系统 信息内容安全体系促进了信息技术（Information Technology，俗称 IT）在社会发展各个方面的广泛应用。在其推动下，许多西方国家和发达国家相继出台了一系列国家信用基础设施建设总体规划，进而在全球掀起了信息化规划的浪潮。我国多个政府部门相继制定计划，在国内推广信息技术在教学中的应用。

二、各国教育信息化发展现状

教育现代化的定义是随着上世纪 60 年代信息内容高速公路工程的建设而提出的。在国外的"信息内容高速公路"计划中，信息化教学尤其是面向 21 世纪基础教育改革的有效途径。美国的这一行为引发了各国的积极响应。

（一）美国：政府部门支持中小学在线

美国是移动互联网的"发源地"，其高科技水平一直处于国际领先水平。1990 年代，美国实施了"信息内容高速公路"计划。 信息高速公路是当今社会的热门话题，首先开始的是美国。其概念是 1992 年 2 月美国总统乔治·H·W·布什发表的国情咨文中提出的，即计划用 20 年时间，耗资 2000 ~ 4000 亿美元，以建设美国国家信息基础结构（NII），作为美国发展政策的重点和产业发展的基础，倡议者认为，它将永远改变人们的生活、工作和相互沟通的方式，产生比工业革命更为深刻的影响。而将 NII 寓意于信息高速公路（ISHW），更令人联想到本世纪前期欧美国家兴起的高速公路的建设，在振兴经济中的巨大作用和战略意义。关键是要推动社会的发展和信息技术在各行各业的广泛应用，特别是信息技术在教学中的全面应用作为 21 世纪基础教育改革的具体方法，由此指出教育现代化的定义当代网络技术的迅猛发展趋势，加速了美国教育转型进步的全过程。与我国的行政机制不同，美国国的文教政治体制提倡分权制。

根据国外法律法规，所有文化教育行政部门都有权管理教育行业。尽管美国教育部无权统一文化教育工作的管理方式，但美国教育部对促进教育现代化、统筹规划、规范化具有十分重要的作用。教育信息公司办公室是美国教育部下属的一个部委。本组织制定的现行教育现代化政策和规划，指导各地区教育现代化的基础建设。因此，美国教育现代化逐渐产生了鲜明的发展模式，即多元化、标准化的统一发展模式。由于美国教育管理部门的制衡，IT 教学的策略也变得多样化。因此，美国建立了非常完善的国家行业标准，对师生科学素养进行精细化管理，对美国教育现代化与专题活动的融合具有十分重要的作用。此外，美国网络基础设施的基础建设总体水平较高，快捷的主服务体系已达到全覆盖，从源头上缓解课堂教学、科研和管理方式的自然环境。值得一提的是，该服务项目申请系统与美国联邦政府的几个关键单位保持信息和数据共享和资源共享。

美国通信设备联合会不久前宣布，联合会优先协助美国所有中小学完成进入信息高速公路项目的总体目标。准备提前取出 22.5 亿美元用于购买在线机器设备和支付中小学、公共图书馆和社区的在线费用。美国联邦通信设备联合会现任主席斯佩里·肯纳德说，美国有 3.6 万家公司已提交申请来获取在线机器设备和费用。在资金紧张的情况下，政府部门会优先援助美国所有中小学。据了解，该计划将为 100 万个中小学教室配备电脑及相关在线机器设备。根据美国教育部发布的一份报告，到 1999 年底，美国 95% 的中小学已经在线，平均每 9 名青少年拥有一台在线计算机。报道称，在中小学生日常课堂教学中，改变了高校传统的只使用课本和小黑板内容的电脑教学方式。提供结合学生自我探索的现代教育意识和方法，丰富课程内容，拓展文化教育室内空间。

（二）英国："政府部门云"计划

结合英国教育现代资源的工作经验，英国的教学和儿童服务项目由教育部统一负责。英国政府高度重视本国教育现代化的发展趋势。英国教育现代化的发展模式与国外完全不同。推进发展模式。在教育现代化发展趋势的初期，英国成立了文化教育传播与技术局。在文化教育和职业技能部的支持下，承担教育现代化在教育行业应用的总体规划，对高校教育信息技术应用情况进行调研和评议。同时，承担教育现代化相关政策法规的整合和推广工作。地方政府在实施措施层面提出实施意见，最终实施意见由事业单位独立制定。

直到 2011 年，由于存在资金问题，英国政府解散了文化教育传播与技术局，改为英国教育标准公司办公室承担相应的工作职责，并进行质量监督和管理。全国各地教育现代化管理办法。在文化教育管理信息化层面，英国非常重视建立教育现代化评价指标体系。早在 2006 年，英国教育传播与技术署就制定了一套高校信息化管理个人评价标准，从教育培训、教育研究、课程内容、信息化管理应用等 8 个指标值入手、教师科学素养、教师培训、数字化对学生的危害，评价高校教育现代化。发展趋势状况作为参考标准。此外，英国政府一直坚持"翡翠绿管理方法"的核心理念，实施"政府部门云"计划。根据云计算技术的应用和推广，改变了传统信息和节目的存储和激活方式，推动了教育培训和公共文化服务机构数字化应用的变革，大大减少了传统的资金投入。

英国政府非常重视学生科学素养的提高。他们觉得计算机课程不是单一的、单一的课程内容，而是与数学、科学研究等传统课程有着密切的联系。在教学内容层面，他们专注于三个行业：电子信息科学、数据技术和信息技术和课堂教学。这种在英国教育信息化环节中只是塑造学生科学素养的内容，是非常值得大家关注的。此外，课程内容的名称也发生了变化，从之前的"信息内容与通信技术"变成了现在的"计算机技术"，可见课程内容将更加注重对数学思想的理解和理解和编程水平的提高。英国政府也非常重视教师科学素养的塑造。因此，英国政府制定了多种支持教师专业发展趋势的方式，如设立专项建设资源平台、教师培训等。英国政府专业制定了一套新招聘的新教师评议标准。为此，他们对新教师的各项工作能力水平进行评议，为其建立和提供针对性学习培训，促进教师专业发展。对于有工作经验并具有中高级专业技能和技术职称的教师，英国政府也结合此类教师的特点，为其提供相应的领导力培训。此外，英国政府还制定了促进教育现代化和教育科研融合的制度和规范，以促进教育发展和教育质量改革创新。

（三）日本：信息化教育的实施状况

日本的教学管理机制是独一无二的，属于集权与制衡相结合的管理机制。文部科学省相对强大。除制定与文化教育有关的法律法规外，还负责制定政策、方针和规范。同时，它还与地区政府机构、科研机构和大学进行各种合作。省会、州、县负责落实和执行现行促进日本教育现代化的政策。

日本教育现代化在上世纪 80 年代逐步经历了发展、加速和辉煌三个阶段。1984 年，日本明确提出（ISDN）"综合业务数字网"战略发展规划。第二年，确定教育研究的重点是计算机的使用，以及大学生现代信息技术应用能力的发展趋势。1986 年，日本政府成立"学术研究网络信息中心"，利用软件和互联网连接以网络信息为核心的高校公共图书馆，促进高等职业教育科学研究。1988 年，日本通产省实施了"优秀信息管理人才培养"区域网络计划[1]。20 世纪 90 年代，日本教育现代化进入加速阶段。这一时期，日本政府部门着力培养大学生数字化水平和全国信息化规划。进入 21 世纪后，日本政府部门各自制定了推进信息管理基础设施建设的"e-Japan"和推进教育现代化应用的"u-Japan"和"i-Janpan"发展战略[2]。日本职业教育现代化基于校企合作联合培养、企业支持、政府支持、高校自筹资金等多种渠道获取信息化管理预算，并高度重视开发、设计和应用文化教育管理系统软件。信息技术融入高等职业教育课堂教学、管理方法和应用等各个方面。

小学信息化和文化教育的实施状况：由于信息化和文化教育的内容在现行标准的学习指导点中还没有建立起来，高校之间存在很大的差异。一些高校基于塑造学生"信息内容应用工作能力"的洞察，统一全面开展信息内容教学活动；而很多高校则停滞在统计学或国语版的重复训练，这些汉字练习和其他简单的练习让学生有机会接触电脑；但还有少数高校甚至没有电子计算机（1997 年 3 月的总结结论为 9.3%）。

中学信息化与文化教育的实施状况：在中学，信息化与文化教育的核心内容是"科技·家科"中的"信息基础"内容。1996 年的调查统计表明，94% 的高校开设了这一选修课内容，而 83% 的高校开设在第三学年（最后一个学年），因此，《信息基础》是不可接受的并用于其他课程。此外，平均课时数仅为 25 课时，基本用于学习机器设备的使用和手机软件的使用。

普通高中信息化和文化教育的实施状况：在高中，很多高校已经按照数学和理工科课程开展了计算机应用的课堂教学，但没有按照学校整体规划的标准开展。此外，较多的普通高中设立了"信息处理"，用于行业相关的商务服务；一些学校开设了数学、科学和工程课程以外的与信息内容相关的科目。此外，职业高中课程和综合高中课程一般都将具有基础信息内容的科目作为标准选修科目。

[1] 魏先龙，王运武. 日本教育信息化发展战略概览及其启示 [J]. 中国电化教育，2013（09）：28-34+38.

[2]FengfengKe, Christopher Hoadley. Evaluating online learning communities[J].Springer Science+Business Media, 2009, 57（4）：487-510.

（四）意大利：银行贷款帮助学员购买电脑

意大利总理办公室和意大利金融机构委员会日前作出决定，向入校的普通高中三年级学生发放无息贷款，让约 60 万学生每人以更具成本效益的价格购买一台个人电脑。意大利总理府发布的政府报告称，所有在 2000 年 9 月新学期开始时申请注册并进入普通高中三年级的学生都可以在父母的陪同下，从指定的学校获得 144 万里拉（折合 700 美元）专用银行汇票，凭银行汇票在指定门店购买个人电脑。该贷款为无息贷款，并于 24 个月内结清。政府报告称，开展本次主题活动的效果是帮助青少年学生了解计算机，让他们更方便地上网，在网上学习很多专业知识。

（五）瑞典：在校园普及互联网技术

瑞典政府近期做出决定，加快高校网络普及速度，让互联网走进每一所高校。瑞典内阁制全体会议近日通过了加快国家网络信息专业技术培训的总体方案。总体规划规定，到 2001 年底，全国各类中小学要开设计算机课程，普及互联网。因此，未来五年，瑞典将为该计划拨出 70 亿克朗（约合 36 克朗兑换 1 美元）的专项资金。瑞典教育部长泽曼近日就新政策的环境向媒体表示，瑞典的信息技术发展趋势起步较晚，网络信息专业技术培训严重滞后，所有信息内容工作的发展趋势都远远落后于欧洲和美国等国家。阻碍互联网发展的首要问题是资产匮乏和人才匮乏。许多学校还没有开设计算机课程，支付不起昂贵的电话费和上网费。大多数教师不懂电子计算机。

第三节 我国教育现代化基础建设现状

现阶段，网络技术的高速发展和席卷全球的信息化管理浪潮，进一步凸显了教育现代化作为教育信息化改革发展的中流砥柱地位。站在新征程的起点，回顾我国教育信息化的历史，汲取经验，对推进教育信息化具有重要的现实意义。

教育信息化始于现代远程教育，是新时代现代远程教育发展的趋势。现代远程教育的发展趋势为教育现代化的快速发展奠定了坚实的基础。1915 年，金陵大学修建了专门的校园电影放映场，这意味着现代远程教育在我国问世。1936 年，"现代远程教育"和"电教"被官网公布为专业名词。 1949 年，文化部成立现代远程教育科，普及科学技术的进步。1960 年，明确提出"必须采用新的文化教育专用工具和新的教学工具"。

这一时期的教育现代化正处于孵化期。每个人对教育现代化（现代远程教育）都有比较简单的认识。他们认为这是辅助课堂教学的特殊工具。这是一个经典的媒体资源理论。技术方面主要以视觉技术为主导因素，其主要用途不仅限于校园，还积极应用于群众文化教育，高度重视现代远程教育为人民服务的作用。

一、教育信息化 1.0 时期（2000—2016）

（一）建设驱动时期（2000—2010）

2000 年至 2010 年，先后召开全国中小学信息化、文教工作报告、农村工作报告等重点会议，《关于在中小学实施"校内联动"工程的通知"》和 2003—2007 年教育振兴行动计划相继召开。《中小学教师教育技术能力标准（试行）》等相关文件提出普及信息技术和文化教育，全面实施中小学"校校通"工程，促进中小学教育融合现代信息技术和学科课程，实施农村现代现代远程教育工程，在加快现代教育基础设施建设、文教信息资源基础建设和人才培养等方面出台新规定，培养信息技术人才，提高中小学教师信息技术工作能力。

在这个环节，教育信息化的基础建设倍受重视。随着"校校互联"工程、"农远工程"等新项目的推进，教育行业进入信息化规划浪潮，信息化管理取得快速进展。发展趋势，信息管理基础设施建设逐步完成，智能化教学资源不断丰富，中小学教师信息技术工作能力逐步提高，现代化教育基础理论逐步产生，如作为"双行为主体"教育理论，"学与教"教案设计的基础理论，为未来教育信息化的快速发展带来了根本保障。

（二）建设驱动时期（2010—2016）

2010 年至 2016 年，连续召开了两次全国教育信息化工作电视电话会议。会议强调要"开展三环节两平台基础建设"，"加强深度应用，结合自主创新，全力推进教育现代化，推进教育高质量，提高质量效益。教育之中"。《国家中长期教育改革发展规划纲要（2010—2020年）》、《教育信息化十年发展规划（2011—2020 年）》、《教育信息化"十三五"规划》等文件陆续公布。提出信息技术对教育发展具有革命性影响、坚持坚持一个理念两个方针，提高教师运用现代信息技术的能力，充分发挥信息技术的颠覆性作用。在教学上，基本构建了"教育现代化"等与教育部智能化发展总体目标相匹配的理念框架。

2014 年，在国内部分地区试点开展"一师一优课、一课一名师"主题活动，促进现代信息技术与教育的紧密结合，提高教育质量。2015 年，在成都举办的国际教育现代化交流大会上，介绍了教育现代化的成功案例。

2010 年以来，教育现代化在基础教育改革发展大趋势中的区位优势和效应基本确立，各项重点工作取得重大进展，教育信息化逐步完成从基础建设向紧密融合的转变。"信息技术与教学科研的紧密结合"已成为共识；"三通两平台"基础建设取得重大成果。全国90% 的中小学接入互联网技术，83% 的教室为多媒体教室。在线教学室内空间超过 6300万个，基于互联网进行教育研究的教学环境正在慢慢完善；智能教学资源日益增多，"一师一优课，一课一师"主题活动参与教师 1400 余人次，产生 4000 万课优课资源；教师现代信息技术应用水平得到充分重视，近 1000 万中小学教师接受信息技术培训。

二、教育现代化2.0

1. 教育信息化2.0时期（2017年至今）

2017年，党的十九大报告明确提出"完成在线远程教育"。 2018年，《教育信息化2.0行动计划》明确提出，到2022年，基本完成"三全面、两高、一大"的发展规划。 2019年实施的《中国教育现代化2035》第八个发展战略的日常任务是"加快信息时代文化教育转型"。 2018年，《高校人工智能创新行动计划》对进一步完善高校人工智能技术产业自主创新、人才培养和企业国别需求等功能提出了具体指导意见。 2019年，《教育部关于实施全国中小学教师信息技术应用能力提升工程2.0的意见》明确提出要基本完成"三个升级一个全面"的总体发展规划。 2019年，《教育部等十一部门关于促进在线教育健康发展的指导意见》对促进在线教育身心健康、规范、有序发展提出了具体指导意见。

这一时期的信息化建设早已成为文化教育改革的内生动力，自主创新与智能化推进相结合是其主要特征。在这个时代，要努力完成"三个转变"：从教育专用资源向教育大资源转变，从提升师生信息技术应用能力向提升其信息素养转变，从融合应用发展向创新发展转变。

从现代远程教育的到来到教育信息化2.0时代，从学习培训国外经验到给世界示范我国教育现代化发展趋势，从重视自然环境信息化管理、基础建设和应用推广到自主创新与智能推广相结合，纵观我国教育现代化的发展历程，基础设施建设不断完善，高校在线教学的教学环境基本建成，智能资源日益丰富。信息化教学管理日趋常态化，我国数字化教学资源公共文化服务管理系统和教育培训公共文化服务平台发挥了越来越大的作用。我国的教育现代化的实现关键有以下几个主要因素：

第　，党的组织建设和领导干部的运用。党和政府领导人都高度重视教育现代化。过去的各种任务都卓有成效。党的组织建设为党的快速发展带来了坚定不移的政治保证和组织建设。

第二，科研统筹、统筹规划。早期，教育现代化是教育规划和教育进程中的有机组成部分，其发展战略和总体规划被纳入所有教学发展战略和总体规划。随着社会的发展，教育现代化的成效和影响日益显现，专业统筹的制定成为必然。近年来，我国和教育部先后出台了多项文化教育信息化建设、专业化、精准化规划，对促进教育现代化起到越来越重要的作用。

第三，理论基础研究和实践活动的实施。在理论上，学者们依靠信息技术不断探索教育科研的规律性和学生发展的规律性，发表了大量论文和专著，逐步产生了社会主义民主教育现代发展趋势的基础理论。在教育信息化的实践中，新技术紧密联系、应用推广、有效教学方法与时俱进，适用于信息化管理的教育学习培训逐渐规范化。

第四，高度重视"人"这一要素。文化教育行政部门继续印发"现代信息技术中小学教师应用技能提升工程"若干文件，积极开展各类学习培训，进一步提升教师科学素养。有效解决了教育现代化的重大问题。

在现代教育迈向教育信息化的今天，教育信息化肩负着助推人才培养、教育创新服务工程、精准教育整顿的重任，任重而道远。我们要以习近平新时代社会主义民主社会主义经济思想为具体指导，发扬奋斗精神，推进创新，积极开拓和推动教育信息化 2.0 深入发展趋势，为促进教育现代化做出新贡献，实现现代教育智能化。

2. 教育信息化 2.0 将产生以下变化

教学资源观的转变。过去，大家都把专业知识资源智能化、平面图资源系统化，但这还不够。我们必须更加重视基于互联网技术的自然资源观。这种自然资源观不仅包括专业知识，还包括专业知识之间的关系，即数据仓库；它不仅要填满学生的思想，更要点燃学生的智慧之火。文化教育不是把水杯装满，而是将学生的精神之火点燃。

技术质量观念的转变。从关键技术工作能力到科学素养工作能力，每个人都不仅要使用技术，还要使用科学素养和信息技术协作。

教育信息化观念的转变。教育信息化不能仅仅停留在学习环境中，而必须融入学习系统。

发展趋势动力观发生变化。过去，大家都只关注其在教育领域的运用，未来发展的创新驱动发展动力并未集中，现在更加重视创新发展的内生动力。

文化教育整顿水平的变化。过去，教学改革以抢救为主。先出问题后整改，文教治理现代化不重视，现在则会防患于未然。

逻辑思维类型概念的转变当今文化教育面临的现象之一是思维方式还停留在工业革命中，每个人的逻辑思维类型急需从特殊工具的逻辑思维向人工智能技术的逻辑思维转变。

近年来，随着移动通信技术和移动互联网、传感器、物联网技术、社交媒体、数字家庭、融合等新型网络技术应用的出现，互联网技术越来越"无处不在"，并随着大互联网数据已经发生，云计算技术为这个海量、多样化的互联网大数据带来了存储和计算服务平台。一是互联网技术的出现爆发通过大都市区与偏远农村之间的地域限制，让每个人都可以借助互联网技术实现学习与培训，利用互联网让城市优质教学资源下乡。根据现代移动互联网，完善教育教学方式。自主创新，实现教学资源均衡发展。

互联网大数据推动文化教育与匠心融合，基于云计算技术和互联网大数据分析技术，可将班组状态即时反馈给教师，促使教师更全面的掌握学习状态对每个学生和班级在学校的整体学习和培训水平提供有针对性和针对性的指导；利用互联网大数据和优化算法，分析每个学生的学习状态，根据学生在操作中反映的知识缺失，推送学习内容。学生做更少的问题，更快地获得实际结果。 靠在物联网技术、云计算技术、互联网等智能化新技术手段的支撑点上，基本完成了"人人能学、随地能学、随时能学"的文化教育形态，带来为学生提供了很多培训机会。逐步将优质教育从核心理念转变为现实。服务支撑下的教育发展全过程包括：传统—热电 – 智能 – 智慧课堂。信息技术可以提高穗经的建设、内容的展示、学生的参与度，为教学方式的改革提供了可能。根据互联网智能教学资源的兼容性和使用情况，构建了控制模块系统的软件教学法，专门指导大学生在各个学段学习不同层次专业知识的控制模块系统。

在这里，信息技术成为教学活动的主要支撑点，先进的设备成为知识的媒介和学习培训的有机组成部分。信息技术为教学方式的变革带来了极大的影响，数字化学习和智慧课堂成为必然。信息技术改变了文化教育的学习环境，改变了教学资源的方式，改善了各层次的交流，使教学活动更加便捷。师生各种有效教学，提高了效率。

信息化管理改变了文化教育的自然环境。信息时代，校园和课堂教学中传统的文教自然环境已经转变为由网络结构、电子信息技术和智能产品组成的新型文教自然环境。在新的教学条件下，全社会的教学资源得到了最大程度的整合，形成了一个完全对外开放的教育云平台，必须形成一种新的、改进的教育方式。

在传统教育中，教育和科研必须依靠高校等物理线。在信息技术支撑的教学条件下，教育工作者不仅要了解基本的现代信息技术专用工具，更要运用信息内容的核心概念去思考和具体指导教育科研全过程中的重要环节和行业。

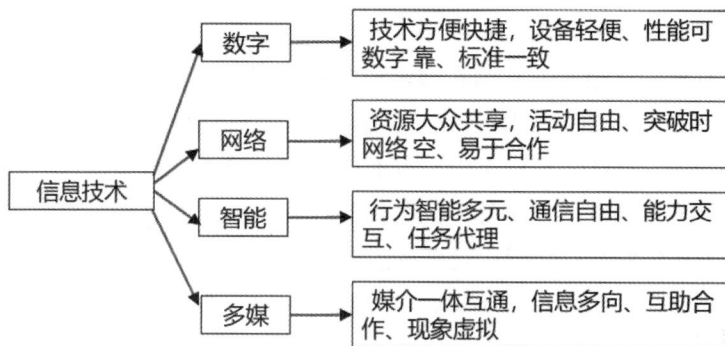

图 6-3-1 信息技术的基本特点示意图

三、信息化管理改变了文化教育资源的分配方式

教育部门将不会局限于传统定义中的校园和课堂教学。传统学院、在线学院和虚拟开放学校将成为教育部门的一部分。学习者不仅可以按照传统的面授方式获取专业知识，而且足不出户就可以依靠电脑和互联网接受文化教育。来自世界各地的学生和教师可以在模拟课堂中同时开展他们的专业。学习和探索。电子器件院校将融入我们的日常生活，这也是进步的根本发展趋势。当然，就目前而言，学校德育仍是一种具体的教育培养方式。这种提高科学研究的教育方法也是以学校德育为基础的。其他方法都是合理有效的。

21 世纪是基础知识的时代，信息内容很重要。世界各地都意识到新闻的关键影响力，不约而同地加强了文化教育信息资源的基础建设。中国政府部门和各教育培训单位也了解到文教信息资源建设的必要性，陆续出台了一些当前文教信息资源基础建设的政策措施，加大了文教信息资源自主创新和转化的范围。智能化教学资源，取得了丰硕的成果。此外，在我国教育现代化快速发展的过程中，也出现了一些对教育现代化认识不清的问题，必须进行科学研究和处理。

1.总体来说，教学资源不够丰富，可用的总产出很少

在看似丰富多彩的信息网络资源中，很多资源的信息重复出现，完全相同。此外，部分资源的质量总体不高，尤其是那些符合课堂教学改革规律和核心理念、适合网络空间特点、真正能够在课堂中使用的优质教学资源。销售市场上的一些文教资源仍以作业试题、试题库为产品卖点，与全面推进德育教学改革发展的前景背道而驰。

2.资源发展趋势不平衡，内容质量不能满足新课改实际要求

不同类型文教信息资源的发展趋势不平衡。素材、图片、文字等资源太多，但动态转化为资源（优质视频）和半开放资源（优质主题风格资源）仍然缺乏。另外，虽然教学资源总量看似比较丰富，但很多资源都是合适的设计方案和反复开发设计，或者书籍搬新家和素材图片沉积，远远不能满足新课程改革的实际要求。它们适合学生。开发的自然资源很少。

3.资源数据量巨大，但无法准确定位

在线教育信息资源丰富多彩，但在搜索的海量数据面前，学生很容易找不到方向或方向。并且随着现代信息技术的发展趋势，教学资源主要可以以文字、图片、动画、音频、视频等形式表现出来。HTML虽然可以以页面的形式发布各类自然资源，但一直未能如愿以偿。描述资源本身。因此，电子计算机很难理解 HTML 网页在说什么。尤其是随着垃圾新闻越来越多，资源的精准定位变得越来越困难。

4.大部分数据库中的教学课件不够，部分资源关闭，教学课件源代码很少，无法进行二次修改

在教育的实际操作中，由于每位教师对每个学科的教学策略、教学策略和课堂教学理念都不同，因此每位教师所需要的教育资源的构成方法也会有所不同，而现阶段大部分的课件在教学资源库是打包的，不可更改，用户无法根据自己的教育策略应用。因此，资源的整体利用率不高。

5.管理方式不健全，资源获取难度大，用户无法合理选择获取

许多资源只是简单地存储在数据库中，用户（教师和学生）在使用时极其不方便，无法高效地找到自己需要的优质资源。另外，不同的资源中间有自然资源。它们相互分离，不能通用，导致大量的资源消耗或信息不对称。

6.资源优化配置服务平台兼容模式弱

资源应用平台实用性不强。无法完成数据库与数据库之间的数据通信和资源共享。

现阶段，大多数公司和大学还没有建立数据库的整体实力。高校获取教学资源的方式是以购买公司开发的资源为主导：虽然目前资源的基础建设，公司经营方式不同，导致服务封闭平台管理系统和数据库服务平台不同，直接影响到数据库服务平台的实用性和兼容模式。

导致我国文教信息资源短缺的关键因素有以下四点：

（1）缺乏整合资源的理念和实践活动。教学资源之间的交流并不杂乱，而是有着本质

的联系。社会经济学中的"边际效用递减规律"有利于理解和表达上述资源需求困境。说白了，边际效用的下降，就是随着消费者的增加，企业每增加一次消费，给我们提供的效果就会不断降低。举个简单简单的例子，吃第一个馒头可以防止饿死人，第二个馒头也可以，而且带来的效果不如第一个。如果继续吃，效果会比其他的小。最终，多吃不再有任何影响，边际效用逐渐变为零。就算吃的多了，也会让人觉得不舒服，因为这个时候的边际效用已经逐渐变成负数了。

事实上，信息管理资源的总数在增加，内容也更广。但问题是资源效应，尤其是边际效用，继续下降。也正是这种下降的规律，让一线用户觉得信息太多就等于没有信息内容，资源太多就等于没有资源！在资源总量增加的同时，边际效用继续下降。

（2）是缺乏技术模板支撑体系。技术模板支撑系统必须紧密围绕信息内容共享资源的交换和综合利用构建。这是今天每个人都缺乏的。如今在资源建设中，从数据信息层到客户层，所有的制定和完成，在大多数情况下，都是由同一个技术团队进行，在与其他系统软件封闭保护的情况下实施。在这种情况下，必须造成大量的信息不对称。

（3）是缺乏统一的文教信息技术标准。在多媒体通信中，标准体系有着非常关键的影响。只有按照规范构建的数据资料，才能畅通无阻地进行人与人、人与设备、设备与设备之间的商品流通和交换；只有数据信息是标准化的，而解决方案消息的计算机网络系统软件可以完成跨系统软件的资源数据信息的共享。在资源建设中，如果缺乏统一的技术标准，资源的搜索就会混乱，资源的共享就会成为一句空话。现阶段，大部分教育APP企业都在自主进行教学资源的建设、开发和设计，但各企业之间的最低技术水平不统一，兼容模式差，分类资源不标准。因此，当大量资源进来时，用户无从下手，不知所措。这不仅不适合教育和科研的特定需求，而且导致资源的相同和消耗。

（4）是教学资源销售市场不规范。亟需建立教学资源遴选、遴选、审核等规章制度。是文化教育要求不强的一个要素，经典教学资源很少是最重要的要素。当今的教学资源销售市场呈现出适度重复、盲目跟风追求资源总量完美、忽视资源质量的趋势。教育类APP的市场需求越来越激烈，甚至深陷价格竞争的"怪圈"。

第四节　我国信息化资源建设对策

信息化资源基础设施建设是一项非常重要的工程项目，基础建设不能靠某个单位或一群人，国家政府、各教培单位、高校、教师等必须通力合作。通过对目前我国文教信息资源存在的问题的分析，对于我国文教信息资源中遇到的问题，现在有以下改进的方法。

一、各级政府教育管理机构要加大对文化教育信息资源基础建设的资金投入

作为教育现代化基础建设的核心影响者，我国发展教育现代化的决心不能动摇。

在我国，多年来政府机构的教学经费不足且不平衡。这种情况对于边远地区文教信息资源基础建设来说无疑是一个严重短板。搞好文教信息资源基础建设资金配置，要采取多渠道、多方式。一方面，教育现代化必须纳入我国财政收支预算，确保一定比例的资金用于教育现代化资源的基础建设；同时，地方政府还需要从同级财政局拨款支持文化教育信息资源基础建设。另一方面要鼓励社会和企业对文教信息资源基础建设的支持和捐赠，特别是加强对偏远地区文教信息资源的资助和支持，加快推进"一带一路"建设，带动西部偏远落后地区的教育现代化基础建设。

国家作为服务型文教信息资源投资者的地位不能改变，但是投资方式需要调整。我国可以用"工程督导制"代替以前的"复习制"，用课堂教学评价代替总结性评价；当教师或高新技术企业明确提出建设资源项目时，相关管理部门应安排权威专家（如教研室、教研所等）进行前期介入，进行项目分析，新项目立项、"工程监理"资源开发设计全过程，最终进行评价、使用、营销推广，减少片面的资源开发设计。基础建设资源下发到各高校申请，各中小学不再需要筹集资金购买资源或自己的基础建设资源，避免了网络资源的重复基础设施建设导致的资源浪费

二、制定文教信息资源建设标准，促进自然资源高效共享

"没有规矩，不成方圆。"一直困扰我国文教信息资源基础建设的因素之一是没有统一的标准和规范。规范是资源数据库的标准。数据库是统计数据的数据信息，是数据信息本身的叙述。使用标准的数据库描述，一方面可以描述资源最重要的特征，另一方面可以更加方便地搜索需要的资源。在很多情况下，能够被看到信息资源很多，但无法使用。近两年，我国也颁布了一些技术标准，但没有跟上文教信息资源的发展速度。这些规范适用于与学习和培训目标以及教学资源开发、设计、应用和管理方法相关的行业。最重要的是根据资源的差异性，制定一系列相应的资源特征标记规范、数据库系统软件基本功能规范、资源质量评价指标体系、资源生产技术规范等。

文教信息资源的标准规范是共享资源发展的根本保障。因此，无论是企业还是院校，在构建信息资源时都必须遵循规范。各文化教育部门要通过多种方式、多种渠道推动规范的贯彻落实，使规范不只停留在学术上，而要转化为实际的行为。要以标准化为根本目的，兼顾实用性和有效性，促进优质网络资源的产生和共享，遏制不规范资源的产生和商品的流通。

三、高度重视本校资源开发设计，鼓励多位教师积极参与资源开发

文教信息资源的研发不能仅仅依靠专业的专业技术人员，一大批一线教师要充分发挥开展资源研究与开发的积极性，推动资源研究与开发的发展。我国幅员辽阔，全国各地实际教学情况存在诸多差异，技术人员对专业知识也缺乏深入了解。因此，只依靠技术专业人员来开发和设计文教信息资源是不切实际的。当前，课堂教学、科研、管理人员能够充分利用网络资源的理念和技术有待进一步提高。他们觉得信息资源的基础建设是学院的某个部门如网络信息中心的事，教师知识资源的使用者，这样的思想是错误的。只有教师积极开展资源开发，才能集约培养资源的基础建设。教师是数据的来源，是信息内容的真正宣传者。

高校信息资源基础建设是一项长期性、基础性、习惯性的工作。已经渗透到学校的每一个角落。高校大部分信息资源的来源来自各重点工作部门、直属企业、各学校、各系（所）甚至各专家教授，大家来建设高校的基础信息内容库和数据库查询。如果企业、单位或自身，主动关注和关心高校信息资源基础建设的发展趋势是为高校信息资源基础建设贡献力量，那么就会有充足的信息资源作为基础，为广大师生员工和社会发展带来优质的数据服务。

四、教育部主管部门要打造教育资源和信息资源的汇集和发布平台，完善优质网络资源共享资源管理体系

我国文教信息资源封闭的局面十分严重。每个教师、学院和地区都将自己拥有的信息资源视为自己的财富，拒绝与他人共享资源，从而得出许多"信息不对称"的结论，导致教学质量无法提高。社会经济发展的工作经验表明，只有保持对外开放的心态和宽容的方法，才能实现更好的生活状态，文教信息资源基础建设也不例外。为改变现阶段信息内容封闭的局面，教育部主管部门可以出台一些鼓励资源共享的措施，搭建资源收集和发布服务平台，真正提供资源共享的制度保障和物质保障。

教育部主管部门可设立专业的教学资源征集发布平台，规范资源征集规范，根据教育专家和课程权威专家评审，遴选优秀教学资源发布，完成全集优质的网络资源，全国共享资源。针对优质互联网资源的缔造者，我国行政机关应给予相应的物质和精神奖励，鼓励众多文教工作者编写文教信息资源。当然，不仅教育部行政机关可以做到，各省市、高等院校也可以采取有效的方法，实现地方优质资源共享。

五、资源开发设计无需一步完成，增加资源整合范围

在教学实践活动中，由于文化教育目标、教学目标和文化教育条件的多样性和多样性，教学资源的开发和设计难以做到一步到位。封闭、枯竭的资源实际上是无用的资源。当我们使用别人的教学资源时，正确的工作态度是"实用主义"，而不是照搬原样。正是由于

教学资源利用的这一特点，我们在进行资源开发设计时，必须保证资源的协调性，便于员工的转变和再生产再加工。同时，资源的应用人员也必须学习资源处置技术，根据文化教育的具体情况，完成自然资源的再生。

整合资源是处理自然资源并在资源内创建新的逻辑连接的过程。整合资源的趋势是：

资源基础设施的核心理念从被动学习转变为主动学习；资源结构从离散变量资源转变为主题式资源；资源形态由静态数据、实体资源转变为可转化资源；资源优化已经从简单的管理方法转变为传播管理方法和知识管理系统；文教信息资源基础建设正向产品化、标准化、规范化方向发展。现在我国教育信息资源整合力度不大，需要提高大家的专业技能和优化资源配置的能力。

六、提高信息管理资源人才的技术应用水平，增加教师现代信息技术运用的学习和培训范围

近年来，我国高等职业教育进展非常快，人才培养水平有了很大提高，但信息技术（教育信息化）课程的进展却不尽如人意，发展趋势不明显，发展速度相对较慢。这种情况很大程度上与教育现代化应用水平不高有关。文教信息资源基础建设是信息技术（教育信息化）发展趋势的一个重要方面。我国该行业缺乏优秀人才。为更好地提升我国文化教育信息资源建设能力，提高优秀人才在信息资源基础建设中的技术应用具有重要意义。加大信息技术（教育信息化）课程的发展范围，提高本专业培养水平，为文教信息资源基础建设培养大批专业技术人才。

仅靠专业技术人员建设文教信息资源是不够的。同时，要加大技术专业师资力量，开展文化教育信息资源基础建设的技术培训。结合现实，很多教师喜欢应用信息技术来完成课堂教学。但是，由于缺乏必要的信息技术专业技能，缺乏信息资源建立工作能力，造成了"心有余而力不足"的问题。失去对信息技术教育的热情。为防止这种情况的发生，各教育培训单位需要利用现代信息技术制定教师科研和综合培养计划，并落实对策，鼓励教师建立有特色的文教信息资源。

七、文教研讨网站是一种合理的资源建设方式

专题讲座资源是指根据新课程标准和课堂教学实践活动，由某一专题讲座课堂教学所需的各种教育资源的构成。主题风格资源可以体现结构化资源的优势。考虑教师和同学的具体需求，紧紧围绕主题风格，在教育资源、课堂教学日常任务、课堂教学和教学环境之间建立更紧密的联系。在专题讲座资源的开发设计中，用户可以根据专题讲座选择需要的资源，并整合教案设计，进行结构、组织、修改和改进，为学生提供与其认知能力相适应的教学资源，创造良好的学习环境。而且，专题讲座的资源结构是半开放的，具有很强的可转换性和动态性。其中的自然资源要素，包括课堂教学库、资源素材图片、专用工具库、案例、写作库等，都可以随着教育需求的变化而扩展转化为不断的成长和丰富的教育资源。

紧密围绕新课程标准，将关联性强、主题风格相同的资源组合成主题风格资源模块，

有利于完成学科课程背景下教育资源的结构化、模块化设计。 .教学提供从专业知识练习、场景创建到应用交互的综合应用，让资源成为学生的手，人们思考现代教育资源建设的起点是资源建设的基础。哪怕是很小的目标，大家也急于求成，也不能指望某个个体独自做好。合抱之木始于毫末，九层之台起于垒土，只要全社会识到这个问题，真正落实到具体的行动中，就能改变我们资源贫乏的境况。

第五节 集聚理论对我国教育信息贫富分化影响研究

我国教育信息资源的建设与分布受到集聚效应的影响，使得资源贫富分化的问题日益突出。聚集理论在教育信息资源建设初期充分发挥了积极作用，但随着教育现代化的深入发展，教育信息的集聚效应越来越成为制约教育信息资源均衡发展的桎梏。应如何有效地构建教育信息资源，是教育现代化发展面临的新问题。

一、教育信息资源聚集的基本理论

聚集理论（Agglomeration Theory）最早出现在古典主义经济学家阿尔弗雷德·马歇尔（Alfred Marshall，1890）的《经济学原理》一书中，指的是在一个特殊行业中的发展中，与其相关的公司或组织因其统一性和多样性而紧密相连，形成了一批地域集中、相互联系、相互支持的产业集群的现象。这条产业大部分处在同一个全产业链中，彼此之间既涉及市场竞争，也涉及协同合作，表现出高度的职业责任感和分工的横向或纵向扩展。根据相互的规模效应和溢出效应，它促进信息内容、优秀人才、现行政策和相关产业链要素等资源的充分共享性，使集聚在区域内的企业获得范围经济效益，从而大大提高各产业集群的竞争力。

二、我国教育信息资源聚集现状及积极影响

（一）我国教育信息资源集聚现状

这种情况主要发生在高职教育行业，同时也出现在基础教育领域。城市和农村的基础教育信息资源集中向城市中心倾斜。大城市与农村、重点中小学与普通中小学教育现代化发展趋势的差异越来越明显。城市重点中小学的快速进步是以牺牲非重点学校的发展为代价的。

（二）教育信息资源聚集积极影响

1.教育信息资源基础建设受到集聚效应的影响

促进了区域教学资源的质量提升，有利于教育部门对教育全过程的反思。作为融合和去中心化两种发展趋势相互影响的结果，集聚效用对文教信息资源基础建设中的各种因素

和课堂教学的关联性和结构产生积极影响，促使资源不断向核心集聚，促进文教信息资源快速发展。教育信息资源聚集推动区域文化教育信息资源基础建设，据 2005 年统计分析，在全国近 700 所本科职业院校中，8% 集中在北京，18% 集中在 4 个市辖区；高等教育机构数量前 10 名的地区集中在前 10 名地区；高等教育机构数量排名前 20 的地区中，519% 集中，60% 的机构集中在 31 个市辖区和省会城市。从《2006 四川教育企业统计年鉴》中的数据还可以看出，全省总面积 488 万公顷，共有高等学校 76 所（中部 8 所，区域 61 所，和 9 所私立学校）。杭州地区 12132 万公顷共有学校 45 所，其他地区 4759 万公顷中只有 31 所。这种不平衡在中西部地区更为明显，如青海省和甘肃省，所有高校都位于省会城市。此类教学资源在区域内集聚的现状，促进了文化教育信息资源的有利分散，可以使核心区的教学资源越来越丰富多彩，促进核心区教育现代化的快速发展。

2. 聚集效应不断降低教育信息资源基础设施建设成本

由于众多教学资源的聚集，教育信息资源基础建设中的规模效用愈发凸显，生产要素越来越集中，因此教育信息资源建设成本越容易降低，建立起来的效果更加优异，内容更加丰富。进入 21 世纪以来，我国一些文教较为发达的大城市，如深圳大学城、仙林大学城、松江大学城、中西部职教城、广州大学城、长清大学城、呼兰大学城等，都开设了具有聚集规模经济的大学城项目。多所高校的聚集，有利于高职教育资源的共享、开发和设计。同时聚集的效用不仅会使各所大学自身的建设成本降低和教育资源丰富，还会产生辐射带动作用，吸引与高校生有关的产业向大学城聚集，为区域民众提供大量就业，成为区域经济加速发展的契机；而对于周边教育培训产业而言，促使区域教育信息资源向周边区域教育培训产业辐射，扩大教育信息资源的利用和发展趋势。

当一个区域的高等教育进入信息化规模建设进程，完成区域内外教学资源的交流和共享资源的高效运行时，其区域文化教育室内空间得到迅速扩展，区域文化教育业务规模不断扩大，教育水平将借此机会快速合理地提高。这种改进的媒介是聚集在该地区主要大都市地区的高等教育生态系统，重点高校生态系统的本质在于其室内空间集聚性和辐射性，具体表现在高新技术、文化艺术和教学资源的积累，形成了教育信息资源和资产技术、优秀人才和制造业的聚集，由此对周边地区产生积极影响。例如，由华东师范大学教育信息技术系组织实施的"区域推进联动"计划，该项目以华东师范大学为集群核心，灵活利用华东师范大学的区位优势，推动上海周边村庄的教育信息化，发展步伐取得了显著成效。经过一年多的"区域推进联动"计划实践活动，各试点地区信息化基础设施建设利用率几乎达到 100%，教师的整体科学素养和工作能力普遍提高，并且已完成教学资源共创共享，使区域整体应用水平显着提升。

三、聚集效用对教育信息资源基础建设的不利影响

1.中心城市大都市圈基于教育聚集的规模效益所取得的教育信息资源基础建设成效有限

其有效辐射半径有限，且其辐射能力也随着辐射半径的递延而呈负指数暴跌，同时滞后性也逐渐呈现。在我国各省、市，行政区域划分为开放区域，面积宽广，重点高等学校基本布局在各地区中心城市。受城市形态的影响，中心城区所占整个城市区域面积过小，辐射源以外的许多贫困地区尤其是避开核心城市的边缘地区都位于中心城市经济辐射半径之外，从而导致教育资源分布的极不平衡，利用率低下。但总体来看，借助区域中心城市重点应用和大力发展，利用重点高校教育现代化基础设施发展模式来推动中西部城市群广大高校教育现代化基础设施的战略，其整体实际效果很难达到大家预期的愿景。教育现代化是整个高等职业教育基础建设的特征指标值之一，区域中心城市重点高校教育现代化规模带来的区域教育现代化建设规划与未来发展不平衡问题，危及我国高等职业教育的发展趋势和高等职业教育的顺利开展和完成。

2.教育信息贫富差距会造成严重的社会危害

信息资源的贫富将产生新的政治形态、经济发展和文化问题。信息内容的贫富水平与我们所寻求的公平数据获取本末倒置，违背了可以使每个人走向公平的财产权和生存权，给国民经济的共同进步和社会经济的共同发展造成了危害。宫辉等人从四个层面梳理了信息内容贫富悬殊的社会危害：一是信息内容贫富差距与经济发展分化了恶性循环；二是信息内容贫富悬殊造成社会制度混乱；三、信息内容的贫富差距进一步放大了文明行为的差异；第四，信息内容贫富悬殊，造成人际关系矛盾。信息内容的贫富是经济发展的贫富的体现，经济发展的贫富正受到信息内容的贫富的威胁。在信息社会，我们认识到借助信息内容和专业知识发家致富这一客观事实。信息量大的人更有能力发展经济；经济发达的人，可能会占据越来越多的信息资源。这种循环系统层出不穷无穷无止的，它很大程度上扩大了社会意识形态上的贫富差距。在科学合理的社会形态中，不同人群的人应该拥有大部分的平衡数据来获得机会。然而，信息量的贫富悬殊，把这个时代的人分为两部分：信息量强的人和信息量弱的人。信息内容强的人凭借自身优势和信息内容的支配地位，将文化艺术意识、经济发展规律、使用价值规范、道德标准、基本信仰等意识形态领域强加于信息内容弱的人，拥有信息内容的弱势群体被迫按照他们的指导方针行事。信息量强的人和信息量弱的人的两极分化可能会导致社会系统的严重失衡。信息化管理促进了世界资本主义国家和地区文化艺术的进一步发展，而落后国家和地区的文化艺术很可能因信息传播缺乏主导地位而进一步分化和衰落。也就是说，信息化管理的结果可能会让全世界的文明行为更加文明，不文明不文明的地方更加落伍。这对整个社会的持续发展是会带来极大危害的。

四、区域教育信息资源协调发展的对策

为了更好地确定切实可行的教育现代化战略定位，需要大家针对教育信息资源均衡协

调发展的趋势制定对策。对策具体有以下几点。

1. 在边境地区文化教育信息资源基础建设方面

我国应加大制度帮扶力度，缩小与核心地区的差距。边疆地区对教育现代化具有较低的吸引力，抗压强度低。他们在吸收资产、技术和优秀人才方面存在短板。除了地方因素，连接区域中心城市的关键是泉水不回头。由于高等教育机构高韧性因素的吸引力，其遭受的"电化"效用远远超过区域中心城市重点高等教育机构信息化发展带来的"蔓延"效用。根据聚集地的发展趋势，一个面向社会、以一流研究型大学为龙头的体系，配备教学资源，正在各省省会城市和重点区域中心城市积极发展。而完全按密集地的全国性一流大学为龙头、以教育现代化战略定位为核心，利用龙头高科技辐射源来推动和发展边境地区高校教育现代化基础建设和完成教育现代化均衡发展教育现代化的想法并不切实际，注定要失败。因此，正如沿海城市处于社会经济发展初期一样，边疆地区教育现代化的快速崛起，不仅需要市场"无形的手"，更需要政府政策提供的这只"有形的手"来推动。我国和省、市财政局可以设立重点信息内容扶贫资金，按照资产支持的形式，应用于信息内容较差的边境地区。

2. 建立区域教育信息资源资源共享体系，保障信息资源公平公正

文化教育的最终目标是每个个体随机、和谐的发展趋势，即完成社会发展中的公平、公正。文教信息资源的公平公正是社会公平的必要条件，是社会发展的基础。与传统纸质教育信息相比，智能教育信息区位优势显著。当总流量获批后，同一个智能信息资源完全可以完成几十人同时阅读文章，互不影响。因为智能信息资源在互联网上的共享性相对较高，资源将不受地址和间距的限制，读者只要在互联网技术上就可以随时阅读文章。所以信息时代的数据库基础建设绝不能照搬传统的基础资源建设方式，完全没有必要每所高校都建立信息内容数据库，只要区域内所有高校都完成了与数据库的互联网连接，信息化时代教育信息资源分布的区域一体化问题就自然而然得到解决。

我国的教育信息资源共享体系一是遍布全国的教育城域网、校园宽带、核心数据库，它们为资源共创共享带来了技术保障。我国开放课程资源中心（http：//www.jingpin.com）是教育部实施"高等学校本科教学水平与教育改革工程"的要求。其次是为社会上众多高校师生提供使用国家级优质教育资源的企业组织。中国开放课程资源中心的具体工作目标是：立足中国开放课程基础建设，选择当代信息技术和互联网技术，科学制定中国开放课程共享资源信息技术规范和标准，整合 14684 门国家级开放课程。基础建设融入自然环境和开放课程存储、搜索、服务项目运营需求的共享平台服务平台，中国开放课程数据库和资源中心的基础建设，科研创造中国开放课程共享资源和使用系统、完备的开放课程内容桌面搜索和人性化的主动服务，使中国高校众多师生能够方便、便捷地享受优质教育资源，推动高职教育教学的不断完善。中国开放课程资源中心在制定教育资源管理办法的基础上，落实智慧教育资源数据版权法，全面推进社会高等学校教育资源共享体系建设，完成教育资源的基础建设、资源共享和应用。可持续发展理念；同时，着力构建面向全球各领域、

企业和教育资源服务商的开放保障体系，推进基于融合国际化和中国优质教育资源的中国高校教育改革，建立人才建设的新途径，赋予了良好的自然资源和自然环境。

作为文化相对特殊的边疆地区不仅是文教信息资源的使用者，也是文教信息资源的建设者。核心区和边区的文化教育条件不同，边区不能完全复制核心区的文教信息资源，还要因地制宜立足实际，巧妙整合文教信息资源，促进信息资源创新。完成区域教学资源共创，也是增强边境区域文教信息资源自主功能的必然途径。在很多情况下，整个过程比结果更关键，边区教师在建立文教信息资源的基础上也完成了自己的文教信息技术应用能力。

3．加大核心区对边区的辐射拉动作用，建立规章制度长效保障体系

核心区试点推广效果对边境地区文教信息资源发展趋势具有非常关键的现实影响。俗话说，好的开端就是成功的一半，核心领域在现代教育资源建设方面积累了足够的实践经验和教训，这也是一种宝贵的资源。边境地区可以参考这个资源，充分发挥"资源禀赋"作用，完成教学资源基础建设跨越式发展。

为了更好地提高核心区的扩散效率，我国出台了一系列的各项政策。《中共中央国务院关于深化教育改革全面推进教育的决定》强调："各地要制定现行政策，鼓励高级教师在二线城市到薄弱高校任教或兼职，二、三线城市（镇）教师通过多种方式到农村弱势高校任教，提高基础建设农村和欠发达高校的教师水平。通常情况下，城市中小学教师必须在欠发达高校或农村学校有一年以上的教学经验，才能晋升为高级教师职位。但从具体情况来看，实际效果并不显着。许多对策是形式化的，缺乏一个长期的系统的深化贯彻。由于各机构的权益不同，有的派遣院校强调总量、质量、方法和本质；短期内实际沟通效果不明显；新招办的幼儿园教育负担不起"支持山区教育"的重担；缺乏合理的激励机制，这种种原因都为政策的落实埋下祸根。在这种情况下，各级党委和政府机构必须出台相应的鼓励对策，进一步落实好制度，建立合理的长期执行制度，在核心区实现更高的辐射源效率。

第六节 教育信息的利用与评价标准体系研究

一、关于构建教育信息化评价指标体系的构想

教育信息化化评价指标体系建设要有指导方针，这是推动大家开展设计方案主题活动的生命线。构建教育现代化评价指标体系的理念有以下三点

1．符合我国教育信息化的政策导向

教育信息化是社会发展信息化的重要组成部分。在其评价指标体系的制定过程中，既要考虑到我国信息化管理和数字化因素的评价指标体系，又要充分考虑了体现教育现代化

主题的文化教育政策和方针，然后针对教育活动的特殊性和特点，选取最具象征意义的指标值，从而构建反映我国教育信息化水平现状和发展趋势的完整评价指标体系。

2. 立足国情并能进行国际与本地比较

世界各国政府部门都在抢占信息内容高速公路和互联网技术，这是信息技术发展的必然趋势，同时也是我国信息化教育改革的大好时机。在教育现代化建设中，教育数字化水平已成为国家竞争力的主要因素。我国目前部分地区开展了教育信息化水平和程度的比较研究工作，要保持长且有力的持续性竞争力，我国要拓宽比较研究的主体范围，形成全国性的研究体系。因此，一个明确的判断我国教育现代化水平的标准体系，既要符合我国的国情，又要考虑到周边国家能够进行的教育信息化水平的比较，从而提升我国教育的国际影响力与适应力。

3. 必须具有时代特征和主导地位

教育现代化是一个全过程，一些指标值可以表示某个环节的数字化水平，之后的时间就处于钝化过程中。比如 ppt、投影仪等明显是阶段性的，因而我们要尽可能使用最能体现时代特征的技术指标，比如多媒体教室、多媒体设计系统软件等等。这需要国家财政资金的支持和教育工作者观念的转变，任重而道远。

二、信息化教育评价标准体系建设标准

标准是人们开展专题活动的礼仪和根本目的。建立现代化教育评审标准体系的指导标准主要有以下五点。

1. 合理性标准

合理性是所有评价指标体系设计应遵循的最基本的标准。任何评价指标体系都需要有其理论基础。教育现代化测度评价指标体系的建立是基于数字化的基本规律、教育部门的机制和教育现代化的相关基础理论。设计方案的每一个指标值都有明确的含义，相关的数据分析和计算方法都是基于科学理论认可的。

2. 系统性标准

教育信息化审查标准体系的设计方案不仅要充分考虑信息管理的六个因素，即当代信息技术的发展趋势和普及程度、基础设施和信息管理基础设施的建设、信息资源的精细化管理和信息化管理、大力推进信息化产业、不断完善相关法律环境和相关信息管理人才建设和普及教育等，而且要充分体现教育部门的各个组成部分，即教育管理实体、教育决策实体、教育实施实体、教育科研机构、文化教育研究所、文化教育领导成员、教育主题活动等在教育现代化进程中辩证统一。各个指标应该按照不同层次进行有序排列，并且每个指标值的差值应给予一个权重值，从而形成一个完整的系统形态。

3. 可执行性标准

实用性（即可执行性）是评价指标体系的生命周期。理论上，评价指标体系再完善、再精致，如果没有实用性，就名存实亡。实际表现在：各种技术指标的量化分析性；指标

值数据信息的连续性；数据分析和计算方法的实用性等。

4．可比性标准

可比性原则决定决定了评价结论的真实性。教育信息化评价指标是为比较世界各国和地区乃至各高校的文化教育数字化水平而设计的，一经比较，就涉及到很多利益关系，只有尽可能客观、科学地选取指标值，并利用科学研究和易于使用的计算方法，才可以充分发挥评价指标体系的有效性，促进国际和地区高校教育现代化、均衡发展。除了横向比较，评价指标体系还需要能够在一定时间内进行纵向比较。

5．可持续性标准

教育现代化评价方法不仅要在时间上具有可持续性，而且在信息上要尽可能地扩展。只有具有一定的连续性，才能对教育信息化的实践进行正确且持续性的指导。

三、提高教育信息资源利用率的对策建议

学生长期持续使用教育信息资源，是提高文教信息资源利用率的保障。如何保持学生文化教育信息资源的持续使用是一个至关重要的问题。作为自然资源开发者，在开发和设计文教信息资源时，必须提供足够的需求分析报告。要立足学生申请，不断提升文教信息资源质量，根据使用与满足基本理论，通过信息传播实现让学生获得相关信息的最终目的。

（一）在信息发布环节

以学生的需求为重点，考虑不同大学生对资源的需求方向，掌握大学生对资源应用的要求，以学生对信息资源应用的要求为基础。

为了提升大学生资源应用的驱动力，首先是要根据学生应用需求开发各类资源，促进学生对文教信息资源的持续应用。同时，在满足普及需求的条件下，还可以实施人性化服务。新课程改革的核心理念倡导小组合作学习、研究性学习培训、创新学习培训等多元化学习方式，因此资源设计方案应体现新课程改革的核心理念，注重学生潜能和创造性工作能力的开发与设计。其次，为了更好地提升学生对文教信息资源应用的满意率，实施"优质资源推送服务"：资源开发者可以根据生活习惯、学生申请资源的偏好来进行资源推送。优质资源的自动推送服务的应用，节省了学生寻找信息资源的时间和成本，也避免了陷入书海的烦恼。再次，加强文化教育多媒体传播，建立信息资源质量评价指标体系。过去，评价文教信息资源质量的主体通常都是权威专家，他们按照一定的规范来评价文教信息资源的启蒙性、合理性、准确性和美感。这种审核方式对信息资源进行严格审核，虽然保证资源的合理性，但并不一定完全满足用户的需求和学生的习惯。我们改革的目标是资源评论以同学为评论行为主体，学生作为自然资源的使用者，对文教信息资源的质量拥有最大的发言权。

关于文教信息资源质量评价规范，可以根据学生应用的文教信息资源的点击次数、免费下载率和访问频率进行审核。一个资源的免费下载率、点击次数、访问频率越高，越能真正满足学生采用的要求，资源的质量就越高。反之，某文教信息资源的点击次数、免费

下载率、访问频率偏低，则说明该资源的质量不够高，无法满足学生采用的要求，可能会逐渐被替代。学生的申请评论也为文教信息资源开发者带来了更好的申报服务平台，开发者根据学生的申请情况和反馈形式，不断创新升级资源，提高文教信息资源的质量，使单一的一次性资源经过多次升级，转化为动态资源，增加信息资源的应用周期。

（二）学校做好教育信息资源应用推广策略

在教育信息资源应用方面，高校领导需要做好教育信息资源的营销推广工作。事业单位和高校师生积极应用文教信息资源，方便获得大量鼓励经费。首先，高校要建立不断完善的激励机制，为学生利用文化教育信息资源创造良好的环境。一个好的激励制度应该体现以下标准：第一，必须遵循能发挥最大能力的标准。学生使用文化教育信息资源的激励制度，应最大限度地发挥学生采用的潜力。哈佛大学的企业管理专家勒布朗詹姆斯教授曾经说到："一个人如果受到鼓励，他的工作能力可以达到80%到90%，如果没有鼓励，他的功能不能充分发挥20%到30%"。由此可见，鼓励对促进工作能力的最大刺激具有关键作用。第二，它必须能够实现自身的需要。马斯洛需求理论的基础理论表明，人们不仅具有基本的缺失性需求不足，但也要有成长性和发展性需求。要制定满足学生各种需求的激励制度，既要有化学激励，也要有精神激励。三要遵循公平、公正、公开的标准。公平正义才是硬道理。基本的鼓励，没有公平和正义就无从谈起。

在上述标准的基础上，高校可以制定相应的激励策略，鼓励学生积极利用文教信息资源。首先可以采用精神激励和化学物质激励相结合的方式，如对积极应用文教信息资源的教师进行合理的鼓励、教师职称评审与应用型文教信息资源挂钩，在一学年或一学期内，应用文教信息资源总分在职称评定中达到全班前三名者，在积分大幅增加或同等条件下，优先考虑主动应用文教信息资源的教师。那些在校园内积极运用文教信息资源、发挥示范引领作用的人，学校要进行集体表扬并号召全体师生向这些人学习。同时，建立信息技术专业技能培训机构，提升学生使用文化教育信息资源的意识，提高学生的科学素养。其次，根据顾客满意的基本理论，学生只有在使用产品时处于满意的状态，才能成为忠实顾客，并会说服或建议一些潜在的学生使用资源。高校如果想让师生对文教信息资源应用的全过程感到满意，除了要制定相应的对策鼓励学生自己，还需要不断改善校园网络的自然环境和提高学生收养的满意度。赫茨伯格是著名的二因素理论的创始人，他认为鼓励学生从两个层面入手：去除学生不满意的因素和增强学生信任的因素。学生不满意的因素称为健康因素，学生信任的因素称为鼓励因素。保健因素是激励的条件和保证，激励因素是重要的、关键的。因此，在鼓励学生时，首先要排除导致学生使用文教信息资源的不满意因素。校园内的信息管理网络空间是导致学生申请不满意的因素之一。继续改善校园网的自然环境，给学生更好的应用自然环境，降低学生在使用资源时需要消耗的经济成本，消除学生在使用资源时需要形成的不满。

（三）建立相关的教育资源利用的实施规范，保证教育资源利用的市场秩序

规范对于一个领域的发展趋势非常重要。没有规范，就会出现混乱。不完整的规范和系统软件会导致该领域的发展缓慢，甚至导致误解。教育信息化是教育发展的新里程碑，许多新技术应用、新方法、新意识、新模式不断涌现。我们必须对其发展趋势和应用水平进行科学合理的考虑。我国教育培训单位经常要对各类教育培训机构进行检查评价，如高等教育评价、教育信息化管理水平评价等，此类专题活动的开展需要立足于教育现代化的实际。根据规范，科学研究可以保证审查科学研究。

第七章 市场机制的基本理论市场机制的内涵

第一节 市场机制的基本理论市场机制的内涵

一、机制的由来

"机制"这个词来自希腊语，英语的意思是系统。其本义是指机械设备的建设和运行、机械设备设备、机械设备组织的基本原理。该设备由各部件组成，各部件按分子热运动的基本原理相互连接，按一定方法运行。实际上，机制是指设备运行过程中各种内部对接紧固件的相互联系和因果联系。后来，"机制"一词被转移到分子生物学、医学等课程行业，用牵张反射、医学叙事系统等系统定义来表现有机化学有机体中人体各个器官之间的内在联系和相互影响。客观操作的全过程和生物调节的方法和效果C现在，无论是社会科学还是历史人文学科，机制的定义都比较常用。此时，"机制"特指某一系统软件在某一过程中的复杂结构、基本运行原理和本质周期性。在经济发展行业引入"制度"一词后，经济发展制度的定义应运而生。是指人体社会经济发展相互联系、相互影响的方式和功能。经济发展体系存在于当今社会制造、交换、流通、购物的全过程，并在经济形势发展过程中激发其作用。经济发展体制与经济形势密切相关，所以经济发展体制又称为经济发展管理机制。

二、经济发展体系

经济发展体系最重要的作用取决于资源配置。适当的决策体系、及时周密的信息内容体系、完善的激励约束机制，可以使资源配置满足制造和购物的需要，刚性需求得到充分有效利用，经济效益显着提高。在社会发展和经济形势的过程中，很可能会出现生产与消费的不平衡、总产出的供需平衡。发挥经济发展体制调整作用，摆脱失衡，推动经济发展再上新台阶。平衡，进而促进社会经济稳定发展的发展趋势，这也是经济发展体系的本质作用。

市场是经济形势和经济活动的媒介或实际表现。在市场经营过程中，各种经济活动都体现为营销活动，各种工商登记需要依靠销售市场运作中的营销活动，将其转化为各种经济发展目标和权益成果。销售市场往往能够具有这样的关键作用，因为销售市场具有一种自我协调的组织协调能力，可以使销售市场的各种因素相互沟通、相互制约，促进销售市场的正常合理运行。销售市场这种自我和谐的组织协调能力就是市场经济体制。这种市场经济体制是经济发展体制的重要组成部分。

市场机制的含义是指价格机制、供求机制、激励机制、薪酬制度、年利率制度、风险制度等作为拖累或缓冲的详细的制度要素。市场运行过程中的经济活动。影响。在充分发挥经济规律、供求规律、市场竞争规律、货币借贷规律等实际制度本质规律的环节，价格变动制度、供求矛盾制度，激励机制，权益分配机制等，所有这些详细的系统有机地融合在一起，形成市场机制。例如，价格报价变动与销售市场供求变动之间的相互联系、相互制约的作用，形成价格机制；工资变动与人力资本供求变动之间相互联系、相互制约的作用，形成了工资制度；在产品的生产者和消费者之间，伴随着供需变化的市场竞争形成了一种激励机制；产品供求变化引起价格变化，损害商品生产者的生产主题活动和市场竞争水平。一个供需系统被创建。这个细化的体系相互联系、相互影响，形成了一个统一完整的市场经济体系。

从价格机制和其他制度的影响来看，虽然市场经济体制中各个制度的影响不同，但价格机制对其他制度起到了促进作用。在市场经济体制中占主导地位。供求体系是市场经济的保障体系。在市场机制中，首先需要供求体系来反映价格、供求之间的相互关系，保证价格体系的形成，保证市场经济体系的正常运行。但是，价格机制对供求体系起到了促进作用。价格的涨跌促进经营者需求的增减，消费需求侧的需求增减，供求关系的不断调整。激励机制是市场经济的主要制度。在商品经济中，只有市场竞争才能促进社会进步和社会经济发展。价格机制对激励机制也有促进作用。价格的涨跌促使经营者在各个市场上展开竞争，推动产品创新、技术创新、管理创新，以获取更高的利润。激励制度是市场经济的动力系统。公司的经营活动应以个人利益为导向，促进公司的市场竞争，注重经济效益。价格机制可能会危及激励机制。价格变化可以发出信号并鼓励公司做出关于做什么和不做什么的决定。风险制度是市场经济的基本制度。在行业市场的经营管理中，各企业在生产经营中都面临着盈亏和破产的风险。价格机制可以危及风险体系，价格的涨跌可以鼓励企业为追求盈利而敢于行动。

在市场经济体制运行过程中，社会发展不能立即决定社会发展制造业的比重，而只能以市场经济的有效性为基础，即根据市场因素的相互沟通、相互影响。如价格、供求关系、市场竞争等。调整公司企业经营主题活动，并根据公司生产经营活动的这种自我调整，完成销售市场供需平衡的基本平衡，最终调整社会发展和制造的主体比例，使时代的生产制造才能达到社会的发展要求。

市场机制根据销售市场的内在因素相互沟通和影响，构建社会发展，提供自身稳定、与社会需求相平衡的和谐组织协调能力。在商品经济的前提下，资源配置和经济发展商品、经济活动的调整和社会发展制造业，一般都是按照市场经济的作用进行的。

（一）市场机制的特点

典型的市场经济体制具有以下一些最重要的特征：

1.市场机制具有普遍性

市场机制的普遍性是指市场机制的组织协调能力，是销售市场各种因素之间的客观联系，并不是我们的客观设计。换言之，在具备相应特殊条件的基础上，必须充分利用市场机制或市场经济体制中的某个实际制度；而没有相应的标准，市场经济体制的功能也就没有了。

市场经济体系之所以能够组织和协调自身的和谐，是因为市场经济体系内各种销售市场因素的相互影响。它不是由外部能量的作用产生的，各种销售市场因素相互作用。两者的互动也是客观现实的。可以遵循市场经济体制的内在原则，促进市场机制的充分利用，但不得违反、损害市场经济体制的内在原则。一旦每个人的方法都违反或损害了市场经济的内在规律，就会影响到销售市场。如果一切正常合理运行，市场机制就不能充分发挥作用。因此，在趋势商品经济逐步完善和发展的过程中，大家必须充分注意市场机制的普遍性，从源头上改变对销售市场要素的直接行政控制，转变为以论市场经济体制的基本原理。间接规范营销活动的标准。

2.市场机制是动态的

市场机制的动态性，是指在各种销售市场因素相互影响的整个活动过程中充分发挥缓冲作用。当销售市场运行中出现某种类型的销售市场数据信号时，各种销售市场因素都会对此类销售市场数据信号产生一系列连锁反应。当这种连锁反应持续一段时间后，销售市场的运行因素才会发生变化，从而产生新的销售市场数据信号。也就是说，经过一系列的连锁反应，市场经济体制对营销活动调整的不利影响得以显现。

3.市场机制是链条式的

市场机制的环环相扣性是指涉及一系列销售市场因素的一系列因果活动的全过程。也就是说，充分发挥市场经济体系中任何一个系统的效能，都会引起其他系统的相应反应（即连锁反应），为其他系统的紧密配合提供条件。例如，销售市场中产品供求因素的变化会立即引起产品价格的变化；在与其他标准相同的条件下，产品价格的涨跌会引起公司注册利润的变化；利润的变化会导致项目投资主题活动的变化。如果某种市场经济体制不能正常充分发挥作用，那么这种市场机制各个阶段的制度以后就不能正常发挥作用，从而导致市场机制的全部作用无法发挥出来。

4.市场机制的限制

市场机制的限制性是指充分利用以企业登记权益的得失为基础的市场机制。每一次企业注册，都力求实现自身权益的最大化。同时，也是逐利避损。市场机制是以企业注册的利润为基础，激发其对营销活动的缓冲作用。比如激励机制和风险机制，让经营者和股东真正感受到了盈利的吸引力和权益缺失的工作压力。在获取更多利润的驱动下，他们积极寻找销售市场，开拓市场，努力改变。生产技术和制造方法，加强管理，降低成本和交易成本，不断提高规模经济的高效率。

（二）市场机制的作用

市场机制的作用是指销售市场本身的各个系统对经济活动的运行进行调整和正确引导，以完成经济形势的总体目标的整体作用。

1.协调工作的作用

销售市场中的各种因素自发匹配，独立运作。企业注册以商品经济和商品交易为基础。单一企业在生产、制造和消费方面的分散经济发展管理决策，是基于价格机制和激励机制的有效性，建立更加复杂的商品交换关系。销售市场内货物交换的融洽不是建立在外界的基础上，而是建立在内部自动处理的基础上。

2.资源配置的作用

社会在价格机制、供求体系、激励机制的作用下，开发企业、领域、区域间各种资源的持续流动性，以销售市场数据信号为基础，促进资源的区域性向市场需求流动。向更高的经济效益阶段集中，以实现资源的优化和配置。

3.利益分配的作用

产品的价格和基本使用价值包括生产该产品的企业经营者的权益大小。在竞争激烈的销售市场中，税收制度首次遵循高效标准。只有这样，经营者才能不断提高产品质量，调整产品结构，融入市场需求。权益的分配客观上制约了市场竞争的参与者，防止了非效率利益的产生。

4.信息内容传输的作用

市场机制是一种信息含量经济的发展。市场机制使得市场信息的快速传递和企业注册之间的及时反馈，在创造市场价值和建立利润方面发挥着越来越重要的作用。智能、流畅的信息传输管理系统对于市场经济体制的合理运行具有重要意义。

5.开拓进取的作用

市场机制促进公司注册相互竞争，以实现利润最大化。市场竞争的压力促使经营者不断开拓新的销售市场，开发产品，规范生产经营管理方式，扩大产品市场份额，获取巨额资金利润。尤其是技术含量高的产品，对获取优惠利润的刺激极大，激发了商品生产者进行技术创新的强烈愿望。因此，开拓进取的作用主要表现在增强经济发展的效果和促进科技发展上。

（三）市场机制的局限性

虽然市场机制具有上述作用，但由于市场机制的调整是利用刺激宏观经济主体的权益来发挥作用，它是在调整微观经济个体行为的基础上，实现宏观经济比重的大致均衡。其影响通常具有片面性、自发性、滞后性、可逆性和短期性等特点。因此，市场机制的调整有其局限性。

1. 从宏观上看，其局限性是

（1）信息内容不全导致管理决策失误。在实际的文化生活中，无论销售市场活动的主体是买者还是卖者，获得的信息都只是一部分。新闻不足或信息不对称可能导致管理决策失误并造成损害。

（2）垄断会造成资源配置低效。单纯依靠市场机制，放任市场竞争，必然会产生垄断。销售市场中的某个供应商或需求者可以操纵报价，破坏报价，市场机制失效，资源配置效率低下。

（3）有外部影响。一个人的资本个人行为不会通过价格机制立即危害到他人的社会经济权利，称为"外部效应"。"外部效应"的存在，使得报价无法准确反映社会成本或利润。如果单纯让市场机制自发产生作用，很可能会造成企业注册对自然生态环境的影响等问题。

2. 从宏观环境来看，其局限性表现在

（1）市场机制不能解决经济发展和宏观经济发展趋势的问题

市场机制调整的特点是各个社会经济核心的管理决策分散化。一般来说，它们主要对短期经济活动进行决策分析和经济活动，因为它们拥有独立的经济发展权益。人民组织既不可能全面考虑社会经济快速发展的发展战略，也无法准确预测和把握宏观经济政策的发展趋势。

市场机制对社会发展和制造业的调节是建立在对宏观经济行为者的直接影响的基础上，根据宏观经济行为者的方法或运动的效果来完成的。因此，它是事后自发的，不能立即控制社会需求总产量和市场需求结构。

（2）市场机制不能解决社会公平问题

即使市场机制能够保证所有的机会都向任何人开放，但由于每个人的应用环境和工作能力不同，很容易在社会发展中产生比较严重的收入差距不平等，从而可能造成社会发展贫困。贫富悬殊过大，甚至出现两极分化。

第二节　信息资源共享可持续发展需要市场机制的引入

一、市场机制的引入，有利于资源和信息资源的优化和设备共享

实现的冲动或需要是我们长期从事生产加工的基本动力。每个人的冲动都是多种多样的，无穷无尽。能达到人们冲动的物品，大部分都是人们必须付出应有的代价，消耗资源才能获得的。但另一方面，生产能触动每个人的物品的资源也是稀缺或缺乏的。说白了，资源的"稀缺资源"并不是指一定数量的资源，而是相对于一个社会发展中层出不穷、不断增加，即冲动的非理性因素，有效的自然资源是稀缺的。而且，在时间、室内空间等明确的约束条件下，特殊网络资源的使用者受到人力、物力、资金等领域的限制，所能拥有的资源量已经不足。从这个意义上说，资源也是稀缺的。人的冲动的非理性因素与自然资源的稀缺资源有一对差异。这就要求我们在利用资源的同时，对自然资源进行合理的布局，提高资源的利用率。资源合理配置的总体目标是将相对有限的自然资源的经济效益最大化，或者尽可能少地消耗资源，以获得预期的经济效益。对自然资源进行合理布局，必须有高效、有效的资源配置方法。不同的资源配置方式导致不同的资源配置结果或经济效益，差距非常大。

信息资源，如化工原料资源、能源供应等，属于稀缺资源，必须花费较高的成本和资金投入，资源的总产出极其不足。共享资源信息资源也属于稀缺资源。并且相对于对共享资源的多样化和不断增加的需求，共享资源和信息资源也很少见。

虽然信息资源没有固定不变的总效应，每个人都可以根据信息内容共享资源，以获得尽可能多的效果，但是，从应用的角度来看，信息资源具有极强的时效性和替代性，其作用也非常大。而价值会随着使用时间的增加而逐渐衰减，其应用方向的不规则选择也会影响其使用价值和充分利用。可见，信息资源的使用价值和充分利用与设备在时间、室内空间、主要用途等领域的高效率并没有太大关系。

信息内容资源配置是将按照一定的标准和方法创建的各种信息资源，按照不同的方法和方法进行有效划分和存储的信息内容主题活动。作为一种稀缺资源，信息资源如何发挥最大的作用，就是将相对有限或稀缺的信息资源，以各种另类投资方式进行配置，从而使各种计划形成时代的整体效应更大，也就是让信息资源更有效。因此，在时代制造技术实力明朗的情况下，信息资源的合理配置是充分研发和合理利用信息资源的根本前提。

信息内容资源的整合对信息内容资源的分布要求更加严格。这是因为信息内容资源整

合的落脚点是更好地防止基础设施重复建设，防止信息资源的消耗，提高信息资源的利用率，完成信息资源的高效研发和应用。这就规定了共享资源基础建设中信息资源的配置必须有效。只有在信息内容共享资源中实现信息资源各要素的合理布局，才能使信息内容资源整合运行高效，信息内容共享资源工作才能得到持续发展的趋势。更重要的是，共享资源信息内容资源配置效率低下，意味着信息资源的各种因素没有发挥作用，造成资源消耗，导致所有信息内容共享资源主题活动无法再次推广。这与整合信息内容资源的初衷不同。这样的信息内容共享资源是没有意义的，没有必要再出现，更谈不上可持续发展的概念。因此，为了更好地融合信息内容资源的可持续发展理念，所选择的资源配置方式必须能够优化信息资源的各种因素。

销售市场设备是根据市场经济的作用，在整个过程中完成资源配置的一种方法。在当前我国市场经济高速发展的环境下，引入信息内容共享资源市场机制，可以促进共享资源和信息资源的升级。

销售市场设备实际上是经济规律的调整，但它是缓冲经济规律的一种实用方式。由于销售市场的资源配置是市场经济体制功能的全过程，在销售市场的分配方式中，资源配置的主导者是各个分散的社会经济主体，而分配的动力系统是经济发展的主体。社会经济效益及其相互的市场竞争，市场价格是销售市场产品供求关系的主要数据信号。如果总需求的变化是有效的、方便的，也可以体现共享资源和信息资源的特点。稀有的共享资源信息资源更贵，充足的共享资源信息资源更划算。这促使共享资源信息内容运营商生产共享资源信息内容设备，提供共享资源数据服务，以满足客户信息内容的需求和追求，在完善产品价值增值的总体目标环节，加大各领域的资金投入（如信息内容、资产、技术、人员等）在稀有共享资源和信息资源的综合利用中，减少使用价值和实用价值低的共享资源信息资源的资本投入，进而促进流动性将信息资源各要素推向具有良好经济效益和环境效益的阶段，完成信息资源各要素的优化配置。

此时，既使某个共享资源信息管理系统的个人经济效益最大化，又保证了信息内容共享资源的社会效益和经济效益的完成。信息内容经营者在市场经济的控制下开展此类信息资源配置主题活动，可以更好地反映市场供求关系，使信息资源能够根据信息内容的供求情况，间接、全自动地进行配置。市场。这样更有利于信息资源的充分有效利用，完成信息资源的"质量"和"经济效益"。

但是，市场机制必须有一定的标准才能充分发挥作用：一是健全的市场体系；二是独立、优质的商业登记；三是完善的市场布局；四是完善销售市场法律法规、政策、法规和规章制度；五是公平的市场环境。

二、市场竞争为信息内容资源整合的可持续发展理念创造活力

市场竞争是指发生在个人（或团队或我们国家）之间的一种竞争行为。只要有两个或者两个左右不同的股权团队为了每个人都期望达到的某种目的而奋斗，就会有市场竞争。

社会经济学实践意义上的市场竞争，是指在市场中为经济发展的核心而不断竞争，以获得有利的制造、市场销售等标准，完成自身的社会经济效益和最终目标的全过程。英国专家、学者斯蒂格勒将"市场竞争"描述为："市场竞争是个人（或群体或国家）之间的竞争，两方或多方试图获得并非所有各方都可以获得的东西。当它到来时，就会有市场竞争。

从经营者在市场中的实际经济活动来看，市场竞争主要表现为在参与者之间的驱动力和外部的工作压力下，销售市场持续对抗的全过程。市场竞争的内在动力是经济发展主体对经济发展收益的追求。在整个市场竞争过程中，表现为经营者的生存、维持或扩大市场以占据市场份额、扩大总销售额、提高盈利能力。市场竞争的外部工作压力是市场竞争本质动力的主要外在表现。由于市场竞争中的每个参与者都在寻求自己的权利和目标，同时实际上对市场竞争中的其他参与者产生了工作压力。这也是同一整个过程的两个方面，从不同的角度来看。

在商品经济中，市场竞争不可避免。经济发展的所有主体，无论愿意与否，喜欢与否，都需要积极或普遍参与经济发展收益的竞争。因此，在信息内容共享资源中加入市场机制，必然会产生信息资源所有者与共享资源服务提供者之间的市场竞争。市场竞争的存在，为信息内容资源整合的可持续发展理念提供了活力和魅力。

1. 市场竞争可以保证最有效的共享资源信息管理系统拥有相对有限的自然资源

在较好的市场竞争条件下，共享资源信息管理系统必须相互竞争，才能在信息内容销售市场上取得竞争优势，实现自身利润的最大化。市场竞争的内在工作压力和外在驱动力推动资源共享服务商根据需求变化不断创新和丰富共享资源和信息资源，开发产品，提高信息内容设备和服务水平，规范经营管理信息内容市场，开拓新的销售市场，扩大市场份额，进而获取丰厚的利润，并为其共享资源信息管理系统的快速发展获得越来越多的财力和其他社会资源。也就是说，根据良性竞争的市场竞争，它可以替代这些占用资源多、服务质量低、无收益的共享资源信息管理系统，让优质的系统软件越来越高——即质量做强，在市场竞争中获得进一步发展趋势，必要的财力和其他社会资源是这种相对有限的社会资源应用的所有权，以便在未来获得更高的销售市场和开发室内空间。事实上，这也是市场竞争对共享资源和信息资源硬件配置提升的主要体现，使得信息内容共享资源的身心健康不断发展。

2. 市场竞争可以保证最有效的共享资源信息管理系统提供社会发展所必需的共享信息内容设备和服务项目

社会发展所需的数据设备和服务项目应该是市场价格低、质量好的设备和服务项目，即性价比高、设备和服务项目更好。相同质量商品的低市场价格代表其低成本。它基于信息内容设备和服务提供者更高的生产和管理效率，能够更好地满足时代共享资源和信息资源消费的需求。这样，市场竞争才能保证最有效的共享资源信息管理系统将提供最优质、优质、价廉的共享信息内容设备和服务项目，以满足时代的需要。产品和服务质量更优，共享资源信息管理系统同步升级，信息内容共享资源工作不断推动新的快速发展环节，充满活力和魅力。

3．市场竞争可以促进共享资源、信息资源拥有者和服务提供者与时俱进

显然，市场竞争的内在工作压力和外在驱动力，使其成为共享资源和信息资源的拥有者和服务提供者奋发向上的不竭动力。

市场竞争促进和驱动信息内容市场经济系统参与者进行有效的管理决策，对价格数据信号做出快速、即时的反应，并不断勇于尝试新的信息共享内容主题活动各要素的构成、开发、设计以及提供新的共享信息内容产品，进而保证共享资源信息内容资源向更需要的领域分配，减少共享资源信息内容产品的稀缺性，保证信息内容资源整合的持续发展趋势，促进经济发展，推动整个社会的经济增长。

4．"竞争与合作"推动完成各类信息内容资源整合系统软件的"共赢"

但是，过多的竞争力也会对信息内容共享资源产生不可忽视的负面影响。例如，竞争对手追求完美利润最大化的本能反应，通常会导致销售市场的片面性，不顾我国宏观经济政策的共同利益；过多的市场竞争会增加市场竞争成本，导致各领域毛利率偏低，并危及共享资源信息资源服务商的自主创新能力；同时，不合作、低效率的市场竞争也将导致明显的重复建设和资源消耗。例如，中国移动和中国联通作为移动通信技术行业的同时竞争者，并未建立通信基站设备资源的共享资源体系。他们经常不得不在同一地区竖立不同的塔楼而并非建造一座塔楼。项目最低投资 30 万元。如果将目前全国约 24 万根杆塔中的三分之一并用，可减少项目投资 240 亿元。对此，大家明确提出了"竞争与合作"的发展战略。

"合作竞争"（co-opetition）由市场竞争（competition）和合作（cooperation）两部分组成，意思是"合作中有市场竞争，在市场竞争中求合作"。所有的销售和营销活动都在参与营销活动中，既要根据市场竞争来划分"销售市场生日蛋糕，也必须通过协作来拓展"销售市场生日蛋糕"，实现共赢。 竞争与合作的发展战略长期以来一直与经济全球化战略，增长与发展战略已成为当今全球经济合作主体的三大重点发展战略之一。

多个信息内容活动主体共享资源，实际上是一种协作的个人行为。因此，在整合信息内容资源的实践活动中，大家更需要关注竞争与合作的核心理念。共享资源主题活动中的每个信息内容组织既是竞争者又是合作伙伴。

在项目或运营方式上，各信息内容机构相互竞争，可以促进市场竞争主体与时俱进，主动在市场中产生有益影响；在信息资源的基础建设中，各信息内容组织相互配合，确保所有共享资源信息管理系统满足客户信息化需求，提高各领域客户满意度，为进一步拓展信息内容奠定坚实基础。场销售市场。因此，各信息内容组织在共享资源主题活动中的竞争与合作，有利于完成信息内容资源整合系统软件的"双赢"。

这里所说的信息内容组织之间的资源竞争和共享，不同于前面所说的"资源共享"。这里的竞争、合作和资源共享，是指由于资产、机械设备、技术、人员等领域的限制，各个信息内容机构无法独立承担共享资源和信息资源基础建设的全部日常任务。于是，各种

信息内容组织通过协作在激烈的市场竞争中谋求生存。这就是我们在上一篇文章中提到的竞争合作发展策略，即每个信息内容组织基于关键基础设施构建自己的特色信息内容数据库，然后利用与其他信息内容组织的信息内容共享资源来构建比较信息内容数据库的各个方面。此时，共享资源的竞争与合作不再是资源共享用户进行"共创只能共享资源"的严格门槛。通过这种方式的信息内容共享设备和服务，可以在信息内容销售市场上流通任何商品。

对于公共图书馆来说，资源共享早已不是什么新鲜事，但在引入市场机制后，经过竞争和共创的公共图书馆可能会根据信息内容市场用户的需求更加系统和丰富。有了丰富多彩的数据设备和数据服务，数据服务的范围和信息内容的用户数量也可以实现更高的扩展。这个时候，大部分的合作都是权益的选择。它可以是公共图书馆之间的协作，也可以是公共图书馆与其他类型信息组织之间的协作。例如，哈佛大学公共图书馆与谷歌等五家公共图书馆的合作，就是在图书馆与新媒体环境竞争全过程中进行合作的最新尝试。只要解决版权问题，无论是对于公共图书馆、谷歌、消费者，还是对于版权作品的创作者和出版公司，这都将是一个多赢的新项目。

此外，还可以开展跨行业、跨部门的协作，实现竞争、合作、资源共享。例如，政府部门和企业共同创建政府信息数据库，为政府部门信息资源提供个性化服务。在大量政府部门的管理方法和服务中积累了大量的统计数据，涵盖从自然地理数据信息、生态资源到制造、销售市场、消费、进出口贸易，从出生、学校到学生就业，以及从环境卫生、交通和旅行到出入境签证等各个领域。这一数量庞大的统计数据具有很强的专业能力和鉴赏力，应用范围广泛。如果只要求政府部门自带服务项目，服务项目范围太窄，会导致信息资源的消耗；如果它能够被社会发展灵活运用，就可以为社会经济发展和人文科学的进步做出突出贡献。但是，由于许多政府机构缺乏为社会提供互联网服务的主动意识，同时由于没有合理的方法来独立开展个性化服务和对此类数据的综合利用，无法完成互联网的规模效应。信息资源个性化服务。对于这部分信息资源，可以将其政府监管机构推向市场，让这个监管机构与管理方法和流程优良的企业合作，创建一个可供社会发展共享的信息内容数据库。内向型社会向全社会提供信息内容设备和服务项目，在与其他信息内容组织的激烈市场竞争中，不断提高政府监管机构的多媒体通信服务质量。

三、市场机制的引入有利于处理信息内容共享资源与专利权的差异

关于专利权，中国作品中有两个关键的符号定义：一是将专利权定义为我们根据他们所创造的智商表现的规则和规定而享有的唯一控制权；另一种是定义专利权，定义为我们对他们的创造力的智商成果和商业服务标志的享受的独特控制。但是，法律界承认，专利权是国家法律赋予专业知识产品使用者以影响其智商的一种独特的控制权。

专利权属于产权人，他人不得随意使用。从本质上讲，它是一种私权，它显示了专业知识操作者对其成就的特殊性、排他性或独特性。但是，信息和专业知识的内容不仅具有

特定性，而且具有内在的文化性和传播性，这在一定程度上与专利权的排他性和唯一性相对立。同时，专利权最初是带着经济发展的要素创造出来的，因此专利权一直为某些营利者所拥有。此外，西方国家形成了专利规章制度，社会经济的快速发展和各种因素造成了世界各国自身专业知识优势和各自权益的不平衡。每次他们都想用专利策略最大限度地保护自己的权利，因此，专利权在整个使用过程中不仅表现出智力创造成果知识产权的有效性和专利权的保护等良好的实际效果，但同时也是。伴随着专业知识垄断、专业知识霸权等异常因素，这与以往信息内容共享资源所倡导的"公开应用"和"免费试用"在一定程度上是矛盾的。

信息内容共享资源是快速提高社会发展对信息资源的了解能力和使用效率的最佳途径。其意义在于让社会发展在有效利用信息资源的基础上创造大量的专业知识和财富。但是，专利规章制度的最高现实意义只有以下两点：一是对专业知识操作者的劳动收入的认可；二是鼓励基于这种认可的专业知识的创新和生产。只有合理维护专业知识使用者的利益，才能充分调动他们创造专业知识的积极性，使社会发展有更多的专业知识和信息资源供人们共享。可见，信息内容共享资源和专利维权的核心理念是一致的，有一种相互促进、相互制约的关联。因此，参与信息内容共享资源主题活动的政府机构、信息内容组织和个人应当遵守专利权。即使是"公共利益"的公共图书馆也不能对专利权构成威胁，例如美国众议院的公共图书。博物馆的印刷品以销售量为限。尤其是我国加入 WTO 后，规定大家要遵守 WTO 的游戏规则，更要重视对专利权的保护。《涉贸知识产权协定》是专利权国际保护的最低水平线。《世界知识产权组织版权条约》和《世界知识产权组织邻接权条约》早已成为世界知识产权保护的参照坐标系。

专利保护的目的不是限制专业知识的正式应用，而是保护产权人的合法权益，鼓励和促进专业知识的自主创新。专利权的维系是一种私权，即专利权人的民事权利。在鼓励专业知识创新的社会发展的同时，也制约了专业知识有效性的公众传播和应用。另一方面，信息内容共享资源表现出较大的社会效益和经济效益。因此，专利权与信息内容共享资源关系的调整，本质上是专业知识的文化性与专业知识的特殊性、专业知识经营者的权利与公众的权利之间的平衡。

以往参考信息内容共享资源，两者的关系一般通过"公益标准"和"法律法规审批"来处理。服务商免费提供用户，应该期待产权年的用户可以免费提供应用。但是，由于信息内容共享资源范围的扩大以及社会发展对信息内容共享资源的要求不断提高，专利权与信息内容共享资源之间的纠纷也愈演愈烈。公益原则"和"法定许可"已不能解决根本问题。市场经济体制的加入为处理这种分歧提供了突破口。

专利权体现了信息资源的特殊性，具体表现为相同内容的信息资源只需要一个所有者使用或占有。此类信息资源主要是受专利法律法规、政策法规保护的商业秘密，如技术信息内容（包括有机化学秘密、生产工艺、技术诀窍、设计图纸等）和保密操作管理方法及相关本相关经营信息内容（包括管理计划、产供销对策、客户信息、第一手供应信息等）；及其专利权、商标、标志、著作权及相关权等。在加入市场经济的信息内容共享资源主题活动中，这种特定的信息资源可以在信息内容销售市场中以形式进行转换有偿服务，并规定共享资源信息资源的使用者应当向产权所有者支付费用。金钱获得独特信息资源的所有权，进而完成独特信息资源所有者与非专有信息资源所有者之间信息内容的共享。市场经济体制的引入，有利于平衡独特信息资源的持有者与共享资源的使用者之间的权益，扫清专利权对信息内容共享资源造成的障碍，促进信息内容的发展。全社会共享资源。

中国部分信息内容服务商，如清华同方、万方数据、重庆维普、中国数码、超星、秀才、方正正征等，根据商业服务方式，如整合、租赁或授权等方式，从出版公司和创作者处获取获得作品的电子设备发行权，开展海量信息资源的智能基础设施建设，同时从具有相同特征的资源中大规模生成大中型数据库查询，将它们以信息内容产品的形式发送给终端用户和传统数据服务机构（如公共图书馆等）。这种信息内容服务提供者基于付费服务的资源共享方式，平衡了信息资源所有者、信息内容客户和信息内容服务提供者自身的权利，使得大量的信息资源受到专利权的保护。可以以信息内容产品的形式在信息内容销售市场中获得随机的商品流通，资源被越来越多的数据客户共享。

四、市场机制的引入有利于扩大信息内容共享资源的范围

市场机制的引入，使信息内容销售市场更加活跃和完善，为信息内容共享主题活动的参与者带来了更广阔的体育服务平台，包括各类信息内容组织和信息内容客户以外的信息内容客户。信息内容销售市场为平衡专利维权和信息内容共享资源的权益提供了契机，使大量受专利权保护的信息资源进入实用化，进入信息内容销售市场，实现商品自由流通。同时，市场机制的引入，也为不同的信息内容拥有者提供了更多的信息内容数据库协同资源共享的机会。人人提供更准确的、系统的软件和全方位的政府部门信息资源。可见，市场经济体制的引入极大地丰富了共享资源信息内容产品的内容，进一步拓展了信息资源可共享资源的社会发展领域。

信息内容共享资源范围的扩大同时也涉及信息内容共享资源用户数量的扩大和地域范围的扩大。在以往的信息内容共享资源主题活动中，共创可以共享资源的约束方程避开了很多对信息内容共享资源有需求和购物水平的客户。例如，中国高等学校之间建立的资源共享模型"China Academic Library and System,CALIS"（中国学术图书馆与系统，CALIS）及其重点项目建设协同文献目录数据库查询（仅对其成员图书馆）付费服务给它推荐书目数据信息，对于非会员客户如出版商对推荐书目数据信息有相同要求，将不提供数据服务项目，这极大地限制了共享资源主题活动的范围。实现其共享资源信息资源的使用价值和价值最大化，在更大程度上是对共享资源和信息资源的巨大消耗。

市场机制的引入打破了这一门槛。在市场经济的影响下，共享资源、信息资源、商品和服务项目作为产品，在信息内容销售市场上获得自由的商品流通。对于不能免费获得的共享资源信息资源，根据信息内容销售市场，全社会对共享资源和信息资源的需求者可以通过花钱的方式获得所需的信息资源。信息内容销售市场为各种信息内容用户带来了获得所需共享资源信息内容产品的概率，保证了这些具有信息内容共享资源需求和购物水平的

数据客户不易不科学。排除了中国的市场准入壁垒，失去了共享资源和信息资源的机会。这将信息内容共享资源客户的数量和区域范围扩大到了一个比较大的水平。

按照市场经济体制平衡信息内容共享资源主题活动中多个参与者的权益，进一步扩大信息内容资源整合范围，是真正完成信息内容共享资源开发的基础。面向全社会，整合所有员工的信息内容资源。

五、共享资源主题活动中市场机制与政府部门宏观经济政策的平衡

根据前文对市场机制在市场经济体制中的作用和市场经济体制的局限性的分析可知，市场机制并没有得到它想要的结果。单纯地让市场机制自发产生效果，就会出现政府失灵，也就是市场经济。系统中的某些类型的障碍会导致资源分配或具有规模经济的消耗性应用程序出现错误。无论是从我国市场机制的资产阶级进步运动来看，还是从我国社会主义社会市场机制近年来的实际发展来看，一个健全的市场机会必须是市场经济体制和我国的市场经济体制。合理整合宏观经济政策。在强调社会效益和经济效益的信息内容共享资源主题活动中尤其如此。

信息内容共享资源主题活动中共享的信息资源非常庞大。部分信息资源基本为非营利性信息资源，如公共图书馆带来的基础数据服务内容、政府部门的公共信息资源等。这些。这部分信息资源的资源共享，应以我国宏观经济政策为主导，以市场机制为辅助，防止此类公益性信息资源被垄断、支配等不利信息内容资源传播和社会发展信息内容使用标准。提高安全风险的发生。对于涉及商业秘密等专利权维护的共享资源和信息资源，可以完全社会化，以市场机制为主导，以宏观经济政策为辅助。

第三节 政府信息资源市场化开发利用（美国模式与欧盟模式）

政府信息资源的市场化开发利用是实现政府信息资产使用价值、增加政府部门财政总收入、促进信息技术产业进步、促进就业的重要途径。正因如此，各国政府部门都在积极推进政府部门信息资源市场化综合利用的战略定位。2004年12月，中国政府部门还颁布了《关于加强信息资源开发利用工作的若干意见》，明确指出"规范政务公开，促进社会评价和资源综合利用，促进经济发展，允许生产政务公开资源的加工利用，鼓励社会力量开展综合利用增值。"这意味着我国政府信息资源市场化发展设计将在政府部门的具体指导下进入推进环节。《2006-2020年中国信息化发展战略》还重新强调了"正确引导和综合利用规范政务公开资源社会评价和综合利用"的精神，"提高信息资源综合利用水平"。是我国信息化发展的九大战略布局之一。可见，我国政府部门越来越重视信息资源的市场化

综合开发利用，如何结合中国国情探索积极、高效、符合国情的政务信息资源市场化开发已成为新形势下我国政务信息资源开发、设计和建设的战略任务。

在政府部门信息资源市场化开发设计之初，借鉴世界各国政府部门信息资源市场化开发设计的成功案例，具有重大的实用价值。英国方法和欧盟国家方法作为两种非常具有象征意义的发展方法，尤其值得大家关注。美国政府信息内容的商业价值和私有化早在1950年代就开始萌芽。经过60多年的发展，早已确立了适合美国文化和制度的以市场为导向的发展方式。80年代中后期，欧盟国家逐步推进政府信息资源商业化的开发和设计，形成了以政府机构为主的开发方式。

受经济结构和文化传统的影响，美国和欧盟国家政府部门信息资源的开发和设计在发展趋势的驱动力上表现出很大差异。

一、美国的销售市场推广方式

美国政府部门信息资源开发设计是一种非常典型的"销售市场推广方式"，根据信息内容市场需求的变化调整信息资源的提供。其销售市场的能源供需主要来自三个层面：（1）来自现实世界的"政府失灵"。政府部门的资源量和经济发展的精力有限，是不可能提供所有数据服务的。同时，政府部门提供个性化服务效率并不高。（2）来自盈利信息内容公司的"经济人"动机。经济人为公司获取经济利润的动机决定了它只能介入能够产生经济利益的政府部门数据服务行业。也就是说，只要某种政府部门信息资源提供的边际资本超过其边际资本，就会存在销售市场提供的动力；（3）来自客户对政府信息资源的过度需求。每个人对"有效"政府信息公开的独特要求，是相对于全社会发展对政府部门信息内容公开的主要要求。它们属于一种"超额要求"，不能以政府部门给出的方法为依据。为实现这一目标，为利用销售市场参与政府部门信息资源提供了基本事实。早在十九世纪五十年代，美国政府信息内容的商业价值和私有化就已经开始萌芽。1955年艾森豪威尔执政期间，美国政府宣布一项要求："如果某些商品或服务可以通过所有正常商业渠道从私营公司购买，联邦政府不得进行或不停从事此类有利可图的主题活动。"（4）1960年代，随着《信息自由法》的颁布实施，信息内容的自由化和私有化在美国联邦政府中实现了平行发展的趋势。应用方面，后一类政府信息为利益相关者的商业升值给出了标准；到了70年代和80年代，由于政府预算的减少，里根政府部门大力推动私有化进程，推动美国联邦政府。美国的大部分信息内容主题活动迁移到了利益相关者"；从1990年代开始，美国陆续颁布了《公共部门信息准则》（1990年）《A—130号通告》（1993年）和《文书削减法》（1995年）和《电子信息自由法》（1996年）等制度和法律法规逐步建立了更加细化的政府信息资源开发设计体系，进一步促进了政府信息资源的市场化信息综合利用。

二、政府机构推动的欧盟国家方式

欧盟国家政府部门信息资源的开发设计是一种非常典型的"政府驱动模式"。1980年代末和1990年代初，世界上大部分欧盟国家都受到政府部门预算赤字的工作压力的波及。

为了更好地获取多余的财力，他们向群众提供信息。在这种情况下，为了更好地缓解政府部门公共资源服务项目的财政工作压力，提高政府机构的收入，政府部门一方面要降低信息内容的生产和处置成本；另一方面，他们也逐渐开始明白本身拥有的信息内容所隐含的经济价值。正因如此，政府部门不仅通过业务外包、特许经营等市场运作方式来控制成本、提高工作效率，而且还通过政府信息市场化开发设计获得其他的财政预算收益。例如，在英国，按照财政部《其他政府机构或商业活动提供的互联网服务的信息内容供应商定价手册》和贸易和轻工业部《可贸易信息提案》，政府信息单位能够挖掘和维护拥有信息的经济利益。随后，英国政府将测绘局、气象局、水文局等一大批政府部门转变为半官方的政府部门贸易股票基金单位，收集、制造和加工单位。测绘局、气象局、水文局等众多政府部门。此类政府部门立足于进一步挖掘所持有的公共资源的本质经济价值，积极寻求与其他信息内容组织的社会发展合作，不断开放政府部门公共资源销售市场和公共资源高效运营。

分析表明，美国的做法与欧盟国家的做法存在一定的差异。我国政府部门信息资源的综合利用可以从中得到很多启示。

国方法和欧盟国家方法不仅在政府信息市场化的发展和设计过程中各有特点，而且在某些领域也具有相关性。差异如表 7-3-1 所示。

表 7-3-1 美国和欧盟模式的比较

		美国	欧盟
认识本质	开发主体	社会力量	政府部门、社会力量
	开发目标	满足特定用户多样性和个性化信息需求	满足特定用户多样和个性化 信息需求
	信息类别	地理、气象、环境、交通、法律、经济和商业信息	地理、气象、环境、交通、法律、经济和商业信息
发展动力		市场驱动	政府驱动
政策基础		《美国宪法第一修正案》、《版权法》、《信息自由法》、《文书削减法》	《公共部门信息再利用指令》
资金来源		税收	使用者收费
面对挑战		对个人隐私的侵犯、对国家安全的威胁	对个人隐私的侵犯、对国家安全的威胁

我国政府市场化信息资源综合利用尚处于起步阶段，是一项开创性工作。如何理解政务信息市场化开发对政务信息资源开发建设体系的影响，谁应该是推动政务信息化开发设计市场化的关键，相应的现行基本政策应该如何制定、应该由谁提供预算资产、如何加强挑战之路等都是必须尽快应对的问题。根据美国和欧盟国家的发展工作经验，我国政府信息资源市场化综合利用应采取以下对策：

（1）了解政府信息资源综合利用的性质，把设计政府信息资源市场化开发方案纳入政府部门信息资源开发设计基础设施管理系统的战略定位中。

（2）政府部门是我国政府部门信息资源综合利用的关键带头人。

（3）是研究制定现行基本政策，促进我国政府部门信息资源市场化综合利用，是当前的主要日常工作。

（4）我国政府信息资源市场化发展的设计应采取多种方式筹集资产。

（5）私人信息的盗窃侵占和国防安全的威胁是我国政府部门在信息资源综合市场化利用中面临的挑战。

第四节 中小企业善于利用信息化应对市场环境变化

随着经济形势的诸多变化和网络技术的开创性进步，中小企业对数字化管理提出了更严的规范。在这个阶段，信息化管理在行业中的应用早已扎根到大多数公司在品牌推广和销售、股权融资、成本控制和移犁升级等方面做出的决策中，各种整合企业内部资源的数字化智能管理系统早已改变，作为辅助企业管理的专用工具，企业技术创新已成为中小企业新的资金突破点。

当中小企业觉得自己的生意不好的时候，应该从各家企业的发展趋势和整体市场环境的角度来思考，寻找应急对策和未来的发展方向。

一、先把握好心态："先求生存，后求发展"

"先求生存，后求发展"是利用信息化开发市场的第一步。实践经验证明，企业技术创新应用领域的失败率极高，而失败原因往往是市场的原因。中小企业信息化管理的投资风险巨大，这也是由中小企业信息化内容的特点决定的，他的表现有，中小企业市场存在极大的不确定性，所以，在市场竞争中，要根据信息管理技术应用的特点把握市场需求的关键。在中小企业信息化管理行业，技术依赖程度高。谁在早期抢占市场，掌握了较大的数字资源市场份额，就有机会与市场上现有的资源接轨，从而产生实际的标准规范。这样，销售市场的领导者就可以根据销售市场锁定，掌握市场需求的主导地位。即使你不能产生客观的、事实的标准和规范，你也必须清楚地了解市场上的标准和规范，然后遵循这些标准和规范。否则，如果对标准规范的各个方面把握不好，公司开发的设备可能会被排除在现行标准规范之外，进而在商品销售市场之外发生矛盾，更谈不上公司的竞争优势。因此，所有企业都需要掌握信息化管理的标准和规范，并在规范的基础上，继续发展。

二、是做好充分准备：多渠道筹集资产

中小企业的发展趋势需要良好的资产自然环境。在行业竞争中，我们必须不断开发技术创新的产品，其科研、开发和设计成本占销售额的比重极高，但中小企业自身的财力相对有限，新技术的研发、设计和市场拓展存在诸多风险，公司本身无力承受，必须依赖公司财务资源的外部应用。我国中小企业金融市场的有效运行体现在：竞争激烈的金融机构运营体系，优秀的企业融资方式，相对发达的股票交易和销售市场，金融业股指期货销售市场，以及全球化较高的金融市场。

三、运营：利用信息化管理、营销推广供应链

对于中小企业来说，为了降低经营成本，通常需要申请相关的外部支持，同时还为中小企业开辟了信息化管理和销售市场。市场竞争促使了企业之间的市场竞争升级为争夺供应链然后管理市场，供应链管理的主要业务已成为企业最重要的生存方式之一。正因如此，利用数字化供应链以其合理降低成本、提升企业竞争优势等特点，成为众多企业实施的关键业务服务战略。中小型企业利用信息化管理从外界甄选最优秀的专业资源，进而实现控制成本、提高工作效率、充分发挥自身竞争优势、提高对外界环境的沟通能力的管理机制。

四、发展趋势：利用信息化管理进行转型发展

长期以来，不少中小企业实行了"粗放经营"的监管理念。他们只需要获取订单信息，很少考虑公司发展的其他方面。例如：在环保、节能、原材料的应用上不量入为出；对市场需求没有深入分析；尽可能降低人力资本；不愿投入使用过于昂贵的技术和机械设备；没有时间考虑专业的信息管理方法。因此，中小企业盈利水平很低，市场准入制度门槛低，市场竞争激烈程度大大加强，被迫降低产品价格以求生存。无原则的降价只会让盈利区域变小，增加生存难度。

为应对严峻的市场环境，中小企业转型发展是企业在绝境中求生存的有效途径。一方面，中小企业按照强本节用的方式控制成本；另一方面，加大自主创新力度，开发和提高产品技术含量，提高产品附加值。信息管理在控制成本、简化工作流程、促进营销和改进服务项目、提高经济效益等方面具有不可估量的发展潜力。因此，以信息化管理为基础，寻找新的销售市场，应用新技术、新产品，开拓新的销售市场，积极推动企业转型发展，是中小企业的最佳选择。积极开展信息化管理，难免会遇到各种困难，而且很有可能需要舍弃现阶段的一些销售市场和一部分个人利益。但从长远来看，这或许也是中小企业超越困境、走向美好未来的唯一发展方向。

第八章 互联网公开信息搜集方法研究与实现

互联网信息资源（networked information resource）：又称虚拟资源（virtual resource）、联机资源（online resource），通常指的是以数字化形式记录的，以多媒体形式表达的，存储在网络计算机磁介质、光介质以及各类通讯介质上并能在计算机网络上交流和利用的所有信息资源的总和。

互联网是一种基于 TCP/IP 协议连接不同国家和组织的数千个计算机网络的通信网络。它整合了各种形态的电子信息，网络上海量的信息源是传统传播媒体无法企及的。由于政府、机构、公司和个人都可以在互联网上发布信息，它已经成为一个包罗万象的信息来源。预计到 2025 年，全球每天将创建 463EB 的数据，这些资源的数量和增长率是任何其他环境中的信息源都无法比拟的。随着计算机技术的发展和互联网的普及，网络数据变得越来越重要。在公共信息采集领域，互联网已成为公共信息采集的新主体。但是，由于互联网数据和应用程序的隐私性，传统的收集公共信息的方法不能直接应用于这个新对象，它们是在数据挖掘的基础上发展起来的。Web 挖掘是解决这一矛盾的一种途径。

互联网消除了时间和空间的限制，打破了地域和国界的限制，深刻影响和改变了人们学习、生活和工作的方式。随着计算机技术、通信技术和媒体技术的快速发展和高度融合，互联网中的信息量日益增加，呈现出快速增长的趋势。美国高级海军情报分析师埃利斯.扎卡利斯表明，95% 的情报来自公开信息，4% 来自半公开信息，只有 1% 或更少来自机密信息。在当前的互联网时代，世界各国将不再能够轻易地将其金融、政治和外交立场置于暗箱中，许多必须通过保密方式获得的信息现在已显形的方式在互联网某个公开平台的角落中。如何准确有效地从庞大的信息网络中获取大量隐藏的、有价值的信息，成为当今亟待解决的问题。

第一节 互联网公共信息资源的类型及特点

一、互联网信息的类型

互联网信息按照不同的划分标准，可以有不同的类型，比较常见的划分标准有信息资源的表现形式，信息资源利用，信息资源检索方式，信息存储方式、信息资源内容信息资源交流方式等。

从信息资源的表现形式角度分，公共信息源可分为网络报刊，电子书籍，电子地图，视听资料等。

（1）网络报刊。电子技术的发展给全球通讯带来革新的同时，对传统媒介也是一个重大挑战。大众传媒面对网络的压力，并不是消极的规避和否认，而是积极地引进新技术，在保持传统媒体庞大受众的基础上，适时推出网络报纸、电子报刊、网络电视等新生代"媒体"，吸引更多的受众。其中，网络报纸的发展很值得传统报业集团的关注。

（2）电子书籍。电子书籍即e-book,这是一种利用互联网技术创造的全新网络出版方式，它将传统的书籍出版发行方式在计算机中实现，区别于传统的纸制媒介的出版物。将书的内容制作成电子版后，以传统纸制书籍1/3至1/2的价格在网上出售。购买者用信用卡或电子货币付款后，即可下载使用专用浏览器在计算机上离线阅读。电子图书不同于网上的免费线上阅读，它是与纸制版同步推出的最新书籍，所以阅读它要支付一定的费用；与光盘图书不同，e-book是基于因特网购买。

（3）电子地图。电子地图是地图制作和应用的一个系统，是由电子计算机控制所生成的地图，是基于数字制图技术的屏幕地图，是可视化的实地图。"在计算机屏幕上可视化"是电子地图的根本特征。

（4）视听资料。又称"音像资料"，是指借助电磁、光电、电子计算机设备等技术手段所记载和再现的声音、图像、数据等信息资料。中国民事诉讼法、行政诉讼法将视听资料定为诉讼证据的一种独立形式。在刑事诉讼实践中，特别是在刑事侦查中运用也十分广泛。可分为录音、录像、电脑数据以及红外线、中子束、激光等测验仪器提供的资料。使用时必须审查信息存贮、输出、转换等环节是否存在误差，资料内容有无人为篡改等情况。

视听资料一般可分为视觉资料、听觉资料、声像资料三种类型。

从信息资源利用性质角度分，可以划分为开放式信息、注册式信息、交流式信息。

开放式信息是种类繁多的科技、商业、生活等信息，允许用户通过公用共享软件，查询相当的事实和数据信息。

注册式信息是指获取信息事先要在主办方开通帐号，如各类收费信息服务系统，各种平台用户信息等。

交流式信息是指允许用户在网上参与各种主题讨论从而获得有关主题的最新信息的电子论坛，例如虎扑论坛、天涯论坛等大型交流平台。

从信息资源检索角度分，可以分为网上图书信息，网上电子期刊信息，网上专利信息，网上数据库信息，网上其他科技信息等。网上图书信息，是指 Internet 上提供的图书信息，主要包括书目信息和电子图书。这些信息我们可从以下几个方面来获取：

（1）出版商提供的书目信息。国内外许多出版社都有自己的网站，通过 Internet 发布其出版物的目录、最新图书内容简介、价格等信息。

（2）图书馆、文献情报中心提供的联机图书馆馆藏目录。目前全球至少有 15000 个大型图书馆的联机目录 24 小时对外开放，通过 OPAC（Online Public Access Catalogue System，公共联机书目查询系统）我们可以查询到大量的书目信息，确定某本书是否在馆，能否通过馆际互借加以利用等，有些联机目录不但提供书目及摘要，还提供其它的信息资源。

（3）数字图书馆提供的电子图书。数字图书馆是数字化生存时代的重要文化基础设施。利用这些图书馆，记载人类文明成果的图书资料就会方便地进入人们的生活。

网上电子期刊也是非常重要的网络信息资源。网上电子期刊时效性强、内容丰富、检索途径多样，已成为利用率非常高的网络信息源，并且很多都是免费的电子期刊，利用率非常的高。网上电子期刊包括与印刷版同时发行和仅在网上发行的两种，其主要来源渠道有：

（1）出版商和文摘索引服务商提供的期刊检索服务。目前，国际上大多数主要的期刊出版都建立了全文数字化期刊数据库。并通过 Internet 提供其服务。

（2）网络数据库信息服务商提供的服务。存储在网络服务器上的网络数据库品种多、质量高、大多由信息服务商或大型图书馆机构创建维护。

（3）文献情报部门或学术性机构提供的服务。文献情报部门或学术性机构通过自己的网站提供期刊或其它类型文献的网上检索服务，用户在有的网站检索二次文献信息的同时，还可以订购原始文献，原文可通过 E-mail、传真、浏览、下载和联机打印等方式获取。

（4）网络版期刊提供的服务。目前，许多期刊正在网上建立自已的网站，便于读者上网检索或提供免费的电子邮件现刊目录服务。

专利信息是指以专利文献作为主要内容或以专利文献为依据，经分解、加工、标引、统计、分析、整合和转化等信息化手段处理，并通过各种信息化方式传播而形成的与专利有关的各种信息的总称。网上专利信息资源可从以下几个方面来获取：

（1）利用专利管理机构网站提供的信息。专利管理机构网站主要是指各国（地区）或地方专利局的主页或者由它们及其下属机构开发的网站。这类网站提供的专利信息全面、权威、新颖。例如美国、加拿大、日本以及欧洲的很多国家的专利数据库在 INTERNET 上均可得到免费使用。

（2）利用联机检索系统中的专利数据库。一些知名的联机检索系统中都包含与专利有关的数据库。如 Dialog 系统（http://www.dialogweb.com）、STN（www.cas.org/）系统等。

（3）利用数据库出版机构提供的信息。欧美有很多数据库出版机构，有偿为社会提供专利信息，像英国的 Derwent 公司、IEE 公司（INSPEC）等。

网上数据库信息是最有价值的信息资源之一，一般以商业性数据库或政务数据库的形式出现，需要通过购买或用户授权才能使用。网上数据库有全文型、文摘型、题录型、事实和数值型、多媒体型等。Internet 上也有大量、有价值的免费数据库，只要我们要善于发现、搜集，往往会得到意外的惊喜。

网上其它科技信息。Internet 上除了网上图书信息、电子期刊、专利信息、数据库信息外，还有大量的会议信息、科技政策法规、学位论文、技术标准、产品样本目录、科技报告、统计数据、科技新闻、组织机构、电子论坛、通讯讨论组和数据库等，这些资源的实用性也很强。

从信息存取方式角度分，可以分为邮件型，电话型，揭示板型，广播型，图书馆型，书目型等。邮件型是信息存取方式电子邮件和电子邮件群体服务；电话型是提供即时信息传播；揭示板型包括网络新闻、匿名 FTP 等；广播型是向特定信息利用这即时提供信息；图书馆型 主要是存储在互联网上的各种电子图书；书目型是用于检索网联络信息资源的各类检索工具。

从信息资源内容角度分，可以分为商务信息，政府信息，新闻报道，科技信息，国际组织信息，教育信息，娱乐和休闲信息等。

从信息资源交流方式分，可以分为非正式出版信息，半正式出版信息，正式出版信息等。非正式出版信息包括电子邮件、电子会议、电子公告栏等；半正式出版信息又称"灰色"信息，是指受到一定产权保护但没有正式出版信息系统的信息，如各学术团体、机构、企业等单位宣传自己或产品的信息；正式出版信息是指受到一定产权保护、信息质量可靠、利用率高的信息，如各种网络数据库、电子杂志、电子图书等。

二、互联网公开信息的特点

在网络环境下，信息资源以数字形式记录、分布和存储在网络中的特定节点上，并可以随时通过综合互联网传输到任何网络站。作为一种数字资源，网络信息资源与其他环境中的信息资源相比，具有以下特点：

1. 信息数量庞大、增长迅速、来源广泛

互联网（Internet）是一个基于 TCP/IP 协议的通信网络，连接世界各地不同国家和组织的数千个计算机网络，它集成了各种信息源，其海量的信息源是传统数据存储和运营商无法企及的。现在是一个信息化高度发达的时代，政府、机构、公司和个人都可以在法律允许的框架内在互联网上发布信息，互联网已经成为一个整体的信息来源。目前，互联网上有数以百万计的数据库，数据存储量大到难以计算。同时，由于在互联网上复制和传输信息很容易，这些资源在数量和增长率方面是任何其他环境中的信息源都无法比拟的。

2．内容丰富、覆盖面广、手段不断创新

网络信息资源几乎覆盖到生产生活中各个角落、内容丰富，涵盖不同学科、领域、地域和地域，以文字、图形、图形、图像、声音、视频等不同的表现形式。语言信息资源涵盖政治、经济、军事、文化和社会生活的方方面面。人们在生产、生活、休闲和其他社会实践活动中创造的各种信息资源，原则上都可以进行电子化处理并放到互联网上。

3．传播速度快速及时

信息价值的体现受时效性的影响很大，即用户在需要信息时能得到及时的响应，而传统的信息环境很难提供这种保证。互联网为高速信息资源的传输提供了全球通道，解决了信息传输延迟带来的信息延迟问题，使信息资源能够更快地分配到各个应用领域，从而实现信息价值。

4．变化频繁，动态性高，更新速度快

网络信息资源不仅增长迅速，而且变化频繁。信息时间、新闻、广告、网络服务等因素总是受其页面内容不断更新和地址、链接信息、访问日志等不断动态变化的影响。网络信息是动态的，任何网络信息源都可以在短时间内产生、更新、替换或消失，这使得互联网上的信息资源变化迅速。

5．质量参差不齐，有序与无序并存

由于互联网是一个开放的网络，网络用户有很大的存储和传播信息的自由权利。这势必会导致大量冗余、劣质甚至虚假信息在网络上传播和迅速膨胀。结果，有价值的信息和无价值的信息混杂在一起，组织严密的高质量信息和未经过滤处理的低质量信息混杂在一起，导致网络信息源质量参差不齐。给通过互联网用户选择有用的信息带来了很多不便。此外，由于互联网上没有统一的信息控制，信息质量参差不齐。从宏观上看，互联网上的信息是杂乱无章、零散无序的；但是从一个特定的部分，比如一个特定的站点或页面，一个数据库，里面的信息是受控的、有组织的、相对集中、相对统一的，使得网络信息资源有秩序、有秩序地共存。

6．信息共享度、参与度高，更容易获得

信息的高度共享是超越物质资源和能源资源的重要特征，同时也使网络信息能够在更高层次上实现高效配置。由于信息数据结构和存储形式的开放性、多样性和标准化，网络环境中的时间和空间得到了最大程度的扩展和扩展，用户无需排队就可以共享同一信息源。共享的网络信息资源，极大地缓解了资源配置中资源分配不均和利用程度不高的矛盾，使有限的信息资源最大限度地流向网络用户。

7．信息使用成本低，效率高

在互联网上，大部分信息资源可以免费使用，用户只需支付必要的网络费用即可。当然，也有一些高质量或者比较稀缺的信息资源，需要付费才能使用。在这些资源中，网络信息仍有很大的价格优势。与其他信息资源相比，考虑到人力消耗和时间成本，在满足用户同样的信息需求的前提下，网络信息资源虽然需要一定的成本，但相对比较便宜。廉价的网

络信息资源有效地激发了用户对信息的需求，也从信息需求的角度促进了网络信息资源的高效合理配置。

第二节　互联网信息资源的发展趋势

互联网是二十世纪出现的、一项改变世界的重大科技发明，也是先进生产力的重要标志。互联网的出现和发展引发了前所未有的信息革命和产业革命，互联网经济已经成为世界经济发展的重要引擎，互联网技术的不断进步，已经成为社会运行的重要基础设施和国际合作与竞争的重要保障，深刻影响着世界各个领域的发展。

一、互联网技术的发展趋势

互联网发展趋势在向着高速、移动端、智能化、去中心化等方向发展。

互联网通信手段不断丰富，速度不断提高。在多媒体通信技术、移动通信技术、卫星通信技术等方面不断完善，网络传输速度从 2G 到现在的 5G，量级成几何增长，以前需要传输几个小时甚至几天的数据，在现在可能只需几分钟甚至几秒。

传统的互联网主要是在 PC 端，但是随着智能手机的出现和不断发展，互联网正在向移动端转移，目前移动端的用户已经超过了传统的 PC 端用户。据国内三大运营商数据来看，中国的手机用户数已超过 10 亿，绝大多数的移动用户每个月都会从手机终端访问网页。因此，移动互联网已经成为很多网络用户访问信息的一个重要方式。21 世纪，互联网成为了人们生活中不可或缺的一部分，嵌入了生活的方方面面，影视、饮食、旅游等等，互联网访问由最初的庞大的电子计算机，到现在的超笔记本，又到手机移动设备，越来越方便，功能和应用程序也越来越多，并且越来越好用，移动互联网的优势主要是体现在方便性，而且可以无时无刻都保持在网上，这是传统 PC 所不具备的。举个例子，针对实时在线性，可以提供不少根据地理位置的服务，比如你现在在某个地方，你可以通过手机非常方便地查找附近的小吃店、饮品店、宾馆等服务。

进入二十一世纪，电子商务网站和社区交友网站蓬勃发展起来，并且逐步与原有的门户网站、博客网站、休闲娱乐网站整合起来，形成了 SNS 概念，即社交网络服务。随着 SNS 概念的广泛传播和 SNS 业务备受网民青睐，中国各大互联网公司纷纷开始向 SNS 转型，目前比较成功的像微博、抖音、快手、小红书等。

二、区块链技术在互联网信息中的应用

目前，互联网中的区块链技术，再一次引发了互联网的一场革命。随着物联网的出现，各个领域商业模式都在不断创新。区块链技术绝对是目前最火的技术。从概念的起源来看，

区块链最初出现是作为比特币的底层技术，通过产生一串使用密码学方法相关联产生的数据块，每一个数据块中包含了一次比特币网络交易的信息，用于验证其信息的有效性和生成下一个区块。从发展进程来看，区块链已逐步发展成为未来价值互联网的底层技术，对于构建基于"互联网＋"和物联网的去中心化的价值新体系，重构商业生态圈将发挥重要作用。

区块链（Blockchain）是一个没有中央控制点的分布式对等网络，通过使用分布式集体运作的方法，实现一套不可篡改的、可追溯、可信任的数据库技术方案，其典型特点为分布式去中心化存储、信息高度透明、不可篡改与信用共享等。它具有以下特点：

1. 分布式去中心化存储

区块链通过利用计算机程序，分布式记录全网所有交易信息，最终汇聚形成"公开大账本"。这意味着，每个区块链网络中的节点，均可获得记账的权利；同时，在任何区块链网络上的节点，都可以观察到整个总账。

2. 信息高度透明、不可篡改

区块链数据由每个节点共同维护，每个参与维护节点都能复制获得一份完整数据库的拷贝；同时，实现基础信息可追溯与不可删改。其协议与运作机制的关键在于标记"时间戳"，全部节点每十分钟一起记账、确认信息，形成记录全网十分钟所有正确、无重复信息的账本数据库"Block"，即为一个"区块"。

3. 有效实现信用共享

区块链从理念与技术上，第一次能够在技术层面建立去中心化的信任机制。在现实世界中的价值传递，往往需要基于一种信任机制来确权和记账，依赖于某个中心化的机构。例如，银行、证券交易所等，这种记账模式通常成本较高；相比之下，区块链能够实现低成本的点对点价值传递，本质就是降低建立信任的成本。

区块链在金融、物联网领域的典型应用。区块链自身的典型特点决定了其在金融与产业领域有着巨大的应用潜力，并且正逐步付诸实践。

以供应链金融领域为例，由于不同的环节中涉及供应链上下游的企业、金融机构、仓储物流、保险等多方参与主体，目前有价值的信息散落分布在各个环节，任何一方都无法构建全链条的风控体系。因此，当流转到各个环节时，各方均需要对信息做大量重复式审核。

利用区块链构建供应链金融平台，则可以实现全链条的信息贯通与可追溯。在凭证方面，可以基于区块链输出统一通用的凭证，可以是现有纸质的仓单、票据、应收帐款的数字化，也可以是直接的电子合同。

例如，一家中小企业拿着应收账款合同去银行申请贷款，银行不必像以前通过人工实地调研或者电话访谈去企业了解真实的贸易、信用等情况，从而消耗物力与时间成本并最终转嫁至贷款利率上；未来，企业在最初应收账款生成阶段即可通过私钥联合签名录入至区块链中，后续环节无需重复验证。

随着时间的积累，整个链条中的凭证和合同执行、交易、质押等过程记录逐步变成有价值的征信源数据。由于区块链里所有数据的录入都是各参与方共同确认和维护的，这种类型的分布式记账，参与记账的人越多，信用就越可靠，而基于此构建征信模型，被接受和使用的范围也将大幅扩大。

另一个区块链得到广泛应用的领域是其与物联网的深度结合。在未来物相联时代，物与物之间的交易元素将产生显著变化。一方面，每一台设备都是交易主体和决策主体，区块链能够为物联网中智能设备之间建立起点对点直接沟通的桥梁；另一方面，未来交易的内容将是设备以及数据等资产的使用权和收益权，其载体更主要将是各种生产生活过程中产生的海量数据。此外，交易频率也将产生巨大变化，在未来物联网时代，设备与设备之间一天之内发生的交易可能是几十万次。

三、区块链在能源互联网领域的前景

尽管当前区块链在能源领域应用仍面临着技术、法律与商业模式等方面的挑战，但迎着风口，区块链在能源互联网领域具有广阔前景，并将引领"互联网+"的发展趋势与潮流。区块链在今后的互联网信息中将发挥以下作用：

1. 奠定未来能源数字化管控的坚实基础

"互联网+智慧能源"需要推进能源网络与物联网之间信息设施的连接与深度融合，进一步实现高效集成与智能化调控，而这一切均离不开对能源系统运行状态的数字化感知与管控。

区块链能够真正实现对能源的数字化精准管理，并确保数据的不可篡改。以电力为例，一方面，未来能够针对每度电的来源建立数字映射关系，从源头生产、接入、运输到终端使用，实现追溯、精确管理和结算；另一方面，实现电力数据信息的智能采集、自动传输、分布存储、高效处理和安全共享，确保数据的真实可靠、不可篡改。

2. 构建智能交互、可信任的生态系统

构建能源互联网的开放共享体系，智能交互、彼此互信是前提。通过区块链则能够实现低成本的点对点价值传递，降低多方主体彼此建立信任的成本。从未来发展来看，"区块链"可能是未来建立信用的主要方式，利用大数据实现分布式记账，参与的主体越多，信用则越可靠，从而最终构建基于信任的能源互联网生态系统。

例如，基于区块链构建涵盖设备供应商、中间服务商、专业运维服务商、金融机构等主体灵活自主参与的资产设备运维生态系统。在整个系统中，设备供应商可同时发挥中间服务商的作用，提供类似滴滴打车的服务功能，一方面对接采购业主，一方面对接专业运维服务商。通过建立智慧云，实时监测自身提供的专业设备，通过状态评估、智能诊断进行预警，业主在"互联网+"平台上　　搜索合适的服务提供商，平台进行实时报价匹配，为业主提供服务。此外，区块链对于从局部区域着手，推动能源网络分层分区互联和能源资源的全局管理，支持终端用户实现基于互联网平台的平等参与和能量共享也将发挥显著作用。

3."区块链＋物联网"强强联手，实现在能源领域的深度应用

从源头着眼，在数据信息接入方面，基于物联网技术实现智能设备信息互联互通与接入；在数据信息采集方面，推进信息系统与物理系统的高效集成，实现设备状态、外部环境实时感知与在线监测；在数据信息处理与应用方面，则通过区块链技术，实现智能化的决策调控与自主交易。

4.推进能源互联网与金融领域的有机融合

区块链在金融领域应用的天然属性，将有力推进能源互联网与金融领域的深度融合。未来能源区块链的发展需要把金融、能源技术、信息技术有机融合起来。

以分布式光伏电站领域为例，当前投资人的困扰在于如何保障电站的质量、保持稳定的收入，如何降低维护成本，提升项目融资性等。此外，没有电站质量的保证，光伏系统的发电量和长期现金流都无法保证，市场上就没有长期持有者敢于接手电站运营；没有光伏电站的保险体系，投资机构会觉得项目风险不明确且缺少分担而放弃投资，从而制约了行业的发展。

面对上述利益相关方众多、行业参与主体之间缺乏互信的局面，利用区块链技术，则可以基于分布式记账实现彼此互信，利益相关方点对点直接沟通、需求波动自动响应，以及实现电站收益证券化等。

第三节 互联网收集公共信息源的方法

一、收集信息犹如战前的准备工作

信息资源网络规划是战略部署，调查、研发和资源运营是战术战役和作战。它是一个密切相关的工作链，围绕信息源的收集而发展，其目的是更快、更有效、更经济地收集信息息和材料。如今，互联网提供了一个新的信息收集平台，它利用互联网来收集信息。目前的方法有：

1.追踪新闻网站

新闻网站是指以发布新闻信息为主要内容的网站。这些网站的新闻信息内容丰富，形式多样，更新及时。而来自他们的消息往往包含大量具有重大价值的证据。它们是收集互联网信息资料的重要来源和渠道。例如央广网由中央广播电视总台主办，是中央重点新闻网站，以独家、快速原创报道闻名，以音频收听为特色，将打造为新闻门户，成为优势突出、特色鲜明的多媒体集群网站。

2.关注社交平台

随着互联网和网络相关技术的飞速发展，微博、抖音、超话和B站（bilibili）等一系

列新型网络平台层出不穷。这些媒体平台方便个人在网上发布信息互联网。2020 年末，B 站的用户增长也踏上了一个新起点。第四季度，B 站月活用户同比增长 55%，达 2.02 亿；其中移动端月活用户同比增长 61%，达 1.87 亿。与此同时，日活用户达 5400 万，实现了 42% 的同比增长。2021 年 4 月 16 日，据彭博报道，字节跳动目标今年广告销售增长 42%，达到 2600 亿元；抖音今年日活跃用户数量目标达到 6.8 亿。借助互联网的力量，成千上万的互联网人讨论在线活动，或将他们的知识和想法发布到网上与他人分享等。这些人的言行被收集在互联网上的庞大资源库中，这些信息的提供者往往是某些事件的亲身经历或某些领域的参与者，甚至是实施者，他们提供的信息具有很高的可信度．

3．互联网数字图书馆资源的使用

随着现代信息技术的深入发展和应用、信息载体数字化、信息传播网络化，传统图书馆向数字化、网络化发展。数字图书馆提供的信息来源非常丰富，种类也多种多样。这也为在互联网上收集信息材料提供了更多便利。

4．相关专业机构网站分析

世界上的专业研究机构、许多政府机构和一些私人组织都会在互联网上拥有自己的商业网站。正是通过这些网站，我们可以收集到大量的政治、军事、经济和技术信息、社会形势等方面的动态信息。

例如：中山大学粤港澳发展研究院（以下简称研究院）是首批国家高端智库试点单位。研究院成立于 2015 年，在教育部人文社会科学重点研究基地中山大学港澳珠江三角洲研究中心、港澳与内地合作发展协同创新中心等基础之上，整合了校内经济学、政治学、法学、社会学、公共管理、新闻传播等优势学科研究力量，是港澳治理与粤港澳合作发展领域的专业化高端智库。

上述利用互联网收集公共信息资源的工作多为人工收集。由于互联网上的信息非常分散，分布在不同的点上，人工收集的方法效率很低，并且可能存在不同程度的遗漏和不准确。

二、 网络爬虫获取互联网数据

互联网时代，数据对任何行业都具有非常重要的意义。数据分析是很多重要决策或者研究的前提条件。做数据分析前，能够找到合适的数据源是一件非常重要的事情，获取数据的方式有很多种，其中互联网大数据的获取是一项非常重要的数据获取途径。下面介绍一下常用的互联网数据获取方式。

网络数据采集是指通过网络爬虫或网站公开 API 等方式从网站上获取数据信息。该方法可以将非结构化数据从网页中抽取出来，将其存储为统一的本地数据文件，并以结构化的方式存储。它支持图片、音频、视频等文件或附件的采集，附件与正文可以自动关联。

网络爬虫，又称为网页蜘蛛，网络机器人，是一种按照一定的规则，自动地抓取万维网信息的程序或者脚本。网络爬虫大致有 4 种类型的结构：通用网络爬虫、聚焦网络爬虫、增量式网络爬虫、深层网络爬虫。网络爬虫的基本策略是：深度优先遍历策略，宽度优先遍历策略，反向链接数策略，Partial PageRank 策略，OPIC 策略策略，大站优先策略。

1. 通用网络爬虫

就是使用广度优先算法或者深度优先算法，从一个或多个初始网页的 URL 开始，获取初始网页的 URL、抓取网页的同时，从当前网页提取相关的 URL 放入队列中，直到满足程序的停止条件。

广度优先搜索策略是指在抓取过程中，在完成当前层次的搜索后，才进行下一层次的搜索。该算法的设计和实现相对简单。在目前为覆盖尽可能多的网页，一般使用广度优先搜索方法。也有很多研究将广度优先搜索策略应用于聚焦爬虫中。其基本思想是认为与初始 URL 在一定链接距离内的网页具有主题相关性的概率很大。另外一种方法是将广度优先搜索与网页过滤技术结合使用，先用广度优先策略抓取网页，再将其中无关的网页过滤掉。这些方法的缺点在于，随着抓取网页的增多，大量的无关网页将被下载并过滤，算法的效率将变低。

深度优先搜索属于图算法，利用深度优先搜索算法可以产生目标图的相应拓扑排序表，利用拓扑排序表可以方便的解决很多相关的图论问题，如最大路径问题等。是对每一个可能的分支路径深入到不能再深入为止，而且每个节点只能访问一次。

2. 聚焦网络爬虫

是在受控制的爬行范围内，根据一定的网页分析算法过滤与主题无关的链接，保留有用的链接放到待抓取的队列中，通过一定的搜索策略从队列中选择下一步要抓取的 URL，重复以上步骤，直到满足程序的停止条件。聚焦网络爬虫和通用网络爬虫相比，增加了链接评价模块以及内容评价模块。聚焦爬虫爬行策略实现的关键是评价页面内容和链接的重要性，不同的方法计算出的重要性不同，由此导致链接的访问顺序也不同。

3. 增量式网络爬虫

是指对已下载网页采取增量式更新和只爬行新产生的或者已经发生变化网页的爬虫，它能够在一定程度上保证所爬行的页面是尽可能新的页面。和周期性爬行和刷新页面的网络爬虫相比，增量式爬虫只会在需要的时候爬行新产生或发生更新的页面，并不重新下载没有发生变化的页面，可有效减少数据下载量，及时更新已爬行的网页，减小时间和空间上的耗费，但是增加了爬行算法的复杂度和实现难度。

增量式爬虫有两个目标：保持本地页面集中存储的页面为最新页面和提高本地页面集中页面的质量。 为实现第一个目标，增量式爬虫需要通过重新访问网页来更新本地页面集中页面内容，常用的方法有：（1）统一更新法：爬虫以相同的频率访问所有网页，不考虑网页的改变频率；（2）个体更新法：爬虫根据个体网页的改变频率来重新访问各页面；（3）基于分类的更新法：爬虫根据网页改变频率将其分为更新较快网页子集和更新较慢网页子集两类，然后以不同的频率访问这两类网页。

为实现第二个目标，增量式爬虫需要对网页的重要性排序，常用的策略有：广度优先策略、PageRank 优先策略等。IBM 开发的 WebFountain 是一个功能强大的增量式网络爬虫，它采用一个优化模型控制爬行过程，并没有对页面变化过程做任何统计假设，而是采用一种自适应的方法根据先前爬行周期里爬行结果和网页实际变化速度对页面更新频率进行调整。北京大学的天网增量爬行系统旨在爬行国内 Web，将网页分为变化网页和新网页两类，分别采用不同爬行策略。为缓解对大量网页变化历史维护导致的性能瓶颈，它根据网页变化时间局部性规律，在短时期内直接爬行多次变化的网页，为尽快获取新网页，它利用索引型网页跟踪新出现网页。

4. 深层网络爬虫

Web 页面按存在方式可以分为表层网页（Surface Web）和深层网页。表层网页是指传统搜索引擎可以索引的页面，以超链接可以到达的静态网页为主构成的 Web 页面。深层网页是那些大部分内容不能通过静态链接获取的、隐藏在搜索表单后的，只有用户提交一些关键词才能获得的 Web 页面。

深层网络爬虫体系结构包含六个基本功能模块（爬行控制器、解析器、表单分析器、表单处理器、响应分析器、LVS 控制器）和两个爬虫内部数据结构（URL 列表、LVS 表）。其中 LVS（Label Value Set）表示标签/数值集合，用来表示填充表单的数据源。

在互联网中，网页之间的链接关系是无规律的，它们的关系非常复杂。如果一个爬虫从一个起点开始爬行，那么它将会遇到无数的分支，由此生成无数条的爬行路径，如果任期爬行，就有可能永远也爬不到头，因此要对它加以控制，制定其爬行的规则。世界上没有一种爬虫能够抓取到互联网所有的网页，所以就要在提高其爬行速度的同时，也要提高其爬行网页的质量。

网络爬虫在搜索引擎中占有重要位置，对搜索引擎的查全、查准都有影响，决定了搜索引擎数据容量的大小，而且网络爬虫的好坏之间影响搜索引擎结果页中的死链接的个数。搜索引擎爬虫有深度优先策略和广度优先策略，另外，识别垃圾网页，避免抓取重复网页，也是高性能爬虫的设计目标。

爬虫的作用是为了搜索引擎抓取大量的数据，抓取的对象是整个互联网上的网页。爬虫程序不可能抓取所有的网页，因为在抓取的同时，Web 的规模也在增大，所以一个好的爬虫程序一般能够在短时间内抓取更多的网页。一般爬虫程序的起点都选择在一个大型综合型的网站，这样的网站已经涵盖了大部分高质量的站点，爬虫程序就沿着这些链接爬行。在爬行过程中，最重要的就是判断一个网页是否已经被爬行过。

在爬虫开始的时候，需要给爬虫输送一个 URL 列表，这个列表中的 URL 地址便是爬虫的起始位置，爬虫从这些 URL 出发，开始了爬行，一直不断地发现新的 URL，然后再根据策略爬行这些新发现的 URL，如此永远反复下去。一般的爬虫都自己建立 DNS 缓冲，建立 DNS 缓冲的目的是加快 URL 解析成 IP 地址的速度。

如果不会写网络爬虫程序也没关系，目前，网络上有许多数据爬取工具，可以根据不同的需求进行数据爬取。

在具体应用中，网络爬虫的主体爬取方案，主要有两种类型：一是 分层爬取，二是 URL 匹配正则分类爬取。

分层爬取方案。网站的用途是给人去浏览查看，如果遍历一个网站的操作模式，就会发现网站是具有层级结构的。以某招聘网站为例，你想要查看该网站上的招聘信息，一种方式是通过搜索关键字去找到指定页面，另外一种是通过网站上的分类去查看指定的页面。第一种方式我们并不清楚所有的关键字的类型，无法完成全量的爬取，对于爬虫来说是不可取的。想要获取尽量全面的网站数据，不是一件容易的事情，大多数网站往往对数据的分页是有限制的，例如：查某招聘网站，你通过文员分类进入，发现只有70页的数据，然后又通过互联网的分类进入，同样也只有70页的数据。你可以尝试进入文员分类的子分类，你会发现多个子分类的页面之和远远大于父节点分类的页数。那我们该如何获取尽量全面的网站数据呢？可以将爬取行为分为4层，第一层：城市页层，先获取每个城市的URL地址；第二层：分类页层，进入大分类页面后判断该大分类是否达到极限分页，如果达到则需要进一步往下分类，如果没有达到极限分页，则保留每一个分页的URL，以此类推，获取所有的分页，该层也是其中最复杂的一层；第三层：分页层，该层的逻辑就是获取所有详情页URL；第四层：数据页层，解析页面获取需要的数据即可；每一层都是可以作为一套解析模板来开发，爬取完一层后，再开始下一层级的爬取工作，后期也方便维护。

URL匹配方案。从我们进入目标网站开始，每个网页中都拥有下一步的目标网页的URL地址，如果我们需要获取数据，简单来说只需要将该网站上所有的URL遍历一遍即可。在实际操作过程中，网页与网页之间，是存在互相引用的，如果不停的递归爬取，会导致死循环，还会产生大量的重复数据，为此我们需要对已经爬取的URL进行标记，并对新加入的数据，进行对比去重。网页的URL中，不光只有下一级网页的数据，同时还包含大量的图片地址和外网地址，为此我们必须要使用正则去锁定一个网站URL的匹配规则。最后我们只需要去锁定承载数据的页面，并进行页面的解析，就可以获取我们需要的数据。

三、通过数据平台获取数据

现在各行业数据的需求量非常巨大，催生了很多的数据平台，由专业的数据持有者或者获取者提供数据服务，节省了搜索数据的时间成本，提高了工作效率。例如国家统计局的统计数据、各个行业主管部门的专业统计数据等。

百度平台数据。百度作为一个功能强大的专业搜索引擎，不但能获取大量的互联网数据，同时它本身也进行了数据的集成与共享，百度旗下的多个平台和产品都为社会提供了海量数据。例如百度慧眼平台，基于海量时空大数据，结合人工智能技术，面向不同行业提供人口挖掘、客群分析、出行研究、位置评估等从宏观到微观的人、地、物研究。现已深入应用到城市规划、人口统计、政府、零售餐饮、广告文旅、高校智库、公安应急等行业。

百度在2014年春节期间，推出了百度迁徙，启用百度地图定位可视化大数据播报国内春节人口迁徙情况。

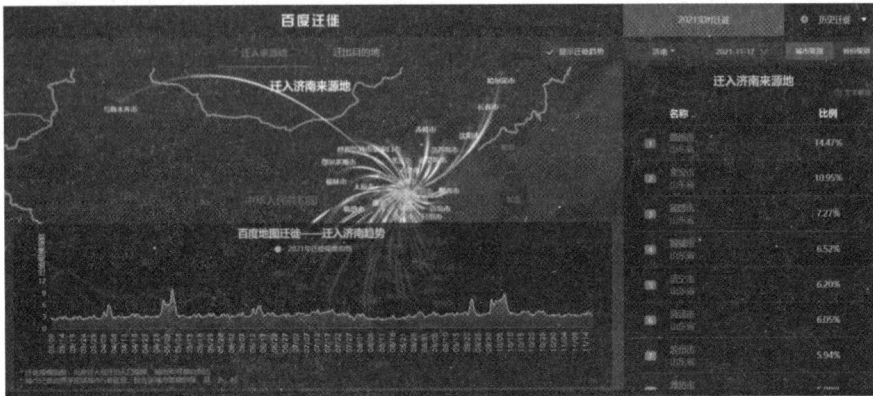

图 8-3-1

百度迁徙数据包含人口迁徙、实时航班、机场热度和车站热度四大板块。百度迁徙动态图包含春运期间全国人口流动的情况与排行，实时航班的详细信息，以及全国火车站、飞机场的分布和热度排行，通过百度迁徙动态图能直观地确定迁入人口的来源和迁出人口的去向。

百度迁徙数据可以直接在网站上读取，如果需要很多城市的数据，也可以使用 python 编写程序抓取下载。部分代码示例如下。

```python
def migration_all_date（areaname,classname,no,direction）：
# 定义生成不同时期，不同城市，不同迁徙方向
if no == −1：
no = CitiesCode[str（areaname）] ###### 创建一个 workbook#######
workbook = xlwt.Workbook（encoding = 'utf-8'）# 创建一个 workbook 设置编码
worksheet = workbook.add_sheet（'Sheet'，cell_overwrite_ok=True）# 创建一个 worksheet
################ 写入行头各城市代码及其城市名 ##############
if direction == 'in'：
nameofdire = '迁入来源地'
if direction == 'out'：
nameofdire = '迁出目的地'
CitiesOrder = {} # 存放城市序号的空字典
worksheet.write（0，0，label='城市代码'）# 写入行头
worksheet.write（0，1，label=str（nameofdire））# 写入行头
times = 1
for key，value in CitiesCode.items（）：
worksheet.write（times，0，label=str（value））# 写入城市代码
worksheet.write（times，1，label=str（key））# 写入城市名
CitiesOrder[str（key）] = times# 写入城市序号字典
```

times += 1

另外，还有百度指数。是指数查询平台，可以根据指数的变化查看某个主题在各个时间段受关注的情况，进行趋势分析、舆情预测有很好的指导作用。除关注趋势之外，还有需求分析、人群画像等精准分析的工具，对于市场调研来说具有很好的参考意义。

百度 Sugar 是百度云推出的敏捷 BI 和数据可视化平台，目标是解决报表和大屏的数据 BI 分析和可视化问题，解放数据可视化系统的开发人力。Sugar 提供界面优美、体验良好的交互设计，通过拖拽图表组件可实现 5 分钟搭建数据可视化页面，并对数据进行快速的分析。通过可视化图表及强大的交互分析能力，企业可使用 Sugar 有效助力自己的业务决策。平台支持直连多种数据源（MySQL、SQL Server、PostgreSQL、Oracle、DB2.GBase、GreenPlum、Presto、Kylin、Hive、Spark SQL、Impala、Clickhouse 等等），还可以通过 API、静态 JSON 方式绑定可视化图表的数据，简单灵活。

对于很多统计数据，国家统计局提供了专门的下载网站。国家统计局是我国最主要的统计数据生产部门，调查统计的数据涉及经济、社会、民生的方方面面。根据现行国家统计调查项目，国家统计局统计调查的领域包括国民经济核算、农业、工业、能源、投资、建筑业、房地产开发、批发零售住宿餐饮业、部分服务业、人口、劳动、就业、住户、价格、科技等。

国家统计局统计数据发布有着悠久的历史，1955 年就开始发布年度统计公报。经过 60 年的发展，已建立起比较完善的统计数据定期公布制度，通过定期发布新闻稿、举办新闻发布会、发布统计公报、出版各类统计资料等多种形式公布统计数据。随着现代信息技术的应用，国家统计局在 1999 年建立了官方网站"中国统计信息网"，2008 年开通了"国家统计数据库"，2011 年和 2012 年开发了"中国统计"和"数据中国"（苹果 / 安卓）客户端，2013 年开通政务微信"统计微讯"，同年完成了新版国家统计数据库的升级改造工作。此外，还建立了统计资料馆，开展统计咨询服务。

1983 年，国家统计局建立了统计新闻发布会制度，设立了新闻发言人，是国务院部门较早建立新闻发布制度的单位之一。

2001 年建立了统计信息公示制度，每年年初制定"国家统计局经济统计信息发布日程表"，在官方网站上公示，详细列出一年内统计数据发布的时间安排。

目前，国家统计局在 1 月、4 月、7 月、10 月分别召开年度、季度国民经济运行情况新闻发布会，国内生产总值、农业生产、工业生产、固定资产投资、房地产开发投资、社会消费品零售总额、城乡居民收支等指标数据将在发布会上一并公布。同时在中国统计信息网发布国民经济运行情况新闻发布稿，以及工业生产、固定资产投资、房地产开发投资、社会消费品零售总额上年 12 月、当年 3 月、6 月、9 月当月或累计数据情况新闻稿。

在其他月份，按照统计数据发布日程表，在官方网站发布居民消费价格指数（CPI）、工业生产者价格指数（PPI）、规模以上工业生产、固定资产投资（不含农户）、房地产投资和销售情况、社会消费品零售总额、70 大中城市住宅销售价格指数、规模以上工业企业经济效益等月度数据，以及 50 个大中城市主要食品价格、流通领域重要生产资料市场价格句报数据。

此外，还根据需要，召开经济普查、人口普查等新闻发布会发布普查数据，在官方网站发布统计公报、国内生产总值修订数据、单位国内生产总值能耗减低率、粮食产量、平均工资等统计信息。

作为国家统计局的官方网站，中国统计信息网已成为社会各界获取中国政府统计数据最重要的渠道，您可以在中国统计信息网多个栏目查询到统计数据。

1."最新发布与解读"栏目

所有通过新闻发布会、新闻稿、统计公报和其他方式公布的最新统计数据及相关分析报告、解读稿、统计图表等资料，都会在第一时间刊登在"最新发布与解读"栏目中。

2."数据查询"栏目

该栏目提供了数据库查询、年鉴数据查询、可视化产品等多种数据查询途径，可使各类统计用户快速查阅详细完整的月度数据、季度数据、年度数据、普查数据、部门数据、国际数据等各类统计数据。

3."统计公报"栏目

该栏目收录了从 1978 年以来国家统计局历年发布的年度统计公报、人口普查公报、基本单位普查公报、经济普查公报、农业普查公报、工业普查公报、三产普查公报、R&D 普查公报及其他统计公报。

4."统计制度"、"统计标准"、"指标解释"栏目

该栏目提供了统计分类标准、统计调查制度、统计指标解释等内容。

5."统计信息发布日程表"栏目

该栏目在每年年初刊登国家统计局本年度经济统计信息发布日程表，您可以在这里查询到本年度所有统计数据的具体发布时点。

6."网站链接"栏目

该栏目通过与各地方统计网站、国际组织网站和国外统计网站等进行链接，基本实现了"一站式"统计服务。

2013 年，国家统计局完成了对"国家统计数据库"的升级改造。新版数据库在指标数据量、功能性、整体设计上都有重大改进，实现了更加丰富、更加便捷、更加高效、更加智能。截至 2013 年底，数据库指标量达到 3 万多个，数据量 600 万笔左右，包括了国家统计局各专业生产的主要数据以及有关部委生产的其它数据，覆盖经济社会各个方面，提供了强大的数据查询和管理功能，通过在线作图、可视化图表、地图数据和可视化产品，开拓了数据的展示途径，更加贴近用户需求。目前，国家统计数据库于每月数据发布后 5 个工作日内更新当月（季）发布数据，于中国统计年鉴出版 3 个月后更新上年主要经济指标详细数据。

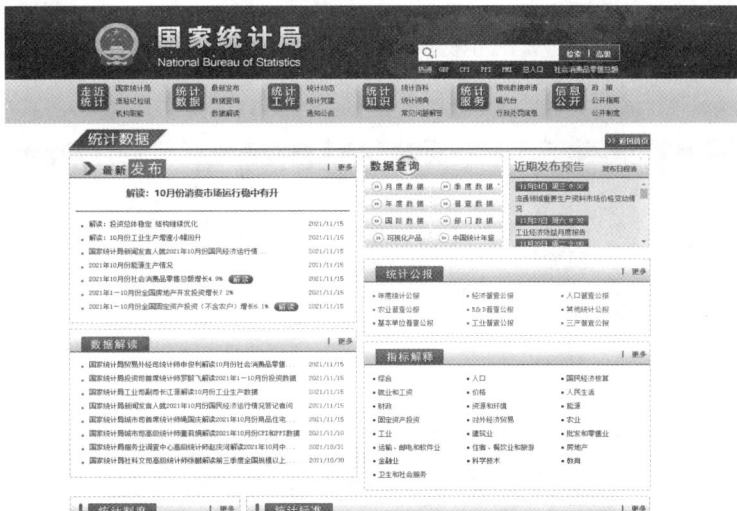

图 8-3-2 国家统计局主页面

专业遥感平台获取数据。近年来，航空遥感系统在北美洲、欧洲、亚洲和大洋洲等地区获得迅猛发展，遥感数据也越来越普及并为人们广泛使用。国内外均有卫星遥感数据库供越来越多的行业使用。

随着成像光谱遥感技术不断发展，国内外研制并发射了大量搭载有全色、多光谱及高光谱传感器的卫星。其中，全色图像的空间分辨率相对较高，可达米（m）级；多光谱图像的光谱分辨率可达微米（m）级；而高光谱图像的光谱分辨率更高，一般可达纳米（nm）级，能够提供更为丰富的地球表面信息。

由此可见，全色、多光谱和高光谱图像的相互配合可以同时实现高空间分辨率和高光谱分辨率，为人们观测地物、认识世界提供更加完善的方法。因此，上述卫星遥感数据的获取尤为重要。

许多国内外数据库都有公开的遥感卫星数据供用户下载使用，诸如美国航空航天局NASA、欧洲航天局 ESA、中国的地理空间数据云平台等。下面我们以地理空间数据云平台为例，介绍一下数据获取方法。

地理空间数据云平台是中科院科学数据中心建设的"国际科学数据平台"。首先要注册并登录地理数据云平台，网址为：www.gscloud.cn。平台包括 landsat 系列卫星数据、modis 数据、NOAA 卫星数据、高分一号、高分二号、高分三号、资源一号等高分辨率数据。涉及到地形、地貌数据，大气污染数据、地表温度数据、植被数据、土壤、水体数据等。

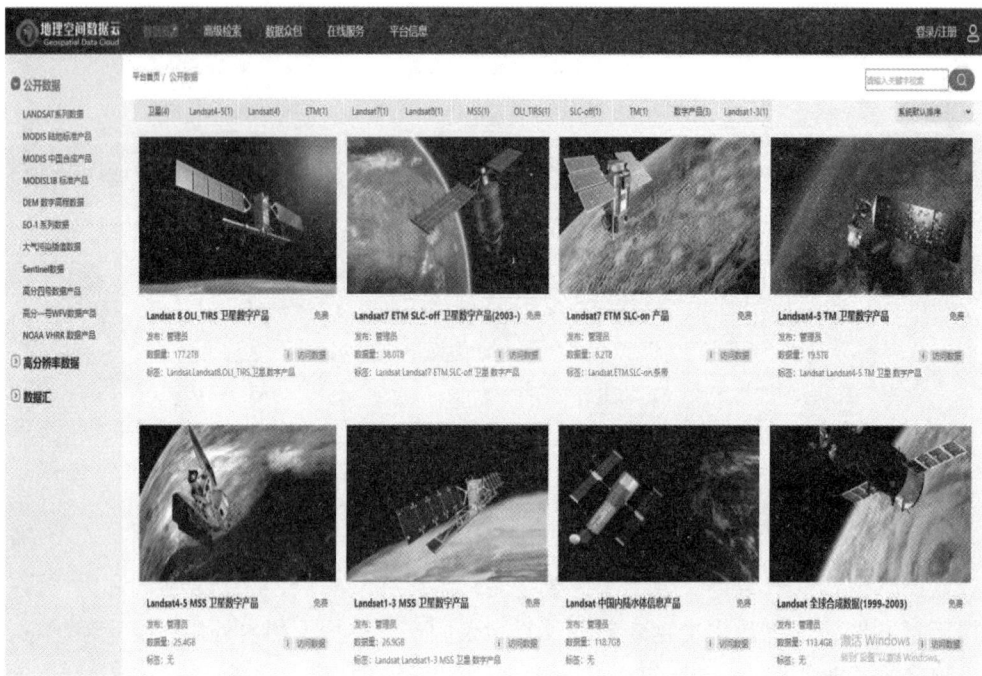

图 8-3-3 地理空间数据云平台页面

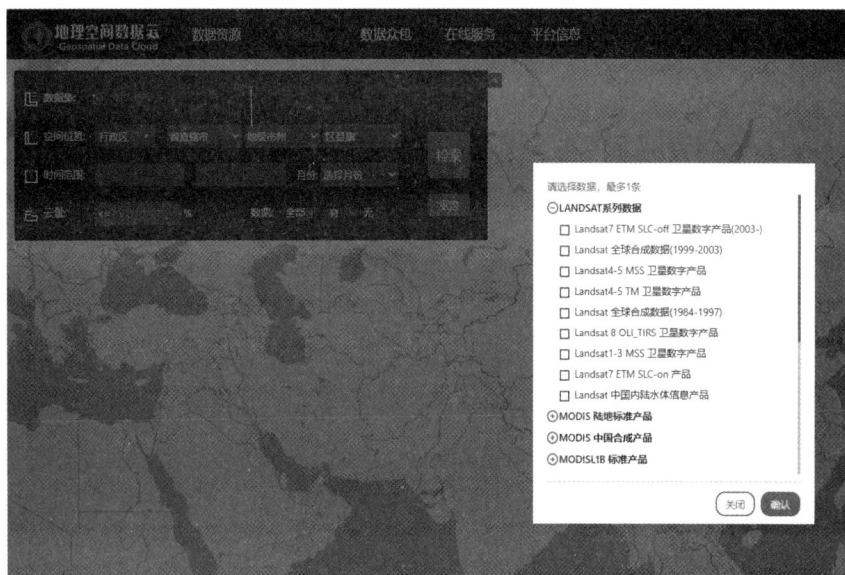

图 8-3-4 数据下载页面

其他类似的专业数据获取网站还包括：中国资源卫星数据服务网 http://www.cresda. com，可以下载中巴资源卫星、环境小卫星数据，空间分辨率为 19.5 米、30 米等；环保部环境星下载服务网 www.secmep.cn，下载环境小卫星数据，空间分辨率为 30 米；对地观测数据共享服务网 http://ids.ceode.ac.cn，共享了中分辨率卫星遥感数据，国内用户通过可视化的地图窗口能够查询检索并下载共享数据。LANDSAT-5.LANDSAT-7.RESOURCESAT-1.
ERS-2.ENVISAT 等中等分辨率的卫星遥感数据向全国开放，首批共享数据将达到 2.3 万景。

另外，国外的数据平台包括美国地质调查局数据中心，NOAA 数据中心等。 美国地质
调查局（USGS）成立于 1879 年，成立初期主要从事西部找水工作。而后，经历了多次机
构调整，增加了地质矿产、地震、测绘等诸多职责，同时也剥离出美国矿业局和美国矿管
局等生产性机构和管理性机构，目的是打造成一个综合性科学研究和信息服务机构。USGS
整合或加强系统内外已有监测平台（数据）的共享或共建，构建多层面的对地观测平台。
在地表层面上，利用传感器获取实时监测数据，如地表移动、水体质量等。在太空层面上，
利用卫星获取遥感影像等信息。通过加强数据的获取能力，进而可大幅提升地质调查能力，
将已有的数据监测平台整合起来，形成一个统一的地质调查数据监测系统。另一方面还需
加强对地质作用过程及地表演化过程的计算机模拟，通过可视化技术等表达出来，进一步
提升对自然及地质作用的理解，为管理者和大众提供简单实用的工具，使其更好的理解和
接受地质知识，实现知识服务。

我们可以在 USGS 数据平台获取到几十年的长时间序列的多个行业数据，包括地质数
据、资源储量、气象、水文、动植物等。

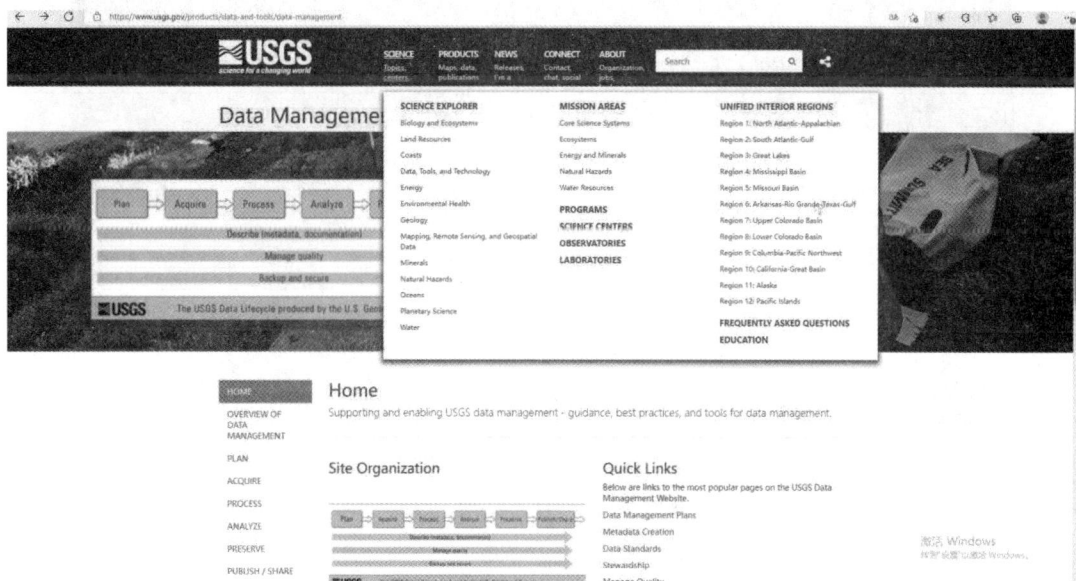

图 8-3-5 USGS 数据平台页面

三、通过交易平台获取收费数据

以上数据大多数为公开数据，可以免费或者限制条件免费使用。另外还有一些交易平
台，可以进行数据交易，比如由国家发起的优易数据平台。优易数据是由国家信息中心发起，
拥有国家级信息资源的数据平台，国内领先的数据交易平台。平台有 B2B、B2C 两种交易
模式，包含政务、社会、社交、教育、消费、交通、能源、金融、健康等多个领域的数据
资源。是数据操作系统与解决方案提供商，秉承"用数据驱动社会变革"的使命，通过数

据汇聚、平台建设和产业融合，持续为工业、金融、农业和节能环保等多领域提供智能化服务。

优易数据平台基于自主研发的 DataOS 数据中心、应用中心、服务中心、认证中心、安全中心、开发者平台等九大核心能力，及物联网、人工智能、区块链、可视化、流程等扩展引擎构建的城市数字化运营核心基础环境，按照统一的数据管理标准和数据安全体系，打通城市各系统的数据和业务，链接多种类型的感知终端，持续提升原有系统的智能化能力，并可支撑多个领域应用平台。以公共服务、数据资产运营、SAAS 生态运营、云上 OS 为主要业务方向；以公共服务平台基础打造中小企业服务平台、信用平台和各垂直领域的公共服务平台；围绕数据运营开展数据流通交易和数据资产评估业务；开放式引入生态伙伴共同开发 SaaS 应用，构建在线运营的数据智能服务生态系统，为各行业提供丰富的在线服务；为各领域 OS 提供云上环境，实现城市 OS、政府 OS、企业 OS 云端版。

图 8-3-6 优易数据平台页面

第五节 大数据时代下信息搜集与利用对电子政务发展的影响

一、大数据时代电子政务的发展

所谓大数据，指的是无法在可承受的时间范围内用常规软件工具进行捕捉、管理、处理的数据集合，又称海量数据，常常把这些数据与采集它们的工具、平台、分析系统一起称为大数据。随着移动互联和社会化媒体的广泛运用与性能丰富，颠覆性地改变信息传播渠道、获取路径以及服务内容和模式，信息传播格局呈现出网络媒体化、媒体大众化、大众网络化的趋势。新时期的大数据时代，传统的电子政务系统已经很难满足政府服务需求，加快构建基于以大数据为背景的电子政务系统成为重要趋势。首先，随着我国的信息化水平不断提高，电子政务得到不断发展。虽然面临发展时间短的问题，但最重要的是其被重视程度不断提高，几乎各级政府都已全面开通电子政务并开始实现用新的方式进行政务服务和管理。其次，随着我国信息处理技术和网络环境日渐良好，政府对网上不良信息的打击力度日渐加强，网络环境愈来愈好，对发展电子政务有着积极地作用。

二、"互联网＋政务"的作用

据统计，我国大约有8亿多网民，在互联网时代，网络必然会对我国政务处理的模式以及组织方式产生一定的影响。推进"互联网＋政务服务"，是贯彻落实党中央、国务院决策部署，把简政放权、放管结合、优化服务改革推向纵深的关键环节，对加快转变政府职能，提高政府服务效率和透明度，便利群众办事创业，进一步激发市场活力和社会创造力具有重要意义。我国到2020年底要实现全国各地，整体联动，部门协调的"互联网＋电子政务服务"技术服务体系格局，以实现政府服务标准化，电子政务服务流程优化，服务形式多样化，建成服务渠道更加畅通，群众满意度大幅提升的互联网＋政务体系。"互联网＋政务"服务具体有以下三点作用：

第一，通过信息采集使用互联网而进行政务互动落实了国家创新形式的理念；第二，实行电子政务并不仅仅是为了方便政府工作人员，在此基础上促进了政务的公开透明，促进公众参与，并与政府工作人员进行交流，有利于政策更好的实施落实，加快了我国的民主化进程；第三，使得政府原先单项的管理模式向双向甚至多项转变，使市民可以随时随地了解国家资讯获得所需要的信息，参与管理，加快了民众办事流程，降低了办事成本。拓宽民众与政府的交流渠道，增强民众对决策的支持力度，促进政策实施并维护了社会和谐。

三、我国政务信息管理存在的问题

（一）对计算机信息管理缺乏足够的认识

公众虽然对信息技术有着一定的认识，但不乏一些政府工作人员及事业单位对其有着模棱两可的态度。凡事预则立，不预则废。我国进行信息管理的前提就是要对其有足够的认识，信息资源管理是政府开展电子政务的前提。信息管理工作具有较高的技术性，如果操作者对信息管理缺乏足够的认识，这项工作定会止步不前。这也必然会对计算机资源产生极大的浪费。对此，我们需要通过开展一定的宣传教育以及进行适当的培训来提升政府工作人员对信息管理的理解，培养有良好计算机素质的人员来帮助我国提高信息管理技术。

（二）政府信息管理投入匮乏

这里所提到的投入匮乏，不仅仅是指资金的投入相对较小，也包括工作人员的思想建设投入。工作人员一旦在思想存在松懈感，在互联网发布信息的频率就会越来越低，数量越来越少。

（三）政务信息资源管理体制不够健全

我国政务信息资源的特点是数量大，收集信息速度快，信息更新的速度快，且信息的传播方式也不尽相同，所以，合理健全的信息资源管理体制就是改善我国信息管理现状最有效的途径，由于我国计算机管理模式没有足够的经验教训，导致管理制度的建立在困难中曲折进行。目前，我国尚未建立完善的管理体系制度，由于缺乏完善的制度，导致计算机信息管理系统混乱的状况，不适合现阶段的管理能力维持很长一段时间。

四、信息管理对我国发展电子政务的影响

（一）提升政府的办公效率

政府工作人员在互联网上对信息进行发布的同时对各种不同类型的信息需要进行一定的筛选，归档及管理，所以信息管理在信息高度发达的现代社会扮演着极为重要的角色。政府的办公效率一旦提高，就会节省出更充足的时间在互联网上对公众所反映的问题进行反馈回复，对电子政务的发展扩大有着积极地促进作用。

（二）有利于政府决策的科学性

信息的积累是信息化社会不断发展的必然产物，对信息资源进行统一管理，同一类型的信息资源集中在一起，有利于政府内部信息资源的交流与传递，提高决策的科学性。

（三）有助于缓解信息孤岛现象的产生

"信息孤岛"是信息化发展过程中的一种现象，信息之间断裂与不联系，成为一个个独立的信息资源。虽然社会信息化程度的不断提高，但存在的"信息孤岛"现象对电子政

务管理是有限制的，使政府不能满足社会发展的需要。而信息管理过程有助于消除"信息孤岛"，在电子政务发展和应用过程中连接信息和资源，达到共享。因此，信息管理有助于对收集到的信息实现结构化的管理，改变信息之间互相封闭，无法共享的局面。

大数据技术及其相关应用是目前阶段社会信息化发展的产物，大数据与经济社会各方面的深度融合，一体化发展，对原有的经济与政务社会产生巨大的影响与积极的推动作用。政府全面开放利用大数据，有助于打破信息孤岛，加速简政放权，转变政府职能，推动"公益创业"、"服务创新"等活动，在适应新常态的经济社会发展过程中发挥着重要作用。

第六节 基于网络社会信息搜集的网络问政

在信息化高速发展的今天，政府部门通过问政平台（政府部门和文化媒体建立的专业问政平台）、政务新闻媒体、社区传播（社区通）、热线电话服务平台等途径输入态度、认知、求助等主观信息内容。总的来说，线上政民互动是新技术驱动政府部门改革发展的必然材料。整体方式有两种：一是政府部门利用互联网向群众收集线索和建议，获取群众心态，吸收群众意见。并提出建议，接受群众监督；二是群众利用网络向政府部门提出问题、寻求帮助、做出建议。换言之，线上政民互动是信息时代政府部门与社会互动的主要方式与渠道。它不仅是为社会发展提供个人意见、想法、需求等信息内容的一种方式，也是政府部门公开政府信息、获取信息的沟通渠道。收集方法。现阶段，在社会发展（技术）变革、区域自主创新、现行政策学习培训或效仿等推动下，辅以中央公信力提升、区域政民互动规则法规逐步系统化、跨地区推广。线上政民互动逐渐转变为民意民生工程的系统设计表达场景，政民互动的数据信息成为主观的集合。社会发展数据信息，是政府部门精准整改的主要数据来源之一。因此，政民交互数据信息是一种实用的、具体的、面向社会发展的多元化使用价值偏好资源，是政府部门决策和处理的必要资源，应当加以妥善的收集、处理与使用，其作用不可小觑。

一、大数据挖掘适用于政民互动给出的数据

互联网时代的出现影响甚至改变了社会制度，数字政府的基础设施建设也逐渐被提上议事日程。这不仅代表着社会管理创新与政府部门管理决策边界的扩大，也代表着"大数据应用"和"数据化"正在成为政府管理与治理的重点发展趋势。因此，政民互动专门打造了政府部门与社会发展信息互动的互联网。为社会发展中的多元化使用价值和社会问题，进一步推导出政府决策和整改的直接证据，政府部门要重视并充分利用网上民生热线数据，及时关心和处理社会问题基于信息技术挖掘的方式并对公共领域、民众切身利益和政府政策命题中的问题进行分析、叙述和预测，即时、全面地打造出一个社会政策系统软件，根据社会发展需要，提供实用的专业知识和直接证据。

总而言之，政民互动在互联网时代为政府部门管理决策提供所需的关键专业知识和直接证据。政民互动大数据挖掘被认为是提高政府部门工作准确率的重要基础性工作，是政府部门决策和处理需求的直接证据来源。因此，足够的认知能力赋予了互联网时代政民互动的附加价值，有效利用政民互动数据是当前亟待高度重视和多方面落实的任务。

通过对信息技术的挖掘和分析，提取有价值的管理决策信息内容，根据模拟仿真等新技术探索出存在的最佳方案，将其转化为管理决策专业知识和直接证据，推动越来越多的需求进入管理决策和需求处理的视线，推动社会政策的完善和处理方式的自主创新。这恰好是当前政民互动政策使用价值的关键。回顾互联网时代，"互联网大数据的危害围绕着社会政策运行的全过程"、"数据统计分析、个人行为实验、模拟和实证检验构成了公共信息传播链的关键环节"。政民互动大数据挖掘与分析具有检验现行政策全过程的天然优势，已成为社会政策分析的研究范式。对此，政民互动信息资源具有社会政策全过程的困难情景，可以监督现行政策的实施，审查现行政策的实际效果，预测和分析现行政策的结果，进而较为准确地确定当前政策调整方法的有效性。值得一提的是，政府部门可以利用海量信息再现"真相"，使得管理决策信息的内容更贴近人民心声，为应对问题、进行处理与实施提供必要的数据。以人民群众的呼声为基础，整顿社会政策。

二、政府与公民互动的系统使用价值因素

1.群众的需要

当前政策议程的关键因素是群众的需求。索取信息的内容通常为他们自己的个人兴趣，包括客观问题、个人需求和对相关情况的建议。内容通常涉及社会的方方面面，与社会管理创新和社会政策密切相关，而这恰好是构建当前政策形势的重要信息，是制定政府政策议程的主要前提、政策来源和直接证据。此外，政民互动信息内容不断迭代更新，可以动态反映各种网络热点以及社会经济发展中遇到的疑难问题，反映社会政策制定面临的多方面权益衡量问题。根据现代信息技术，对政民互动数据信息进行及时抓取和细致探索，基于评价、概率主题样式模型等，发现、跟踪和刻画具体的社会问题，区分社会问题的类别，探索挖掘潜在的群众需求和真实的民众诉求，自动汇总民生热线关注点和网络热点，分析群众需求时钟频率变化的运动轨迹，预测分析群众需求趋势分析相同的民生热线主题风格，发现和预警与需求问题相关的信息等。这为政府部门的精准管理决策和当前的政策议程设置提供了必要的直接证据。因此，就当前的政策议程设置而言，政府与人民的互动是政府部门管理和决策的人民需求信息内容的主要来源。政民互动的大数据挖掘，本质上是对人民需求的持续关心和发现。对此，政民互动整顿应对的本质在于衡量多元化的切身利益，消除政府决策与社会发展偏好的差异，推动当前基于衡量或计算的政策议程设置。政民互动信息内容和政府宣传的统计数据能够使得部门管理决策准确回应社会发展的多元化诉求。

2．群众心态

衡量和监测现行政策实际效果的主要指标。政民互动汇集了现行政策全过程中的公众心态、建议等信息内容。政民互动的数据也可以用来把握社会发展趋势和需求，跟踪和分析当前政策执行过程中的各种情况，检测和评估当前政策。因此，政民互动数据信息是危害社会政策的主要数据信息内容。一般来说，政府部门可以基于对政民互动留言板信息内容的文本分析、解析、梳理和逻辑推理，整合社会政策内容，进行文本分析和话题风格模型。对现行政策的实际效果进行测算和检验。根据深度学习方法，如递归算法自编号（RAE）、深度信念互联网（DBN）等，提取和区分政民互动信息内容和文本的特征，挖掘群众的不同意见，并分析其明显的情感层次及其心态的选择性。同时，对民生热线信息内容不同主题风格下的不同观点、观点进行计算分析，准确讲述民生热线主题风格下群众情绪的趋势分析和重要洞察。

关键是信息技术可以对涉及民生热线信息内容的系统评论（正面／负面评论或建议）进行自动分类，智能发现当前政策实施过程中民生热线的关键社会舆论和发展趋势，并根据系统软件对其进行仿真。模拟等完成当前政策实施预警信息和当前政策结果预测等。此外，基于多个大众心态指数值、主成分分析和奇异值分析对民生热线数据信息进行定量分析，发现词的潜在含义，获取重要信息内容来评价当前政策的实际效果，为当前政策调整提供必要的信息直接证据。因此，政府与人民互动中及时、动态的数据可以描述当前政策实施过程中的各种社会心态和建议，并可以通过专业分析转化为解释性通讯及其政策分析和检测报告。总而言之，根据群众当前政策的实际效果，通过测算和检测，可以及时反馈或预警当前政策的各种可能结果，为群众提供即时完整的专业知识直接证据。当前政策调整。值得一提的是，政民互动涉及到大量的网络群众心理，具有一定的群体特征。政民互动数据信息的使用，必须结合线下推广数据信息进行深入综合分析，并基于一定的权重值进行计算，计算和调整可以更贴近群众的心态。

3．整治响应

基于数据信息化思维的共识，互联网时代的政民互动，根据数据信息逻辑产生的共识，专门打造了一个响应整改架构。基于数据和信息思维的共识的产生，是建立在对政民互动数据和信息的深度探索和分析的基础上。它不是简单的需求和建议的总结，而是基于数据统计分析、结果评价和使用的专业知识观。整治响应的操作过程是战略决策全过程与专业知识分析全过程相结合的结果。例如，在现行政策实施前，互联网政策咨询平台对群众建议进行评选，生成群众建议数据库，并基于数据可视化转化为建议、态度和需求趋势。和大数据挖掘，将社会发展关注的成本降低到一定程度。对国家政策的制定具有重要的现实意义。肺炎疫情期间，成都市市政府通过人民日报"领队留言板"，吸收群众对疫情防控"取消机动车尾号限制"的意见和建议，4年内落实实际政策。天。政府部门从提出数据的收集、高度重视（提取）、阐述，到落实和落实的全过程，是政府部门第一时间响应群众关心的整改过程，是当前政策是群众与政府部门之间的资源依赖于当前的产出率。整个过程。因此，整治与响应整治全过程是政府部门与社会发展持续互动的全过程，可以有效促进整改对策的精准化和完善。也就是说，社会政策的相关情况可以基于政民互动，及时反映，按照数据预处理的方法，对当前的政策进行考察和深入分析，大数据挖掘、情报收集，生成检验报告、分析报告等管理决策专业知识。，是根据群众建议和需求数据信息的共识生成的。那么，整改响应的全过程就是联合共识决策的全过程，是政府部门基于数据的统计分析，转化为情境性别知识，积极响应社会发展偏好的全过程。

总之，政民互动存在于国家治理的主体结构中。是技术互动交流页面上官僚管理体制与人际关系相结合的一种方式。数据和信息思维的共识产生和调整多方面的利益关系，构建政府部门与政府之间的关系。社会发展之间存在着强大、开放和综合的相互关系。对于社会政策的全过程，基于政民互动数据信息的政策评估可以发现情境切身利益，输出当前政策议程设定的相关管理决策专业知识，为社会政策吸纳切身利益提供进一步的直接证据．政策执行反馈提供实时信息，以调整社会政策对多样化需求和不断变化的自然环境的适应性，保证现行政策系统软件的动态循环系统。

第七节 网络灰色信息的搜集与利用

深灰色信息内容是指未公开的、潜在的信息内容，必须根据相应的平台获取。深灰信息量一般可分为深灰参考信息量、零信息量等。深灰色参考信息内容是指已向公众发布的信息内容，如内部期刊、未发表的研究生论文、技术报告、学术会议参考文献等。零时信息内容则是指通过交流、讨论、报告可以获得的信息内容。如政府工作报告和新产品发布信息内容。随着科技的不断进步和时代的发展，互联网技术上的深灰色信息内容变得更加丰富多彩。如：政府部门、学术研究组织将其近期的研究成果和科学发展动态在互联网上发表；权威专家和学者利用个人中心在互联网上发布零时信息内容。这些内容的发布导致了互联网技术中暗灰色信息资源的多样性、复杂性、随机性和灵活性。该特性为客户在互联网上选择和使用深灰色信息内容带来了一定的障碍。因此，在信息网络发展趋势的新环节，公共图书馆有必要利用现代化的机械设备，对互联网上的深灰色信息资源进行采集、开发、设计和传递。

在互联网技术方面，深灰色信息资源内容丰富，数据量大。但此类信息资源具有详细地址分散、基础数据类型多、随机性大等特点，这就给客户的使用带来了一定的困难。因此，公共图书馆必须融入信息资源转化系统，将互联网技术上的深灰色信息资源转化为方便客户使用的信息内容。

一、网络暗灰色参考信息内容的收集

通过链接，可以转入到独具特色的深灰色参考信息资源的网站。比如查询我国博硕士的完善数据库。资源最全、百度馆藏质量最高、持续动态更新的研究生论文。截至 2021 年 9 月，万方检测本科学位论文库拥有 6918718 篇研究生和博士生论文。一些企业创建了高质量、有影响力的学术会议论文数据库，并在互联网技术上发表，如《中国学术会议公报》。针对互联网技术中大量有价值的深灰色参考信息资源，公共图书馆可以根据不同专业特点，在众多发布深灰色信息资源的平台上开展评审和科学研究，将数据、信息量大、内容方便、有影响力的平台进行收集、整理、分类，然后由公共图书馆课程评论员和各学科权威专家组成的专家组进行讨论。任何具有使用价值的平台都需要进行链接，并跟踪其所链接的网站。一旦发现网站地址被创建、升级或拆除，将立即进行招募。公共图书馆基于网站链接优秀的深灰信息内容，为用户提供优质的深灰参考信息资源，满足不同客户的检索需求。（1）打造互联网零时信息内容集合

权威专家、专家学者基于互联网技术构建的个人中心发表学术观点和学术思想，利用互联网技术开展学术论坛和学术研究查询，选择这样的一对一、--- 对多，以及多对多的数据通信方式，带来了科研信息传播的作用。但是这种方式所传达的深灰色信息内容并没有记录，客户很难获得。因此，公共图书馆应建立零时间信息内容检索系统。

二、跟踪收集管理系统的创建

权威专家、专家学者自身应对其利用互联网技术开展学术讨论的信息内容进行长期、持续的跟踪和收集。方法是：公共图书馆派专业人员在互联网上收集互联网技术权威专家、专家学者的个人资料，对收集到的具有有用使用价值的深灰色信息内容进行分析、科学研究和甄别，在具有主要实用价值 将数据系统制成数据库查询并发布在图书馆网站上。

三、利用信息内容和人脉进行收集

重点高校建立了自己的网站，高校举办的重大学术交流活动将根据其教育网站发布在学校网站上。互联网科技拥有众多专业的大中型综合性网站，集中了许多具有较高学术价值的深灰色参考信息资源，如中国经济发展信息网、北大法学网、道教文化信息库等。一些公司已经创建了研究生论文数据并在互联网技术上发布。例如，中国期刊网百度的"中国优秀博士、硕士论文全文数据库（CDMD）"收录了来自全国各地的 300 名博士生，塑造了公司优秀的博士、硕士毕业。有超过 50,000 篇论文。目前在我国很难区分体育数据的价值。因此，有必要派人进行访问和深入讨论，探讨学术交流的基本信息内容。

四、充分利用网络智能搜索引导收藏

第二代搜索设备的代表谷歌也在丰富其搜索意义。基于其整体技术优势，将与人工智能技术一起成长。响应互联网技术上的所有信息内容，现在网页、新闻报道和行业趋势根

据技术专长的需要逐渐分离。细分化、系统化搜索的发展趋势早已明朗化。

利用人工智能技术的引擎搜索，可以采集到深灰色信息内容成长，检索出更全面、更丰富、更准确的深灰色信息内容。公共图书馆不仅向读者详细介绍了这款百度搜索引擎，还利用这款百度搜索引擎采集了深灰色信息内容，并立即将采集到的深灰色信息内容推荐给读者。

1.完善互联网深灰色信息资源开发设计

网络下的深灰色数据服务明确提出了更好的规定。公共图书馆在检索的基础上，还应做好互联网深灰色信息内容的开发设计，促进深灰色信息内容的高效利用。

（1）打造互联网技术深灰色信息资源指南库

说白了，引导库在物理上并没有存储各种具体的信息内容，而是从中可以找到相关数据库查询的具体资源，即引导客户到指定的详细地址获取需要的信息内容。因此，在某种意义上，它类似于在线技术专业的百度搜索引擎。指南库文件存储相关主题风格的数据表或客户需要的信息内容或云服务器的位置等信息内容。也可以给相关部门的网站、网页，甚至是网上私人信息的搜索和文件目录。公共图书馆应根据学校的专业特点、重点技术专业和重点发展学科客户的数据要求，结合技术专业的百度搜索引擎，搜索单独的深灰色信息网站、网页、私人信息和档案目录，进行收集，根据主题内容对采集的数据进行分类组织，创建深灰色信息资源指南库，客户也可以根据主题风格完成对所需信息内容的搜索。

（2）完善互联网深灰色参考文献的宣传策划和报告

图书馆网站带来了适合不同类型消费者的互联网深灰信息资源，并按时完成报告，收集规范适用于某一课程或某一技术专业的动态深灰信息内容，或者根据广告牌向他强烈推荐客户喜欢的深灰色信息资源，让客户随时随地了解新的科研信息和有趣的信息。此外，图书馆网站提供详细网址和数据库查询，强力推荐信息内容，让客户全方位掌握信息内容，防止客户跳过关键信息内容。

2.互联网深灰色信息内容服务项目下发

客户对深灰色信息资源有不同的需求。公共图书馆只有熟悉了不同客户的数据需求，才有到达站为读者提供服务。因此，公共图书馆只能创建用户文档，根据客户档案把握不同层次互联网暗灰色信息内容的需求，根据不同客户数据需求开展灵活多样的信息传递服务项目，最大限度地完成暗灰色的使用。互联网上的灰色信息内容。

（1）创建用户文档

从公共图书馆作者组中选择具有典型需求的客户创建客户档案，包括姓名、部门、电话号码、技术专长、详细地址和电子邮件等信息。

由康奈尔大学的图书馆和程序员组成的"个性化电子服务工作组"开发的 My Library 系统已于 1999 年投入使用。操作系统目前由两部分组成：My Links 和 My Updates。这两款产品遵循相同的开发技术和关键技术，使用 Java 实例化 HTML，使用 Oracle 数据库系统存储大量客户信息。客户可以通过 ID 和动态密码验证登录自己的 My Library，并且必须能够进入 My Library 或 My Updates 页面。使用 My Links，您可以方便地收集、整理和维护数字图书馆网站带来的自然资源以及网络上各种自然资源的连接，并将感兴趣的网站放入自己的 My Links，然后您就可以在将登录您的计算机。 My Updates 是一种特殊工具，可立即通知客户公共图书馆中的新资源。客户将必须建立的消息的专业或其他要求输入 My Updates，系统软件会及时在公共图书馆中找到新到自然资源的在线文件目录。如果发现新资源，可以自动推送 E-mail 通知给客户，客户可以将该资源整理到自己的 My Links。这样，客户无需频繁搜索公共图书馆的在线文件目录来查找新资源，在不忽略主要新资源的情况下，节省了大量时间和不便。

（2）开展专题咨询服务

互联网专题讲座服务咨询由图书馆网站提供。图书馆网站根据不同层次客户对某次专题讲座的独特需求，利用连线提供优秀的深灰色文献数据库，利用智能百度搜索引擎和专业知识寻找技术特色。采集深灰色信息内容，实现对这些数据的生产、加工和整理。一旦客户提交对某主题讲座问题的理解，公共图书馆将根据 E-mail 给客户信息内容。

总体而言，在数字经济时代，高质量的深灰色信息内容对自主创新和经济发展具有基础性作用。因此，公共图书馆不仅要做好互联网深灰色信息资源的采集、开发和设计工作，而且在此基础上大力发展互联网深灰色信息内容交付服务项目，为用户提供优质、便捷的网络信息服务。使用和有用 有价值的深灰色信息内容的新的专业知识资源。在参与的情况下，基于不断的在线交流和反馈，用户文档逐渐丰富，便于主动、有目的地将互联网深灰色信息内容的服务项目带给用户。

第九章　社会信息多媒体数据收集与应用

　　将大数据挖掘技术引入到多媒体系统信息资源处理中，可以有效解决多媒体系统数据信息，挖掘多媒体系统信息中包含的专业知识，改善信息检索的特点，减少检索时间等问题。并具有关键的使用价值。本节首先详细介绍与多媒体系统相关的基本定义，然后讨论多媒体系统大数据挖掘的环境、科学研究和现状。以下是现阶段多媒体系统大数据挖掘科学研究最流行的图像检索和人脸识别的例子。以实际为例，详细介绍大数据挖掘技术的应用，最后详细讲解如何利用大数据分析技术，有效结合各种信息特征（如文本、图片等），提升互联网形象聚类算法和类别的特点。

第一节　计算机多媒体技术的特点

　　"多媒体系统"由英文"Multimedia"翻译而来，可分为"Multi"和"Media"两部分，因此很容易理解为各种媒体的有机组合。详细来讲，就是将新闻媒体的文字、图像、图形、声音、动画、视频等信息内容智能化，并融入到某个交互页面上的信息传输媒介中。举两个常见的例子，多媒体系统网页和多媒体系统高清电视一般包括文字、图像、音频，甚至视频、动画等新闻媒体类型。

　　计算机多媒体技术是一项综合性技术，而不是各种信息内容媒体的简单积累，它是一种文本、图形、图像、动画、音频和短视频等类型数据的融合。并利用计算机进行存储、传输、解析和操作，可应用于信息技术的一系列交互式实际操作。一般而言，计算机多媒体技术具有数字化、多样化、整合性、交互性、非线性和及时性等特点。

一、数字化

由于电子计算机使用的是二进制代码,只能识别由 0 和 1 组成的二进制数据信息,因此,在多媒体视频中,所有的多媒体数据,包括文本信息内容、图像信息内容、声音信息内容以及其他不同类型的信息内容,一般都是用模拟信号来显示的。

二、多样性

多样性是多媒体技术的主要特征之一,也是多媒体系统科学研究必须解决的重要问题之一。计算机多媒体技术的多样化具体表现在以下三个层次:一是指多媒体数据类型的多样化,如文本信息内容、图像信息内容、声音信息内容等,不同类型的数据必须不同的计算机多媒体技术开发解决方案;二是指信息内容媒体的多样化,包括磁盘、光盘等物理媒体和互联网传输方式。多媒体数据的表达方式不同,信息内容媒体也多样化;最后是多媒体系统信息资源管理方式和功能的多样化。针对不同的应用,必须采用新闻媒体数据编码、新闻媒体数据存储、新闻媒体网络信息安全等多种新闻媒体处理方法,并通过不同的流程解决各种此类初始素材图片,可以创造出各种独特的素材图片属性,极大地丰富了多媒体数据的吸引力。

三、整合性

计算机多媒体技术可以利用电子计算机对多媒体数据进行多通道综合采集、存储、组织和生成。以电子计算机为核心,可以综合分析各种媒体信息内容。其整合的关键体现在两个层面:一个层面是指不同类型媒体数据的整合,即文字、声音、图像等的整合;在另一个层面,它是指新闻媒体机械设备的传输、存储和呈现。多媒体视频集成是基于不同功能和类型的多媒体系统和硬件配置机器设备的集成,配合多媒体数据的组织、解析、编写和呈现。这整个过程体现了计算机多媒体技术的融合、整合性。

四、交互性

计算机多媒体技术的交互性,是指电子计算机使客户能够与多媒体数据进行协作和沟通,为用户提供了一种更加灵巧的方法或方式来选择和操作与信息内容相对应的信息。通过交互性,客户可以有目的地获取对自己更有价值的信息,完成数据的个性化。多媒体系统信息搜索是体现多媒体系统交互性的典型案例。利用计算机多媒体技术的交互特性,客户还可以根据输入关键词的形式获取更准确的信息,更好地满足客户的真实需求。同时,还可以让客户将自己对搜索结果的识别程度以反馈的形式反馈给计算机,从而辅助系统软件改进搜索特性。此外,交互性的现实案例还包括使用现代信息技术即时播放的交互式电视机。与传统电视机被动接收新闻媒体数据不同,交互式电视机可以为客户选择和获取电视节目给出了更灵巧的方法。

五、非线性系统

多媒体数据的结构一般是超链接网状结构。这种非线性系统的特性改变了我们传统的顺序读写能力方式。例如，计算机多媒体技术赋予了一种全新的、灵活的基于超链接方式的自动访问方式。

六、及时性

在多媒体视频中，不同类型的媒体内容通常具有联系性和灵活性，在时长或室内空间方面存在一定类型的紧密联系。例如，一段视频数据中的声音、外挂字幕、视频图像等通常具有时间依赖性，时长上相互联系。因此，也规定了多媒体视频可以同时并行处理不同的信息内容媒体的能力。

通过对上述计算机多媒体技术特征的分析，可以看出：与单一新闻媒体的信息特征相比，多媒体系统是一个集成的系统软件定义，各种信息内容体之间具有一定的联系。两者有很大的不同，促使单纯利用传统的大数据挖掘技术来解决，但实际效果并不理想。因此，这显然也对多媒体系统大数据挖掘提出了很大的挑战。

第二节 多媒体系统大数据挖掘简介

一、环境

多媒体数据在我们的日常生活中发挥着越来越重要的作用。近年来，随着互联网接入技术的飞速进步和计算机解决方案的不断完善，互联网上发布的数据已从单一的文本逐渐转变为包括文本、图像、视频、音频等在内的多媒体数据。人们在日常生活中接触到的信息方式不断丰富多彩，多媒体数据库的总数不断增加，信息量也在不断扩大。沉迷于如此浩瀚的数据海洋，如何更合理地利用信息，寻找隐藏在其中的宝贵专业知识。因为今天的数据库管理无法检测隐藏在大量数据中的通信和标准，无法根据当前数据预测未来的发展趋势，也缺乏隐藏数据信息发现背后的专业知识的方法。这让大家遇到了"数据信息丰富。专业知识不足"的问题。原来简洁的数据库系统已不能满足实际使用的要求。每个人都热切期待从这些多媒体系统信息中获得一些基本概念和方法，并从中发现有价值的专业知识。

多媒体系统大数据挖掘和专业知识发现技术应运而生，在社会各行各业中大显身手。活力。这种将大数据挖掘技术与多媒体系统信息资源管理技术相结合，发展多媒体系统信息专业知识的信息分析方法就是多媒体系统大数据挖掘（Multimedia Data Mining）。具体来说，多媒体系统大数据挖掘就是将许多多媒体系统中的数据信息集中起来。基于对复杂异质海量信息的视觉特征和词义、潜在有效信息内容和专业知识的综合分析，获取事物趋势和关系的全过程，进而为客户提供必要的服务支持解决问题并做出管理决策。

二、研究以及使用现状

现阶段，多媒体系统中的大数据挖掘是大数据分析的一个热门研究领域。多媒体系统信息的信息特征（如时空特征和视觉特征等）与一般关系数据库查询中数据的特征在很多领域都不同，所以一些比较常用的大数据挖掘方法适用于关系数据库查询不能同时用于多媒体系统的大数据挖掘。有必要对适合多媒体系统信息的新挖掘方法和新技术进行科学研究。

现阶段，多媒体系统信息的发现和科学研究处于查询环节，而图像大数据挖掘作为多媒体系统大数据挖掘中一个比较有趣的子行业，处于多媒体数据库和信息内容的前沿。管理决策行业现阶段。研究内容之一与其说是相应的分析。图像挖掘是将大数据挖掘技术引入图像研究领域，然后发现隐藏在大量图像信息中的新闻和专业知识，从复杂的图像信息中提取出隐藏的有价值的信息。消费者能够理解的词义信息内容和专业知识的全过程。典型应用包括强台风卫星影像的挖掘、台风形成规律的科学研究、强台风的预测和分析；挖掘乳腺肿瘤的图片以检测乳腺肿瘤。此外，在音视频大数据挖掘层面，也有学者对电影发现的系统架构和科研思路进行了探索。本次分析完成了对多媒体系统大数据挖掘方法和过程的基本探讨。

与国外相比，我国对现代信息技术的探索起步较晚。现阶段，中国许多高校和科研机构，如清华大学、中科院计算所、航空兵第三研究室、南海舰队武器装备论文核心，正在争先恐后地对多媒体系统的专业知识进行基础知识和应用研究。东南大学、四川联合大学、上海交通大学等单位就非结构化数据专业知识发现及其 Web 多媒体系统大数据挖掘进行了探讨和科学研究。现阶段，多媒体系统大数据挖掘技术可应用于医学影像诊断分析、卫星图像分析、地下矿床预测分析等行业。

众所周知，现阶段很多多媒体系统对大数据挖掘的定义、内容和方法都没有统一的定论。许多问题需要进一步的科学研究，例如：多媒体系统发现的系统结构和体系结构；新颖性的发现及其改进后的优化算法，使其适合多媒体系统信息的信息特性；新的挖掘日常任务以及挖掘结果的指示、表达和数据可视化。由于多媒体系统大数据挖掘技术涉及面广，应用潜力大，刚刚成为网络科学研究的热点，该行业的分析、开发和设计必然具有广阔的市场前景。

多媒体系统数据信息包括文本、图形、图像、动画、音频和短视频等，信息内容的类型非常丰富多样。因此，对这些数据的分析和获取以及获取不同信息特征的关联和方法，都属于多媒体系统大数据挖掘的范围。一般来说，现阶段常用的多媒体系统大数据挖掘的主要内容包括对单一的新闻媒体进行信息挖掘，如图像挖掘、视频挖掘、音频挖掘，以及综合挖掘多种信息的多媒体系统特征。限于篇幅，本节以下部分仅以目前最常见的图像挖掘为例，实际详细介绍多媒体系统大数据挖掘技术在图像检索中的应用以及如何使用大数据分析技术有效地结合各种不同的信息特征，例如互联网图像和相应的文字叙述。

第三节 多媒体系统数据信息（以监控视频为例）

从理论上讲，监控视频信息的内容是指安装在特殊场所的网络监控设备获得的图像记录，反映任何事物的存在状态和运动方式。这里的网络监控设备不仅包括安装在公共行业的网络监控设备，如地下停车场、城市广场、地铁入口、大型商场、十字路口、楼梯口等，还包括安装在私人行业的网络监控设备、机械设备，如房屋、酒店、网吧、企业办公室等。获取的视频监控系统信息不仅包括所有正常、合理、合法的日常生活、生产制造信息内容，还包括异常和非法的日常生活，生产制造信息内容。小规模监控视频信息内容，特指侦查管理机关基于预防违法犯罪的视频监控系统设备获取的与案件有关的信息内容。文中所称网络监控信息内容，是指小范围定义的网络监控信息内容，即由安装在案件相关场所的网络监控设备记录的，可用于预防犯罪、辅助侦查、案件侦破取证。相关信息，如时间、涉及人员、交通通讯专用工具、印记物体、异常现象等。因此，与传统侦察全过程中人力资源密集的信息内容相比，视频侦察信息内容具有以下特点：

一、视频信息监控系统内容的特点

（一）收藏方便

不同于传统的侦查信息内容方式，视频图像信息内容的存储材料多为计算机硬盘、U盘等，特殊企业存储的数据量极其多样，既有记录的视觉信息内容，也有相关的扩展拓宽信息内容。采集时，通常立即获取监控系统的存储组件或使用移动存储机器设备进行复制，比传统的调查访问、摸底排队等侦查信息采集方式更加方便快捷。

（二）方法的客观性和即时性

视频图像数据是一种动态图像，可以记录和展示新闻事件的整个进程，比传统的纸质报道和案情分析更逼真。随着科技的不断发展，视频监控探头的监控范围早已能够实现360度旋转监控，在监控异常目标和异常方法中进行整体目标锁定，跟踪或立即进行特征记录，并根据总体目标锁定总体目标，跟踪抓拍。从抓拍图片中提取的网络监控信息内容，可以客观、即时地反映特定空间中人、事、物的特殊情况和内在联系，进而更及时、客观地了解案件相关信息。

（三）应用中的可处理性

由于监控系统规格不一致，摄像头光源较暗，在侦查活动中获得的视频监控系统图像很可能以图像存储文件格式存储，视频无法播放，图像不清晰，这时候还可以解决中后期的视频图像，比如改变存储文件格式，使用 Photoshop 图像处理手机软件，使用人脸识别系统软件等，实现视频播放流畅清晰模糊的图像。

（四）存储的及时性

现阶段视频监控系统数据量巨大，当设备存储容量不足时，一般视频监控系统数据都会有一定的存储时间，过了这个时间之后，新的视频监控系统材料就会覆盖。同时，一些机械设备在设定的时间段过后，会以大引擎压缩比完成有损压缩存储，大大降低了视频监控系统的图像质量。因此，视频监控系统信息内容的及时性影响我们在事件发生前尽快收集相关视频监控系统资料。

二、视频监控系统信息内容的内容

视频监控系统信息内容的内容是指司法人员从视频监控系统的图像数据中，通过目视观察，即时获得的涉案相关人员的外貌形态和运动状态叙述的总称。或通过进一步的逻辑推理获得。根据信息内容的不同特征，获取的视频监控信息内容还可以分为直接信息内容和间接信息内容。两者通常不是完全分开的，而是在侦察实践活动中紧密联系在一起使用的。

（一）视频监控系统信息内容中的同步信息内容

视频监控系统所体现的同步信息内容是指视频监控系统所体现的客观性。它可能无法通过逻辑思维进行逻辑推理或处理，或者只能使用数字图像处理技术来解决技术问题。可获取并可立即用于侦查行动的信息内容。例如，根据视频监控系统采集的涉案人的身材、体重、衣着等个人特征，或与案件有关的涉案人、交通工具、通讯工具、印记证据等、光影条件等。侦查中视频监控系统信息内容的使用

1．涉案人员的信息内容

这里的涉案人员主要是指嫌疑人和被害人，同时，还包括证人、知情人等。在传统的调查方式中，主要通过调查、走访、现场调查等方式获取涉案人员的相关信息，耗费大量资金投入并核实和消除虚假信息。视频监控系统信息内容的客观性和即时性，使其能够在观看监控视频的基础上，将涉案人员的总数、外貌、生理特征、地域特征等可视化。因此，专门收集应用。它通常比传统的侦查方法更准确、更直接。例如，从监管对象穿着凉鞋、睡袍等的特征可以推断，其运动类别不大，有可能在周边地区定居；从运动服、工作服等服装特点中，可以发现自己的工作特点；行李箱的情节可以推断，可能是他刚从外省回来，或者即将出门。

2．汽车信息

随着社会经济的发展，汽车应用越来越普及，汽车也是我们日常生活中的重要资产。在刑事案件中，汽车往往被犯罪嫌疑人选定为作案工具和作案目标。因此，对涉案人员的车辆信息进行识别和核实就显得尤为重要。但在运行中，由于汽车速度较快，监控设备本

身清晰度较低，光源标准较差，车辆识别系统往往存在困难的条件。此外，为了更好地避免严厉打击，犯罪嫌疑人通常会采用偷窃、抢车、堵车、换车牌甚至不挂牌等反侦查行为来躲避车辆识别系统。这就要求司法人员首先提取视频监控系统捕捉到的涉案人员的车辆信息，识别出该车的关键特征和类型，然后根据识别和验证，获取该车的真实信息内容。在相关场所和地区。

3. 印记对象的信息内容，犯罪人在犯罪现场执行违法犯罪后，总会离开或带走一些物品

这种类型的物体是观察和评估嫌疑人的重要组成部分。在短视频图像侦查中，除了案发现场的遗留物和丢失的物品外，犯罪嫌疑人在整个作案过程中一直随身携带的东西也可以成为犯罪嫌疑人主题的主要轨迹的标志，涉案人印记对象在侦查中的作用具体表现在两个层面：一是涉案人对象的图像信息内容可作为设置视频跟踪标记的参考，进而引导司法人员发现大参与监控视频的人数；第二，根据涉案人员的图像进行分析核实，可以缩小侦查范围，甚至可以同时侦破嫌疑人。

近年来，随着经济发展、高新技术等领域的发展，优良的侦查设备和方法被广泛应用于侦查工作、侦查行政机关的各个环节。侦查能力明显提高。一方面，这说明我们的国家、社会发展、老百姓的日常生活得到了更好的保障，但另一方面，也意味着如果犯罪嫌疑人想犯罪，他将面临更高的代价。和更大的风险。这鼓励嫌疑人采取比传统方法更复杂、更隐秘和误导性的反侦查个人行为。因此，在整个侦查过程中，司法人员必须善于发现、分析和解决反侦查个人行为。主要方法之一是检测视频中的异常现象。犯罪嫌疑人有违法犯罪意图，或为更好地避免被害人、周围群众和警方侦破，或因害怕受到法律法规处罚，或为了更好地达到犯罪意图而后违规，通常会出现一些与个人或普通人的正常个人行为有很大不同的情况。例如，一个平时比较穷的嫌疑人突然购买了巨额房产，或者一个平时不喜欢与人交流的嫌疑人，在相关案件发生后突然喜欢与人打探，调查行政机关的调查主题。活动。由于视频监控系统信息内容的时间衔接性，在案件的整个侦查过程中，司法人员往往会根据视频监控图像中看到的异常现象的信息内容来发现嫌疑人，即阅读在确认的调查范围内。视频监控信息的内容用于进行盘点。司法人员如发现他人主要表现异常，可纳入侦查视野，落实督查重点。完成侦查的总体目标。

（二）视频监控信息中的间接信息

内容视频监控系统所体现的间接信息内容是指司法人员从视频监控系统中同时获取的信息内容，以获得多个视觉信息内容进行执行。逻辑推理、生产、加工、证明，对犯罪嫌疑人进行评估，描述犯罪信息内容的时长、空间数据、案件性质、犯罪全过程等信息内容等。在刑事科技实践中，复杂、疑难案件往往存在侦破缺陷。如果有多个现场案件，首先找到现场，明确案发时间，评估案件性质，还原犯罪全过程。利用视频监控系统的信息内容，可以更方便、更直接地根据案件相关信息的串联，从逻辑上推断出案件的重要信息内容。这是犯罪现场周围情况的真实客观性。

1. 时空

所有刑事案件都是由主体、目标、客体、时间、室内空间等基本前提构成的。其中，由于侦查时代使用视频监控系统的信息内容是一维的必然，而室内空间是三维的、指定的。因此，在侦查实践活动中，案件通常是从时间和空间上区分的。在其他情况下，可以根据从相关案件中获得的时间长短信息准确判断事件发生的时间，从而适当划分调查范围，明确或否定行为目标，验证嫌疑人的真实性。因此，很明显，时间因素在侦查运动中起着关键作用。视频监控系统机械设备一般都内置了时间设置系统软件，所以图像素材本身基本就包含了摄像机的时间信息内容，这就可以根据图像数据明确事件发生的时间。在违法犯罪的时间要素不是很确定的情况下，由于图像资料立即记录了犯罪的全过程，因此，只需搜索记录犯罪犯罪的图像资料，校对后即可根据时间，图像素材的部分被转换完成的时间是事件发生的时间。殊不知，由于监控系统本身的时间误差，或者监控探头的拍摄位置、视角等原因，无法彻底记录刑事犯罪的全过程等，也可能造成难以取舍。基于视频数据的事件发生时间。此时，根据现场附近的影像资料，综合刑事犯罪的特征，对被害人、违法犯罪人、涉案人的汽车，甚至犯罪嫌疑人的异常情况进行分析，通过应用逻辑判断，得出事件的实际时间。

2. 案件性质

在侦查初始阶段，对案件性质的准确分析判断，对于准确划分侦查地点和类别、描述犯罪嫌疑人的标准具有关键作用。案件性质的具体分析主要依据受害目标的特征、现场自然环境的位置关系、现场印记的证据以及相关证据。如今的沿街网络监控设备越来越受欢迎。一方面，可以更加全面、客观、真实地记录事件发生的全过程。另一方面，也为具体分析案件性质提供了有效途径。 2010 年 5 月 27 日上午 9 时左右，湖南长沙市周大盛珠宝商贸有限公司厨柜、金库内的黄金、黄金、铂金首饰等贵重物品被发现被盗，使用价值为损失达 395 万元以上。经警方基本调查，发现嫌疑人于 5 月 26 日晚上 11 点左右断开店内开关电源，导致监控系统无法工作。因此，没有发现任何影像资料，可以立即记录现场作案的全过程。但是，嫌疑人可以轻松进入监控系统机房，准确切断开关电源进行分析得出可能是内部员工。民警查看附近监控录像后发现，凌晨 3 点，一名年轻男子拎着包从店门口逃走，但监控录像并未显示有人提前进入珠宝公司。因此，警方认定嫌疑人应在店内。珠宝店关门了，前往珠宝店。珠宝店关门前，只有一名保安，谭某，正在值夜班。事发前，谭的下落不明。 结合本案分析认为，此案应该是公司员工所为。因此，谭的嫌疑最大。后来经查明，提着包逃跑的男子是谭。随后，在广州警方的协调下，5 月 29 日中午 12 时许，犯罪嫌疑人谭及其联系人廖、庞在广州花都天元居宾馆被抓获，并被当场抓获。交一部分被盗的赃物。本案是利用珠宝店及附近监管数据的统计分析，判别案件性质，锁定嫌疑人，最终立即逮捕嫌疑人，缴获赃物，侦破案件。

3. 作案全过程

根据个人行为的目的和顺序，刑事犯罪的整个过程一般包括犯罪准备、违法犯罪实施、违法犯罪完成、违法犯罪潜逃四个环节。在每个环节中，不同嫌疑人的手法、内容、个人行为顺序，都可能暴露出嫌疑人自身的特征，如工作特征、人际关系特征、地域特征、犯罪史特征等。因此，在侦查运动中，确定嫌疑人的犯罪全过程是描述嫌疑人、划分侦查范围的重要环节。同时，对于明确查处地点、制定紧追等对策也具有积极意义。在传统侦查中，对犯罪全过程进行具体分析的关键是采用实地调查研究和浏览。一方面，它消耗大量的财力和物力，并受人为因素和主观因素的影响。容易出现虚假报道和隐瞒；另一方面，在完成现场勘查或调查访问后，一旦发现现场勘查或访问情疏忽或有现场一般被损坏或清理。由于间隔时间长，调查对象经常会出现记忆模糊的情况。进一步以侦查为主题的活动的障碍。由于视频监控系统的信息内容存储时间长，不易损坏，客观即时，获取方便快捷，数据量大。路线更客观、即时、省时、省力。

第四节 多媒体数据（以监控视频为例）信息的收集

一、提前准备好存储设备和判断文件

由于视频图像数据存储形式的独特性、视频监控系统机器设备结构的多样化以及其中包含的信息量巨大，一般无法获取设备中的存储组件。立即获取视频监控系统的图像数据。并且其中大量是通过副本备份的形式获得的。因此，在采集视频监控系统的图像信息内容之前，必须准备好大空间的移动存储设备，如移动磁盘、U盘等。为了更好的防止内容丢失，需要提前检查存储设备是否还能正常运行。为了更好地保证存储信息的合理、合法、规范，避免数据和信息的混淆，在收集案件数据信息时，需要清除存储设备中的无关数据信息。视频图像数据不仅用于侦查活动，侦破案件和讯问嫌疑人，还可以作为起诉的主要直接证据。读取视频图像数据的应用程序使用读取证人证言的通用程序。因此，需要在取得前准备好相应的文件和直接存证公文，并按照相应的法律法规办理手续和办理相应的手续。

二、读取视频监控系统的信息内容

（一）明确采集范围，寻找探头位置

侦查指导人员在采集视频监控系统的信息内容时，首先要根据案件情况，对有效的视频采集范围进行分类。在此基础上，司法人员应当寻找监视探针，调取监控信息。若果调取范围太小，也有可能忽略有价值的网络监控信息内容，而且由于视频素材一般都有一定的保留期，一旦被忽略的短视频素材被自动覆盖，就无法使用了。但如果将收集范围划分为大，就会延误战机，极大地消耗财力和物力，导致侦查的经济效益降低。因此，在对产品信息采集类别进行划分时，需要在把握案件相关情况的基础上，根据案件性质和明显程

度明确阅读类别。由于全国大部分地方的网络监控设备缺乏统一的监管机构，视频监控的安装和管理方式也大多由各自的职责来执行，所以要知道相关人员在现场是否有监控探头。随着对案件的深入了解，才有可能收集到密切相关的现场视频图像。因此，有必要进行相关研究，了解现场是否有视频监控系统。此外，有时为了更好地处理现场分析中的一些专业问题，司法人员也必须有目的地寻找新的监测探针。

（二）阅读和存储分为阅读类别

完成相关范围内摄像机位置的统计分析后，即可阅读相关视频资料。对于一般刑事案件，您只需阅读保管箱所在区域和时间的视频监控视频即可。对于重大刑事案件，应当根据案情阅读辖区内任何可能与案件有关的监控设备的监控录像，包括犯罪嫌疑人的进出路线、可能的逃生路线、出镜界面、关键等待在街角。值得一提的是，在读取存储时，需要读取事发时和事后的视频监控系统资料，以及事发前的视频图像数据。根据视频监控系统设施的存储文件格式和实际操作方式，读取和存储视频图像数据的方式也不同。一般包括立即获取材料的方法、复制的方法、数据信号基因表达的方法、拍照的方法。四种方式。如果监控系统的移动存储设备是录像带、电脑硬盘等，可以同时获取存储资料，这也是一种非常简单、最直接的方式。但多数情况下必须复制，如根据监控系统的 USB 接口或网络接口复制，根据监管智能管理系统服务平台或手机客户端免费下载，或在存储设备中搜索相关内容同时，视频监控系统。复制。如果没有备份数据导出功能，且存储设备不能随便拆卸，也可以采用数据信号基因表达法获取数据，即使用视频采集卡接视频流输出口视频监控系统立即采集硬盘上的数据。另外，也可以采用在监控显示屏上进行录像、拍照的方法进行固定，但这些方法一般会导致画质差、锐度受损较大等问题，所以一般只采用在紧急和特殊情况下。

第五节 多媒体数据（以监控视频为例）信息的利用

一、格式转换

由于我国缺乏统一的视频监控系统文件格式规范，并且个别厂商根据自身的利润考虑自身对网络监控系统软件的特殊要求，不同厂商的视频监控系统文件格式并没有统一的要求。例：MPG、MP4.MPH、MV4.SM4.TM4.DAV、H64.h264. 264.HE4 等。这种不同文件格式的视频一般只使用视频监控系统内置的专用播放器来播放视频。因此在短视频图像侦查中，需要多方面多角度地来使用此类文档。

首选，当我们面临播放软件的选择时，我们可以选择使用视频监控系统自带的播放器播放，也可以选择使用通用视频文件播放器。如果选择使用视频监控系统内置的播放软件，在采集视频素材时应一并进行采集。为了更好的方便日后的处置和应用，最好将采集到的监控视频文件格式转换为 AVI 等通用文件格式。

二、图像的清晰分辨率

由于视频监控系统设备清晰度低，监控系统视角不合理，现场光源标准不理想，整体监控目标体积小或移动速度快等众多因素的影响，很可能造成视频监控系统图像的模糊。例如当我们面临一张模糊不清的略显泥泞的照片，如果这张图片中有可能存在与案件有关的信息内容，就必须要解决清楚。视频图像侦查中的模糊图像处理可分为单帧模糊图像处理和模糊视频处理两个部分。因为解决所有的视频文件格式都比较困难和耗时，所以在侦查中一般主要是去模糊而不是对列表帧图像进行处理。模糊图像处理必须通过专业的数字图像处理软件完成。可以使用 Photoshop 等工具，也可以使用专为刑警队设计的数字图像处理系统软件，如荷兰的"影博士"以及荷兰的"影博士"和美国"识慧"等模糊图像处理系统等。在进行模糊图像处理时，首先要分析图像模糊的原因，然后根据原因，找到相应的计算实现图像复原解决方案来实现图像还原处理。

三、信息内容校正：色偏、时间

一方面由于不同监控系统的不同，在监控画面上录制视频时会出现不同的偏色，这也会危及中后期对监控画面的审查和分析。因此，在观看监控视频之前，要先将监控录制的视频偏色与不同监控系统采集的视频偏色进行对比。如果有差异，要先进行更正。另一方面，为了更好的方便后期的验证，视频监控系统一般会存储视频文件格式，也会记录视频监控系统信息内容的存储时间。大家都知道，在侦查实践活动中，由于设置者的错误操作、系统软件的长期应用或者各种隐蔽的变化，都可能导致视频监控系统素材展示的制作时间与实际不符。因此在获得视频监控系统素材后，首先要做的就是区分是否为原始素材，图像是否通过隐蔽或转换时间等方式进行了伪造，然后查看图像素材的时间格式是否是准确的，如果不是必须进行准确的时间校准，特别是当需要与其他数据进行运动轨迹碰撞时，需要进行一系列准确且系统的时间校准。

四、视频监控系统信息内容分析与应用

1.视频监控系统信息内容分析

随着视频监控系统侦破案件成果和破案效率的不断发展，视频监控的技术已成为继刑事技术、行动技术、网侦技术之后的第四大支撑。视频监控技术、刑事技术、行动技术、网络侦查技术等现代技术性的发展对案件的调查起着关键作用。根据视频监控系统设备获取的视频监控系统资料，由于视频监控系统设备在单位时间内捕捉到的信息极其庞大多样，不仅有与案件相关的信息，而且存在大量与案件没有关系的信息内容，这就需要司法人员对其进行分析，去发现与案件有关的犯罪嫌疑人的信息内容。一般来说，视频监控系统图像中包含的信息内容，按照关键表达形式可以分为三类："显性信息内容、潜在信息内容

和异常信息内容"。视频监控系统信息内容分析主体活动主要围绕从三种信息内容中获取大量网络交换机，并在此基础上联系实际案例，从点到线，再从线到面。网络关系就变成了信息内容。这些内容通过传输链互联互通，从而产生连接的网络信息，用于侦查实践活动，正确引导侦查主体活动顺利完成。具体来说，视频监控系统信息内容的统计分析方法具体包括以下几类：

2. 网络交换机的采集和分析

在处理一段很可能与案件有关的视频监控系统资料时，首先必需要做到动态、连续、长期的对短视频素材进行挖掘，提取与嫌疑人或案件相关的信息。适当高效的网络切换，可以即时反映案件的重要信息内容，如提供犯罪嫌疑人的外貌特征、作案全过程等重要信息。同时，也提供了基础的逻辑判断，从而为进一步的信息内容联检提供帮助，这些综合的信息内容为形成完整的逻辑推理信息链条创造了先决条件。

视频监控系统图像中不同方式的数据进行统计分析的关键包括以下三种方法：

（1）显性信息内容。即刻观察显性信息内容是指在视频图像数据中可以直观地获得，无需进一步的逻辑推理即可通过肉眼观察获得的与案例相关的信息内容。采集的复审短视频图像如果清晰连贯，可以直观、清晰地反映与案件相关的信息，如监管图像显示信息的时间、地址、嫌疑人的外貌、犯罪嫌疑人总数和犯罪数量。工具、机动车牌照等信息内容，司法人员可以立即获取视频监控系统的信息内容，从而可以高效的进行比对检查，确定嫌疑人，固定直接证据，并在此基础上制定进一步的侦查方案。

（2）潜在信息内容。在视频数据中，信息内容联合侦查方法，除了包括嫌疑人外貌在内的直接显性的信息外，还包含了很多需要进一步分析的潜在信息内容，如 GPS、通讯记录、银行账户等。视频监控系统信息内容在视频监控系统侦察中的会使用 15 个数据，检测到的案件的主要信息通常隐藏在最看似日常的事物中。如果从这张简单的图片入手，仔细捕捉视频帧中的每一个关键点和相关信息，分析挖掘出隐藏在背后的潜在信息内容，极有可能在案情中找到突破点，然后给出多处发现用于解决案件。例如，视频画面反映嫌疑人的走路姿态、通话的语音、取款、上网、开车、购物、酒店住宿等关键信息内容。此关键信息内容与三维时间精准定位融合后，即可前往关键链接查找其他证据及相关信息，有目的地使用技术侦查对策，如收集手机短信、网吧监控视频信息内容、购物信息内容、银行卡账号、酒店住宿信息内容甚至 DNA、指纹识别数据等。

（3）异常信息内容。深度调查方法在具体调查中容易发现蛛丝马迹。犯罪嫌疑人通常关注的是如何防止被被害人和周围的人发现和如何躲避过警方的侦查，而忽视了视频监控。试想一下，他们对个人行为的回避在正常情况下看似正常，但在视频监控系统的画面中却显得非常不正常。因此，在案件线索不多的情况下，可以利用在众多监控录像资料中发现的异常信息，去找到案件的突破口。根据犯罪嫌疑人在犯罪准备、犯罪行为实施、违法犯罪结果等过程中可能出现的各种异常主要表现，如行为异常、服装异常、物品异常等，去发现锁定嫌疑人。因此，在实际活动中，我们通过对视频监控系统资料中异常信息内容的分析往往能找到突破口来解决案件。

第十章 社会发展数据的收集与应用推动城市发展趋势

　　随着国内信息化技术和城镇化的快速发展，信息化管理和城镇化发展的整体水平不断提高，但在加速发展的过程中也存在产业布局不科学，区域发展不平衡，财富分化严重，相关技术人才不足等严重问题。为更好地推动数字化、城镇化的自身发展，同时实现两者相互交流、共同发展，促进我国社会经济的可持续发展，结合我国"新四化"发展趋势条例，明确提出促进两者相互交流、协调发展的方式选择。

第一节 统筹整体战略定位

　　推进城镇化发展不是片面的、独立的，它需要同科技现代化、农业现代化相协调的城乡统筹、城乡一体发展。2013 年，国务院办公厅印发《国家新型城镇化规划 2014-2020》，指出我国城镇化发展要走社会主义新型城镇化发展道路，明确提出城镇化建设质量要进一步提高。进行自主创新，整合相关行业法规和制度，完善制定城镇化建设的未来发展路径，并统筹相关领域制度和政策创新。在上世纪，我国的城镇化率曾跌至个位数，但可喜的是，随着经济的快速增长，到了 2020 年中国城镇化水平达到 60%，其中成都的城镇化率是 75.2%，杭州的城镇化率为 79.5%，武汉的城镇化率为 84%。

　　以人的城镇化为重点，稳步推进农牧业迁移人口城镇化；以城市圈为主体，促进一二三线城镇共享发展；大城市可持续发展水平的提高，必须基于综合承载能力；自主创新管理模式，释放城镇化进程发展潜力，坚持以人为本，完善合理布局，保护生态环境，传承文化，促进经济发展。转型发展与社会和谐发展。同时，明确提出发展规划：

一、稳步提高城镇化水平和质量

城市化建设应与当地城市经济的发展同步，经济的发展水平、人口规模、基础设置建设等相适应。它不是一蹴而就的，有自身的发展规律。推进城镇化进程，必须遵循城镇化进程的规律性。因此，《规划》着眼于城镇化健康合理的发展趋势。"常住人口城镇化水平应在60%左右，户籍人口城镇化率应在45%左右，户籍人口城镇化率与常住人口城镇化率差距缩小。人口和其他居民登记在城镇……"

二、完善城镇化建设布局

《规划》是指现阶段以"两横三纵"为核心的城镇化发展战略布局。城市群经济发展，人口工作能力明显提高，东部城市圈一体化水平和竞争力明显增强。聚焦西部城市群是促进区域协调发展的主要增长极。因此，西部各省区要认识这一关键战略意义，结合本地区实际，制定合理对策，促进中西部城市群有序推进。逐步完善城市管理规模结构，不贪大不求全，不推诿。城市管理规模必须与当地社会经济发展水平相结合。把握规模效应与城镇化建设成本的关系；突出区域中心城市辐射源 切实适当增加二三线城市总量，增强小城镇建设的商业作用。

三、城市合理发展模式科学研究

依据当前发展趋势，应该优先选择密度较高、混合使用、公交为主的集聚紧凑型发展方式，适当增加非城市人口流动，注重节水、环保、节能、翠绿制造的绿色生活，大城市与人共享发展。

四、营造和谐宜居的城市生活自然环境

逐步完成基础教育、就业服务、基本养老服务、基本医疗服务、保障性住房等基本公共文化服务覆盖所有居民，完善基础设施建设和社会服务装备；开发个性化的城市管理方法。创造有利的制造和消费市场。城市民俗文化的发展趋势，自然风光和历史文化遗产的维护。

五、逐步完善城镇化建设体制机制创新

无论是户籍制度、土地规划、社会保障、财税金融，还是绿色生态环境保护管理模式，都必须逐步完善。

2016年7月中共中央办公厅、国务院印发《国家信息化发展战略纲要》，强调要大力走社会主义民主信息化发展道路，利用信息化管理以促进智力。信息化管理的总体目标是在全国构筑强网络，提高国家信用建设能力，提高信息化管理应用水平，改善信息化发展

自然环境，促进我国治理体系和治理能力智能化发展。

制定创新驱动、惠及民生、合作共赢、确保安全的未来发展战略，在核心技术、基础设施、信息资源、人才队伍、合作交流等方面推进智慧政务，繁荣网络媒体，公共文化服务自主创新，服务工程生态文明建设。在基础建设中建设信息化强国，提高社会经济信息化管理水平。在法制建设、互联网绿色生态、网络环境安全等方面改善信息化发展的自然环境。从组织协调工作计划、配套设施现行政策和督促制度，确保信息管理的高效实施。

我国从城镇化发展和信息化管理两个层面提供了战略发展规划和具体指导。全国各地或大都市区都可以整合城镇化发展以及我国的总体规划和信息化管理战略发展规划，完善管理环境下城镇化建设总体规划和战略方针、县区总体规划和城市规划的总体规划，制定因地制宜的信息化发展规划，科学合理地引导推进城镇化发展。在制定区域发展总体规划时，要考虑建设和完善社会保障、交通、诊疗、通信、电力能源、排水管道等基础信息管理系统，打造公共资源服务平台，做好信息对接，完善数据共享资源，挖掘信号源的使用价值。

第二节 发展新型工业化和农业现代化，促进两化协调发展

实证分析结果表明，信息化管理与城镇化发展之间存在明显的相互关系。既要发展信息化管理，亦要发展城镇化。两者相互促进，协调发展。

但是，从目前的发展趋势来看，一方面，信息化管理正处在加速发展趋势，呈现出巨大的发展前景。另一方面，城镇化发展相对缓慢，整体水平呈现出较为严重的滞后效应。在经济社会中，要充分利用信息化管理推动创新驱动发展，跨越式产生生产主力军，扫除城镇化落后发展趋势的经济发展障碍，加快推进经济社会化进程。同时，大家要清醒认识信息化管理与城镇化发展的互动关系，城镇化发展与信息管理相结合，及时调整城镇化发展的战略布局，并制定必要防范措施，真正实现信息化管理与城镇化的发展趋势相互促进。将互联网技术融入工业生产，改革创新互联网技术工业生产。推动现代信息技术与生产技术相结合，实现智能设计产品、优化产品流程、装备制造等巨大突破，打造智能制造体系，完善制造企业智能化管理机制，全面提升公司产品开发、设计方案、生产制造、管理方式和商业智能标准。打造现代化与数字化相结合，加快工业信息化和信息内容现代化步伐，推动信息内容经济发展的发展趋势。

以信息化管理推进现代农业，根据建立农业信息化管理实践活动产业基地，将现代信息技术和精密机械制造应用于农牧业生产经营。提供专业的专项指导、专业的技术培训、设备维护与管理、信息收集与解决等服务。利用互联网技术打造农牧业生产要素优质品种买卖、农产品营销、货运物流（含冷藏货运物流）、农产品、绿色生产制造信息内容追溯、

商品期货服务平台等服务平台，打造农业基础知识信息内容互动平台，降低农产品生产和市场销售消息的不可逆性，降低交易成本。打造智能化系统和数字化现代农业生产经营管理系统。完善对土层、水体、树木、草坪等生态环境和农产品投入物的智能检测，完善农业生产安全信息内容预警信息和保障体系，保障农业和农业绿色制造和翠绿色制造。提高废品回收系统的技术性，促进资源的循环利用。充分利用网络、通信和控制系统打造智慧农业，实现农牧业和工业生产共享发展，实现城乡共享发展。

创新驱动发展、现代农业、信息化管理和城镇化发展之间的相互关系如图11-2-1所示。创新驱动发展的进步推动了现代农业的发展，为现代农业的未来发展提供了机械设备、技术和服务项目。现代农业的作用将催生新型工业生产，为创新驱动发展进程提供基础化学物质应用。创新驱动发展推动信息化管理，数字化发展趋势推动社会新需求，推动社会生产力发展趋势，进而推动创新驱动发展进程。城市化的发展为现代农业提供了室内空间和销售市场，现代农业为城市化发展过程提供了多种化工产品，满足了新型城市信息社会的各种要求，对现代农业具有不可替代的物质支撑作用。城镇化发展为信息管理提供了媒介，促进了现代信息技术与城镇化发展的互动交流。选择发展趋势和室内空间。同时，信息化管理也充分推动了城镇化的发展趋势。两者相互融合，协调发展。发展趋势催生了新的城市信息社会。随着信息化向不同环节的发展，两者的结合将陆续进入数据城市、综合城市、虚拟化技术城市和新型智慧城市。两个新型智慧城市的结合是一个合理的衔接点，也是新型城市发展生命周期的起点。

第三节 创新驱动发展和现代农业，促进两者共同发展

实证分析结果表明，信息化管理与城镇化发展之间存在明显的相互关系。信息化管理的发展趋势和城镇化的发展都需要发展。两者相互促进，共同发展。

但是，从目前的发展趋势来看，一方面，信息化管理正在加速发展趋势，呈现出美好的发展前景。另一方面，城镇化发展相对缓慢，整体水平呈现较为严重的滞后效应。在经济社会中，要利用信息化管理推动创新驱动发展，跨越式产生生产主力军，扫除城镇化落后发展趋势的经济发展障碍，加快推进经济社会化进程。城市化发展与信息管理。同时，大家要清醒认识信息化管理与城镇化发展的互动关系，及时调整城镇化发展的战略布局和防范措施，使信息化管理与城镇化的发展趋势相互促进。将互联网技术融入工业生产，改革创新互联网技术工业生产。推动现代信息技术与生产技术相结合，设计产品、优化产品流程、装备制造等，打造智能制造体系。完善制造企业智能化管理机制，全面提升公司产品开发、设计方案、生产制造、管理方式和商业智能标准。打造现代化与数字化相结合，加快工业信息化和信息内容现代化步伐，推动信息内容经济发展的发展趋势。

以信息化管理推进现代农业，根据建立农业信息化管理实践活动产业基地，将现代信息技术和精密机械制造应用于农牧业生产经营。提供专业的专项指导、专业的技术培训、设备维护与管理、信息收集与解决等服务项目。利用互联网技术打造农牧业生产要素优质品种买卖、农产品营销、货运物流（含冷藏货运物流）、农产品、绿色生产制造信息内容追溯、商品期货服务平台等服务平台，打造农业基础知识信息内容互动平台，降低农产品生产和市场销售消息的不可逆性，降低交易成本。打造智能化系统和数字化现代农业生产经营管理系统。完善对土层、水体、树木、草坪等生态环境和农产品投入物的智能检测，完善农业生产安全信息内容预警信息和保障体系，保障农业和农业绿色制造和翠绿色制造。畜牧业；废品回收系统的技术性促进了资源的循环利用。充分利用网络、通信和控制系统打造智慧农业，实现农牧业和工业生产共享发展，实现城乡共享发展。

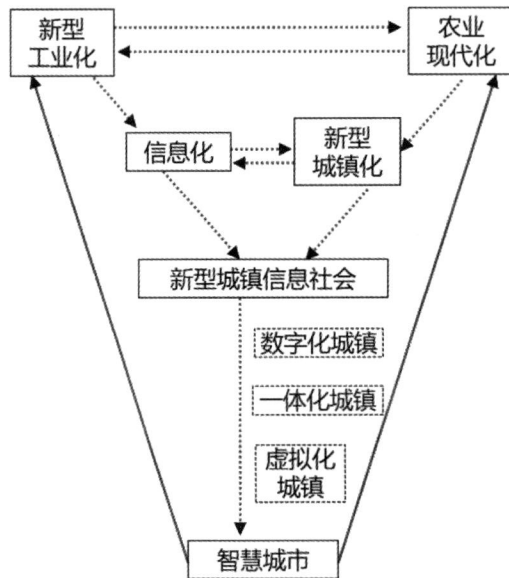

图 11-2-1 新型工业化、农业现代化、信息化和新型城镇化的动态模型

创新驱动发展、现代农业、信息化管理和城镇化发展之间的相互关系如图 11-2-1 所示。创新驱动发展的进步推动了现代农业的发展，为现代农业的未来发展提供了机械设备、技术和服务项目。现代农业的作用将催生新型工业生产，为创新驱动发展进程提供基础化学物质应用。创新驱动发展推动信息化管理，数字化发展趋势推动社会新需求，推动社会生产力发展趋势，进而推动创新驱动发展进程。城市化的发展为现代农业提供了室内空间和销售市场，现代农业为城市化发展过程提供了多种化工产品，满足了新型城市信息社会的各种要求，对现代农业具有不可替代的物质支撑作用。城市化的发展，城镇化发展为信息管理提供了媒介，促进了现代信息技术与城镇化发展的互动交流。选择发展趋势和室内空间。同时，信息化管理也充分推动了城镇化的发展趋势。两者相结合，相互协调。发展趋

势催生了新的城市信息社会。随着信息化向不同环节的发展，两者的结合将陆续进入数据城市、综合城市、虚拟化技术城市和新型智慧城市。两个新型智慧城市的结合是一个合理的衔接点，也是新型城市发展生命周期的起点。

第三节 完善城市公共基础设施基础建设

城市基础设施建设是城市发展不可或缺的基础。它不仅为城乡居民提供了更好的公共设施标准，而且在提高城乡居民生活质量和城市管理能力方面发挥着关键作用。完善大城市公共基础设施基础建设，有利于推动社会经济结构优化和未来发展方式转变，带动项目投资和消费，扩大就业，促进节能降耗。2013 年，国发 [2013]36 号《国务院关于加强城市基础设施建设的意见》明确提出了大城市公共基础设施建设规划的基本思路和基本方针。围绕推进城镇化的重要战略布局，围绕稳增长、调结构、改革创新、惠民生、科学研究、统筹协调，提升区域公共基础设施建设规划管理能力，提升城镇化质量建造。遵循统筹推进、优先选择民生工程、安全第一、制度创新、翠绿优质五项基本标准。重点在大城市公共基础设施建设规划中的主要产业：大城市道路交通、大城市管网、污水和生活垃圾处理、生态景观。强调要抓好总体规划，抓好科研总体规划、基础设施建设总体规划、公共文化服务设施总体规划，充分发挥调控促进作用。科学规范和明确新项目总体规划，创建和完善监督和全过程管理模式，推动新项目稳步推进。在城市基础设施建设中，信息内容基础设施建设是其关键组成部分，加快推进信息化管理与城镇化发展的融合具有重要意义。关键是指光缆和电缆、微波、通信卫星、移动通信技术等计算机设备和设备。根据全国信息化发展水平的不同，可以制定不同的总体规划。可以从多个层面考虑关键：

（1）宽带互联网建设。拓宽传输网出入口带宽，提高传输网综合业务流程承载能力。提高对核心企业和生产经营企业的服务质量。全方位覆盖网络光纤，完成光纤到户。

（2）移动无线宽带互联网建设。宽带网络覆盖和速度是许多国家和地区追求完善的总体目标，特别是在宽带网络服务项目上，扩大对贫困地区和弱势群体的宽带网络资助。城市建设可以让运营商完善互联网的合理布局，扩大 wifi 网络在公共区域的覆盖范围，提高 wifi 网络在交通工具、金融机构、政府部门、定点医疗机构、教育局等的普及率，促进农村迁移人口公平地享受到城市网络建设所产生的利益。

（3）全力支持下一代网络或未来互联网基础设施建设项目核心技术的产品研发。

（4）基于移动互联网、云计算技术等新应用，推动原有数据基础设施建设升级换代。

（5）多功能综合服务平台基础建设，打造城域数据集成核心、云数据中心、公安事故应急呼叫中心、城市综合服务平台等服务平台，适用于具备条件的大中小城市 龙头企业已基本建成"云侧、网侧"三级工业信息化基础设施建设综合服务平台，完善工业云、企业云服务平台。和云数据中心。

（6）互联网网络信息安全保障机制基础建设。信息化管理水平越高，数据越丰富多彩，越要重视网络信息安全。打造城市网络信息安全检测数据管理平台；对需求侧改革、工控系统、关键核心技术等关键信息资源进行可靠检测；对数据的全过程进行安全测试，从数据的获取、传输、解析、管理决策信息的内容到决策的执行。确保城镇化发展和信息管理协同的发展趋势。全覆盖网络通信、信息内容高速公路等信息内容基础设施建设，不断推动城市区域优化升级，加快城镇化发展和建设规划，推动国家和区域数字化进程。

保障资金投入，按照中央预算内项目投资、城市生活污水管网重点建设等现行方式，应用城市公共基础设施基础设施。地市政府保障基础设施建设项目的资产投资，首先从资产、土地资源、电能等方面考虑基础设施建设项目的建设。改革创新投融资体制和运行机制，按照项目投资补贴、政府购买服务项目、特许经营等方式，吸引社会资本参与基础设施建设项目。自主创新商业模式，将各类资产引入公共基础设施基础建设。

经过几十年的努力，我国城市建设取得了很好的实效，但总体发展水平还处于较低水平。污水处理设备缺乏、交通指标系统软件不完善、大气污染严重、资源匮乏等落后状况制约着我国城市地区数据基础设施的基础建设。作为发达国家，只有城市基础设施和信息内容基础设施基本同步建设，才能促进社会经济发展的发展趋势，才能提高我国的综合竞争力。

第四节 发挥信息人力资源优势带动城镇信息化

我国在城镇化发展和数字化方面取得了可喜的成绩，但与商业规模的新型智慧城市还有一定距离，人类城镇化发展相对缓慢。关键是新城区的优秀人才，尤其是信息管理专业人才贫瘠。我国大部分城市都处于新型城市信息化发展的初级阶段，急缺一大批精通互联网技术、了解城市发展趋势规律的复合型专业管理人才。对于城镇化建设，即时提供市场需求、消费动态、产品供给结构转型、资源优势态势等信息内容，降低信息内容的不可逆性，更好地服务城乡集成服务项目。现阶段，城镇职工的知识体系还不是很有效，专业技能也比较单一。关键是来自一些农业科技专业、公共图书馆信息专业、外语或软件工程专业。信息内容的功能和信息内容的概念不强。通常是专业的专业技术人员不了解管理方法，管理人员很少涉足专业技能。掌握信息技术、了解城市管理方法的人才较少。城市信息化管理人员结构分析不科学，高端城市信息化管理人才匮乏。很多都是基于在职培训学习的员工，综合综合能力不高。从引进人才的实际效果来看，实际效果并不理想。

因为很多信息内容类高校毕业生或信息管理技术专业的高校毕业生在选择学生就业公司时首先考虑大中城市的公司，尤其是信息产业发展趋势较快的地区，如北京、大城市等。比如上海和深圳。选择的城乡就业岗位数量相对较少。很多乡镇的工资福利和室内空间的未来发展，已经无法打动越来越多的专业人才了。

我国人口众多，就业问题巨大。不可能像资本主义国家那样通过放弃学生就业来促进社会经济发展的发展趋势。在信息化管理和现代化进程中，要考虑到我国人力资本众多的基本国情，解决劳动密集型产业与外部规模经济产业链的递进关系，解决传统基础设施和高新技术产业链问题。在协会的帮助下，将共同为社会经济的发展壮大作出贡献。我国劳动力资源丰富多彩，要在不断提高员工素质的基础上，充分利用国内人力资源管理的优势，加快新型工业生产的出现和与数字化、数字化融合的发展。城市化。同时，我国要吸引和培养优秀人才，完善人才队伍基础建设，出台优秀激励制度留住优秀人才，建立有效的人才流动体系，促进优秀人才的高效利用，培育人才队伍。推动信息技术产业迅猛发展。

新型城市信息化管理人才的智能化结构应具有以下诸多特点：

（1）具有多种城市规划和管理方式，有利于利用信息技术获取、整理和传递有效的信息内容。

（2）具有专业的信息内容分析和管理技能。随着信息化管理水平的提高，数据信息呈指数级增长，各种信息内容交叉组合，种类和总数极其庞大。针对海量信息，信息管理人员必须提高获取、整理、传输和分析能力，增加数据的"运费"，增加信息内容产品的数量和质量，提高服务质量。城镇化决策

（3）运用专业的当代信息技术，高效解决以互联网资源为标志的各种信息特征，并快速传输。

（4）精通外语表达，关注全球发展趋势的最新动向，即时升级城市发展趋势知识库系统。

具有信息内容专业技能的城市规划和专业管理人才对于推进数字化和城镇化，以及"两化"融合具有重要意义。许多城市地区的信息化管理发展相对缓慢。一个很大的因素是缺乏信息化管理人才。在社会生产力的三个关键因素中，其中之一是员工，即人。信息内容背景下的城市化发展需要信息内容技术和城市管理方法专业的多环境专业人才。在城乡信息化管理过程中，人才建设的空间布局和结构必须服务于推进城镇化发展的工程，以促进和扩大城镇化发展的成效。构建体现人力资源整合、对外开放的布局。人才队伍基础建设纳入城市建设和信息化建设总体规划，落实在信息化管理和城镇化进程的各个过程和各个阶段。信息化环境下城镇化发展人才队伍总体规划的制定，对人才建设工作具有至关重要的指导作用。

对于原管理者，可以通过培训、继续再教育、轮岗制度学习培训、交流考察等方式，提升管理方法和服务质量。创建人力资源管理体系管理，搭建人力资源市场交易平台，完成人力资源管理的资源共享和信息快速传递，确保引进人才信息内容完善、信息内容对称。制定切实可行的引进人才薪酬福利、优秀人才晋升制度、社会保障机制等规章制度，改善就业自然环境，吸引一大批注重就业的专业人才。新型城市信息化管理工作。城市文化教育可以根据改革创新培养计划和调整培养方式，提供因地制宜的城市化发展和信息化管理优秀人才。大力推进县、区、都市区等高职院校，新增城市规划与信息内容技术专业，培养具有信息内容专业技能的城市总体规划新人才。基于与企业、高校、科研单位等战略合作，打造新型城市信息化管理科研和技术咨询精英团队，为城市化发展和数字化推进提供智力

支持。

第五节 发展信息产业，推动产业结构优化

如今，我国产业布局不够合理，第三产业对社会经济的贡献力度还不够大。有必要建立以电子信息产业为主导，传统基础设施为支撑点，服务业为主要依托的产业新布局。推动产业结构升级优化。信息技术产业的快速发展推动了社会经济的快速提升，但其在产品开发和产业布局等方面仍然存在不少问题，必须采取有效措施，加快信息技术产业与工业化、新型城镇化的高度融合，推动产业集群，增加产业链丰富度，完善和自主创新产业链管理体系，推动产业结构调整升级。

信息技术产业又被称作第四产业，主要包括信息处理和服务产业、信息处理设备行业、信息传递中介行业、一次信息产业和二次信息产业三个产业部门。不仅包括电话、包装印刷、出版、新闻报道、广播节目、通讯设备、电视机等传统信息内容单位，还包括新型计算机、光纤线路、通信卫星、量子通信、光纤通信等。系统和量子通信等其他单位的组合。从目前信息技术产业的发展情况来看，硬件配置机器设备的加工制造完全没有实现数字化制造；中国移动、中国联通、中国电信等通信运营商相继投入巨资以推进信息化管理，创造新模式，打造智慧城市，但信息化产业发展有待发力，大部分运营商处于项目投资状态，并没有获得相应的收益；服务外包产业自主创新能力薄弱，关键技术缺乏；信息技术产业健康发展，对数字化、城镇化顺利推进具有重要意义。信息技术产业的进步可以推动传统制造业的发展。首先，它会分化传统行业。部分产业将因高消耗、低效率而被淘汰。一些产业将在很长一段时间内推动城市地区的经济发展，仍然是建设新城区的基础。信息技术产业可以通过调整年产值构成、重组规模资产、提高产业链相关系数等方式，优化原有的传统产业。完成重要产业和核心技术产业的技术创新升级。创建自主品牌，拥有大量专利权，提升传统产业产品的技术含量和产品附加值，从而提高传统制造产品的整体竞争力，增强公司的竞争优势。根据信息技术产业的产品开发、制造、销售等环节，加工制造行业重点利用信息技术改善产品特性、降低生产成本、提高市场占有率。同时，信息技术产业的进步可以推动传统服务业发展，提升新型服务业的发展趋势。大力推进信息化产业，需要不断提高信息产业技术水平，提高信息内容企业或机构的自主创新能力，降低技术对外依存度；可以将专业技术引进与消化吸收紧密结合，突破核心技术和关键技术，加强自主知识产权保护和监管。同时，要完善都市圈市场机制，营造有利于资源优化配置的市场环境。

第十一章 社会信息搜集与分析案例

第一节 澳洲 S 国次日降雨的分析和预测案例

本案例以澳洲 S 国不同地区的天气为研究对象，通过分析地理位置、时期、前一天的常用气候指标等相关因素对次日降雨情况的影响，建立了逻辑回归，决策树，随机森林多个模型来对次日是否下雨进行预测，并通过比较以上方法的 ROC 曲线确立了最优模型随机森林，其 AUC 值达到了 88.31%，在测试集中的准确率为 85.55%，为缺乏有效气候测量工具的边远森林地区提供重要的气象参考，有效预防森林火灾的发生。

一、背景介绍

我们每天都会关注天气，它决定着人们的衣着，交通出行甚至是心情，可涉及人类社会的方方面面，而是否下雨可能是其中我们最为关心的问题，直接影响我们第二天的计划。对于国家而言，降水情况失调也会带来严重的自然灾害，2019 年澳洲 S 国的山火让全世界的人民无比揪心，澳洲 S 国由于其独特的地理条件，气候环境复杂，变化多端，且地广人稀，森林覆盖广，很难避免森林火灾的发生，而 2019 年降水量的陡然下降，给山火营造了肆意漫延的气候条件。

习惯了多年的靠天灭火，下雨已经成了澳洲 S 国有效消防的必要因素，决定着消防人员每天的工作计划，所以对第二天下雨情况的预测成为了必须面对的问题。传统的天气预报方法需要苛刻的测量工具，稳定的数据来源，而在荒芜人烟的森林地区很难保证这一点。我们想到，若是不考虑其他气候指标，仅仅针对是否下雨，是否可以利用更基础的气象数据进行预测呢？所以我们收集了澳洲 S 国 10 年间的与降雨有关的基本气象因素以及第二天的下雨情况，希望构建合理的模型来达到预测是否下雨的目的。

二、数据来源于说明

本次案例使用的是来自澳洲 S 国气象局中有关澳洲 S 国某些地区降雨量的数据，该数据由 kaggle 网站进行整理并发布在网上，一共有 142193 条数据。数据的时间跨度从 2007 年 11 月 1 日到 2017 年 6 月 24 日，但并不是每一天都采集了数据。数据共包含 24 个变量，其中有 1 个日期变量，15 个连续变量和 8 个离散变量。因变量为第二天是否下雨、其他为自变量。注意到其中有一自变量为第二天降雨量，因变量第二天是否下雨是根据该变量来创建的，因此在分析数据时需要去掉该变量。具体的变量说明如表 11-1-1 所示。

表 11-1-1 数据变量说明表

变量类型		变量名	详细说明	取值范围	备注
因变量		第二天是否下雨	定性变量：共 2 个水平	NO 代表不下雨，YES 代表下雨	
自变量		日期	日期变量	2007 年 11 月 1 日 - 2017 年 6 月 24 日	并不是每一天都有记录
		地点	定性变量：共 49 个水平	一共有 49 个不同的城市	
	温度因素	最低气温	单位：摄氏度	-8.5~33.9	673 缺失
		最高气温	单位：摄氏度	-4.8~48.1	322 缺失
		上午 9 点气温	单位：摄氏度	-7.2~40.2	904 缺失
		下午 3 点气温	单位：摄氏度	-5.4~46.7	2726 缺失
		当天是否下雨	定性变量：共 2 个水平	NO 代表不下雨，YES 代表下雨	1406 缺失
		降雨量	单位：毫米	0~371	1406 缺失
		蒸发量	单位：毫米	0~145	0 点至上午 9 点间的 A 级锅蒸发量 60843 缺失
		日照	单位：小时	0~14.5	67816 缺失
		风向	定性变量：共 16 个水平	一共有 16 个不同的方向	24 小时最强阵风的方向 9330 缺失
	风因素	风速	单位：千米 / 时	6~135	24 小时最强阵风的速度 9270 缺失
		上午 9 点风向	定性变量：共 16 个水平	一共有 16 个不同的方向	10013 缺失
		下午 3 点风向	定性变量：共 16 个水平	一共有 16 个不同的方向	3779 缺失
		上午 9 点风速	单位：千米 / 时	0~130	1348 缺失
		下午 9 点风速	单位：千米 / 时	0~87	2630 缺失

	湿度因素	上午9点湿度	单位：百分比	0~100	1774 缺失
		下午3点湿度	单位：百分比	0~100	3610 缺失
	气压因素	上午9点大气压	单位：百帕	980.5~1041	14014 缺失
		下午3点大气压	单位：百帕	977.1~1039.6	13981 缺失
		上午9点云量	定性变量：共10个水平	0表示完全晴朗的天空，9表示阴天	53657 缺失
		下午3点云量	定性变量：共10个水平	0表示完全晴朗的天空，9表示阴天	57094 缺失
		第二天降雨量	单位：毫米	0~371	大于1则表示第二天下雨

三、数据清洗

观察表 10-1-1 不难发现，各个变量都存在不同程度的数据缺失，并且为了使原始数据更便于建模使用，这里首先对数据进行适当的清洗及预处理。

（一）缺失值处理

蒸发量、日照和上午9点云量和下午3点云量这4个变量数据缺失占比36%以上，数据缺失过多并且明显地集中于部分地区（可能是由于缺乏某些观测设备所致），本案例直接删去了这些变量。

对于连续型变量，即最低气温、最高气温、上午9点气温、下午3点气温、风速（24小时最强风速）、上午9点风速、下午3点风速、上午9点湿度、下午3点湿度、上午9点大气压和下午3点大气压中的缺失值，取相同地区相同月份的数据平均值进行填充。特别地，24小时最强风速这一变量数据填充之后仍旧存在较大缺失，取同一观测值下的上午9点风速和下午3点风速的最大值进行填充。

对于离散型变量，即风向（24小时最强风向）、上午9点风向和下午3点风向中的缺失值，我们取相同地区相同月份观测数据的众数进行填充。

最后，删掉数据填充之后仍旧存在缺失值的观测数据。

（二）特征工程

日期本身并不影响天气，但日期所在的月份和季节其实是影响天气的，雨季一天的第二天下雨的可能性肯定比非雨季大。因此我们将月份单独从日期中提取出来作为一个特征使用，而舍弃掉具体的日期，并将月份处理成离散型变量。

对当天降雨量这一连续型变量离散化处理，不同的数值对应分成7个水平，具体做法如下：降雨量小于1的记成无雨，降雨量 1~10 的记成小雨，降雨量 10~25 的记成中雨，降雨量 25~50 的记成大雨，降雨量 50~100 的记成暴雨，降雨量 100~250 的记成大暴雨，降雨量大于250的记成特大暴雨。另外，原始数据中今日是否有雨这个变量与我们离散化后的降雨量信息重合，删掉前者，选择信息更为丰富的后者。

观测数据中含有 49 个不同地点，不同的地理位置处于不同的气候状态，常识上来看地理位置确实影响天气状况。但是，数据中各个气象观测值已经足够反映出当地的气候特征了，因此本案例选择删去地点变量。

最后，对连续型变量进行标准化处理，去除量纲的影响。经过数据清洗后，我们重新得到 17 个变量共 129184 条数据，其中包含 11 个连续型变量和 6 个离散型变量。使用留出法划分数据集为训练集和测试集，训练集有 90429 条观测数据，测试集有 38755 条观测数据。

四、描述性分析

在对澳洲 S 国次日下雨影响因素分析之前，首先对各变量进行描述性分析，以初步判断各变量与次日下雨与否之间的关系，为后续研究做铺垫。

（一）非测量型自变量

在若干自变量中，有部分因子变量并非气象仪器测量，偏向于宏观，图 10-1-1 依次为观测地点，观测月份和今天的降雨情况，黑色为下雨，灰色为不下雨，我们可以清晰的看到在不同因子层次下下雨天数的比例。

由于澳洲 S 国四面环海，各地区气候差异很大，下雨天所占比例显著不同，Portland 高达 36.7%，而 Woomera 仅为 6.6%；同样的，一年不同时期的降水量也有明显的起伏，总的来说，6-8 月的冬季较多，12-2 月的夏季较小；而对于前一天是否降水的影响，也可以发现一定的规律，随着今天降水量的增多，明天下雨的可能性也越来越大。这三个因素的呈现均与客观事实和我们的认知相符，可以作为接下来预测的依据。

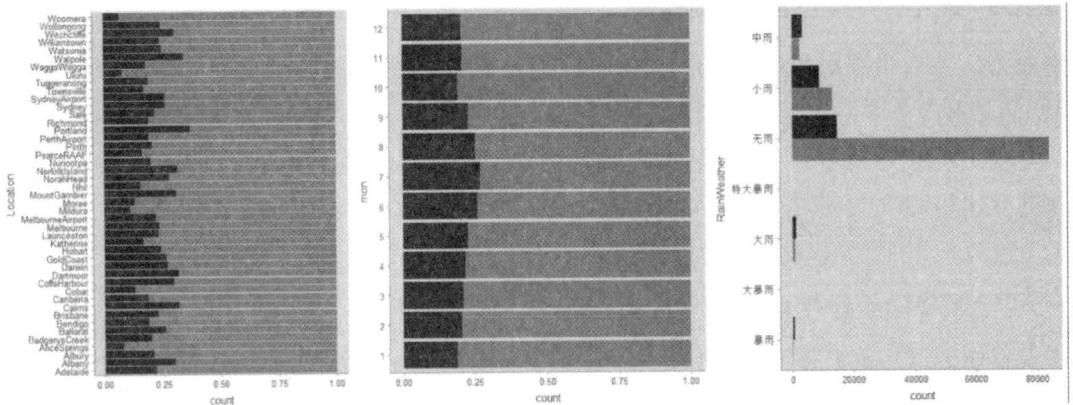

图 11-1-1 地区、月份、前一天降水情况对是否下雨的影响

（二）风相关的气象指标自变量

风是空气流动的表现，而大气的循环扰动会造成降水，在气象学中二者有着紧密的联系。风的主要衡量指标为风力和风向，数据集中分别按阵风，上午九时，下午三时观测并记录。图 10-1-2 第一行以风向为变量，分为 16 个水平，记录的是一天中不同时期的风但具有相似的规律，偏向西和北的风往往会给第二天降雨带来更大的可能性；第二行以风力

为变量，由于阵风是一天中较强力风的记录，整体明显高于在固定时间测量的值，而且在特殊气像状况下有超强风力的记录，所以相对更具有代表性，图上显示，降雨前一天的阵风风力的中位数 44 高于不降雨的 37，固定时间也类似但差异并不明显。

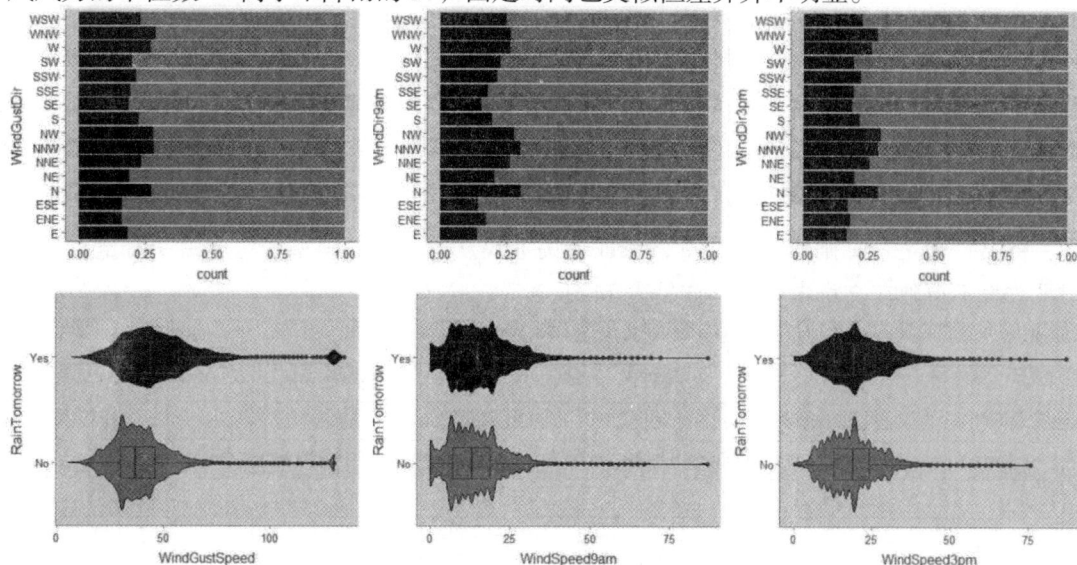

图 11-1-2 风的气象指标对是否下雨的影响

（三）常见气象指标自变量

气象上有一些常用的指标例如温度，湿度，气压等也或多或少能预示着降水的发生。数据集中涵盖了前一天最低，最高，上午九时，下午三时的气温测量值，首先对比最值发现降雨的前一天往往拥有更小的温差，而分时段的测量值显示较低的温度会导致降雨，但差异不明显，需要在建模过程中进一步的分析；对于湿度和气压，也记录了分时段的数据，图 10-1-3 中反映出降雨前一天的是湿度明显更高且在上午表现得更为明显，而气压则相对较低，所以在下下雨前我们常常感觉到湿和闷。

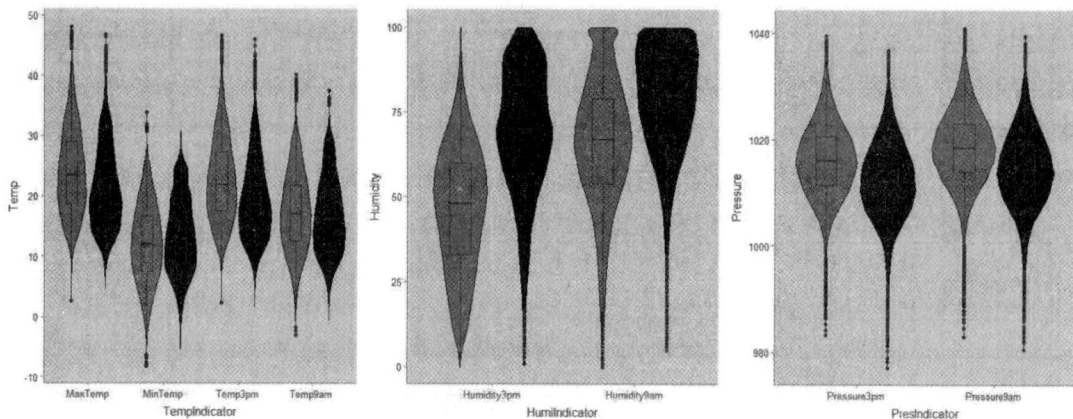

图 11-1-3 气温、湿度、气压对是否下雨的影响

综上得知，地区，时期，前一天的天气均与是否降雨具有一定的关联，从降雨成因的

角度来说，还是应当以气象观测值为主要依据，可以将地区，时期最为辅助判断的因素。变量间的具体关系以及预测方法需要进一步的建模进行探究。

五、模型建立

为了能实现预测第二天是否下雨的目标，接下来我们将构建不同的分类模型并比较它们的预测精度。

（一）逻辑回归模型

将第二天是否降雨作为因变量，在训练集上建立逻辑回归模型。这里由于变量较多回归系数表不单独在文章中呈现，详见表 11-1-2。

表 11-1-2 天气数据

	term	estimate	std.error	statistic	p.value
1	（Intercept）	−3.026111559	0.076376692	−39.62087737	0
2	MinTemp	0.286232986	0.03370156	8.493167274	2.01E−17
3	MaxTemp	0.332631945	0.058725754	5.664157939	1.48E−08
4	WindGustSpeed	0.31815146	0.012592544	25.26506737	7.74E−141
5	WindSpeed9am	0.107484552	0.012915814	8.321934214	8.65E−17
6	WindSpeed3pm	−0.084477175	0.012554531	−6.728819616	1.71E−11
7	Humidity9am	0.003259691	0.021303746	0.153010233	0.878390205
8	Humidity3pm	1.26326974	0.024500377	51.56123611	0
9	Pressure9am	0.834477456	0.046341976	18.00694583	1.72E−72
10	Pressure3pm	−1.387094369	0.046162173	−30.04829003	2.30E−198
11	Temp9am	−0.126568582	0.051860272	−2.440569175	0.014664137
12	Temp3pm	−0.527265186	0.064324713	−8.196930262	2.47E−16
13	WindGustDirENE	0.537979942	0.067186508	8.007261532	1.17E−15
14	WindGustDirESE	0.827005179	0.068081156	12.14734329	5.93E−34
15	WindGustDirN	0.698407421	0.067705255	10.31540943	6.00E−25
16	WindGustDirNE	0.420923897	0.0692341	6.079719327	1.20E−09
17	WindGustDirNNE	0.468862658	0.071331397	6.573019439	4.93E−11
18	WindGustDirNNW	0.77054314	0.070754896	10.89031551	1.28E−27
19	WindGustDirNW	0.748090828	0.068123507	10.98139045	4.70E−28
20	WindGustDirS	0.913021889	0.065639393	13.9096639	5.53E−44
21	WindGustDirSE	0.892067765	0.065081078	13.70702187	9.22E−43
22	WindGustDirSSE	0.898209354	0.066154639	13.57742046	5.45E−42
23	WindGustDirSSW	0.898125539	0.066728539	13.45939172	2.71E−41
24	WindGustDirSW	0.958727474	0.067194088	14.26803311	3.46E−46
25	WindGustDirW	0.94189377	0.064237565	14.66266299	1.12E−48
26	WindGustDirWNW	0.788572757	0.06752025	11.67905574	1.63E−31
27	WindGustDirWSW	0.94212889	0.066535628	14.15976549	1.63E−45
28	WindDir9amENE	0.221168782	0.063561557	3.479599832	0.000502163

29	WindDir9amESE	-0.065047054	0.065837248	-0.987997767	0.323153742
30	WindDir9amN	0.165716152	0.056887606	2.913044942	0.003579231
31	WindDir9amNE	0.195476046	0.063535779	3.076629392	0.002093554
32	WindDir9amNNE	0.336061594	0.061229433	5.488562901	4.05E-08
33	WindDir9amNNW	-0.170991138	0.060685149	-2.817676836	0.004837247
34	WindDir9amNW	-0.201361939	0.060689522	-3.317902893	0.00090696
35	WindDir9amS	-0.274161662	0.062383438	-4.39638584	1.10E-05
36	WindDir9amSE	-0.195711756	0.062339789	-3.139435665	0.001692736
37	WindDir9amSSE	-0.190351268	0.061512343	-3.09452149	0.001971307
38	WindDir9amSSW	-0.146652758	0.062993922	-2.328046175	0.019909652
39	WindDir9amSW	-0.025016557	0.060504323	-0.413467269	0.679264298
40	WindDir9amW	-0.061581489	0.06103757	-1.008911219	0.313017214
41	WindDir9amWNW	-0.067570547	0.06252785	-1.080647215	0.279854071
42	WindDir9amWSW	-0.023612987	0.063369419	-0.37262433	0.709428062
43	WindDir3pmENE	-0.027546419	0.063489721	-0.433872111	0.664381313
44	WindDir3pmESE	-0.212542486	0.061821926	-3.437979046	0.000586073
45	WindDir3pmN	0.233341282	0.064861591	3.597526355	0.000321258
46	WindDir3pmNE	-0.137909007	0.063998355	-2.154883623	0.031170942
47	WindDir3pmNNE	0.097118577	0.06789364	1.430451775	0.152587397
48	WindDir3pmNNW	0.359758092	0.065896371	5.459452282	4.78E-08
49	WindDir3pmNW	0.373445788	0.06490402	5.753815949	8.73E-09
50	WindDir3pmS	-0.054412845	0.062697199	-0.867867252	0.385467008
51	WindDir3pmSE	-0.132776795	0.061130903	-2.172007734	0.02985508
52	WindDir3pmSSE	-0.180064236	0.063541745	-2.833794342	0.004599892
53	WindDir3pmSSW	-0.114651577	0.066161752	-1.73289816	0.083113771
54	WindDir3pmSW	-0.167125577	0.065440088	-2.553871528	0.010653256
55	WindDir3pmW	0.109590338	0.063746491	1.719158762	0.085585467
56	WindDir3pmWNW	0.300868788	0.064638037	4.654670864	3.24E-06
57	WindDir3pmWSW	-0.049390682	0.063601029	-0.776570484	0.437412221
58	mon2	0.177909827	0.051724216	3.439584769	0.000582607
59	mon3	0.351299666	0.048742359	7.207276647	5.71E-13
60	mon4	0.494666568	0.051842262	9.541762744	1.40E-21
61	mon5	0.411644563	0.052659809	7.817053849	5.41E-15
62	mon6	0.310259637	0.054794811	5.662208374	1.49E-08
63	mon7	0.439839187	0.056357376	7.804465353	5.98E-15
64	mon8	0.496761041	0.055797399	8.902942649	5.44E-19
65	mon9	0.320593177	0.05467856	5.863233777	4.54E-09
66	mon10	0.353993464	0.052491901	6.743772951	1.54E-11
67	mon11	0.237313849	0.05039979	4.708627695	2.49E-06
68	mon12	0.11280461	0.050659716	2.226712266	0.02596651
69	RainWeather 小雨	0.570887309	0.025563552	22.33208085	1.80E-110
70	RainWeather 中雨	0.960006054	0.041383151	23.1979932	4.77E-119

71	RainWeather 大雨	1.181251592	0.070883148	16.66477326	2.36E-62
72	RainWeather 暴雨	1.209686935	0.129263511	9.358301701	8.10E-21
73	RainWeather 大暴雨	0.498065327	0.268355697	1.855989395	0.06345507
74	RainWeather 特大暴雨	10.38940729	48.27935552	0.215193579	0.829616397

由回归结果可以得到如下结论：

当天是雨天比不是雨天的情况，第二天更加可能下雨。特大暴雨这一系数不显著，是因为观测中属于特大暴雨这一情况的数据非常少。

其它月份相对于1月第二天降雨的可能性都更大，这可能是清洗后的观测数据更集中于澳洲S国南部所致。因为澳洲S国北部夏季（12月到3月）降雨较为频繁，而澳洲S国南部的雨季是冬季（6月到9月）。

特别地，上午9点湿度这一变量系数不显著，除此之外几乎所有变量都显著，说明使用基础的气象数据是能够实现预测第二天是否下雨这一目标的。

使用该逻辑回归模型预测第二天是否下雨，结果表明：训练集中的准确率为84.32%，测试集中的准确率为84.25%。

基于AIC准则逐步回归选取变量，最终删去了上午9点湿度这一变量，保留其它变量。选择变量后的回归系数表见附表2，使用选变量后的逻辑回归模型预测第二天是否下雨，结果表明：训练集中的准确率为84.32%，测试集中的准确率为84.25%。容易看出，模型选变量前后的预测效果基本一致。

（二）决策树模型

本案例实质上是一个二分类任务，并且数据集中存在一部分离散变量，可以考虑建立决策树模型对数据进行分类。

决策树（decision tree）是一个树结构（可以是二叉树或非二叉树）。其每个非叶节点表示一个特征属性上的测试，每个分支代表这个特征属性在某个值域上的输出，而每个叶节点存放一个类别。使用决策树进行决策的过程就是从根节点开始，测试待分类项中相应的特征属性，并按照其值选择输出分支，直到到达叶子节点，将叶子节点存放的类别作为决策结果。

基于决策树C4.5算法，在训练集上可以得到相应的决策树，并使用该决策树进行预测，结果表明：训练集中的准确率为84.99%，测试集中的准确率为84.07%。与逻辑回归模型结果比较可以看出，训练集中的准确率提高了，但测试集的准确率下降，可能是由于决策树分支太多导致模型过拟合。

（三）随机森林

随机森林是一种常用的集成学习算法，基分类器为决策树。每棵树随机选择观测与变量进行分类器构建，最终结果通过投票得到。在本案例中，通过使用R语言中randomForest包完成随机森林算法。

设定 500 个基分类器作为初始值，在训练集中建立随机森林模型。由图 X，模型内误差在基学习器数目 100 的时候基本稳定了，可重新设定基学习器数目。

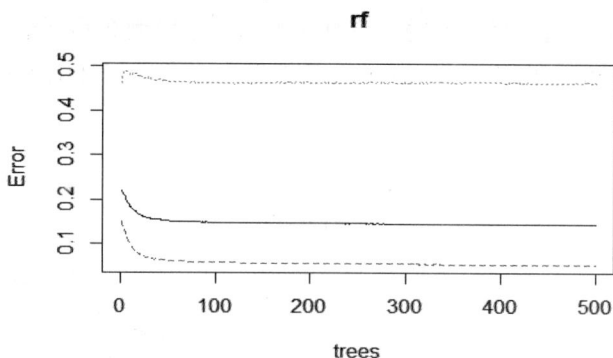

图 11-1-4 模型误差—基学习器数目图

同样地，使用该随机森林模型进行预测，结果表明：训练集中的准确率为 85.52%，测试集中的准确率为 85.41%。模型预测效果有了较明显的提升，但同时模型复杂度也明显提高。

如表 10-1-2 所示，利用该模型可以得到变量在模型中重要程度排序。下午 3 点湿度重要性远高于其他变量，这在直观上也很好理解。而关于风向的三个变量（24 小时最强风风向、上午 9 点风向和下午 3 点风向）重要性最低，这里考虑删去它们并再次建立随机森林模型。并使用选变量后的随机森林进行预测，训练集中的准确率为 85.46%，测试集中的准确率为 85.55%。

表 11-1-3 变量重要性排序表

	变量	重要性
1	Humidity3pm	6781.829
2	Pressure3pm	2401.685
3	Pressure9am	2237.315
4	Humidity9am	2180.033
5	WindGustSpeed	2043.663
6	mon	1849.008
7	Temp3pm	1813.407
8	MinTemp	1709.774
9	MaxTemp	1627.09
10	Temp9am	1587.935
11	RainWeather	1495.389
12	WindSpeed3pm	1248.503
13	WindSpeed9am	1173.117
14	WindGustDir	1021.336
15	WindDir9am	1018.525
16	WindDir3pm	1017.719

（四）模型比较

这里通过 ROC 曲线与 AUC 值来比较逻辑回归模型、选变量后的逻辑回归模型、决策树模型、随机森林模型和选变量后的随机森林模型这 5 个模型在测试集上的预测精度。它们的 ROC 曲线和 AUC 值如图 10-1-5 所示。不难看出，随机森林的预测效果最优，AUC 值达到了 88.31%。

ROC图

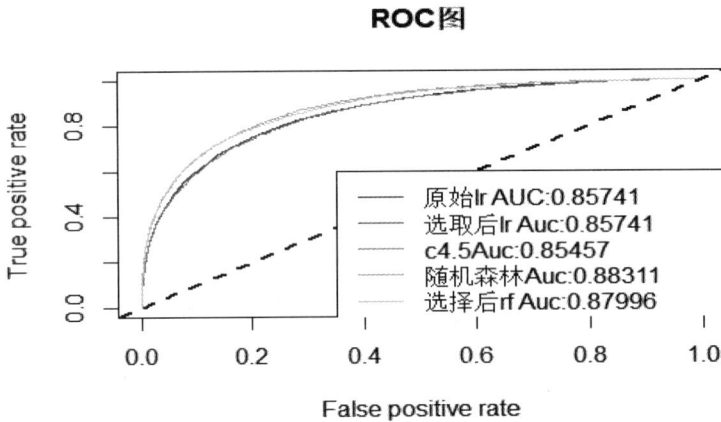

图 11-1-5 模型 ROC 曲线图

我们通过不断选用更复杂的模型并且改进模型参数，有效提高了模型的准确度。总体而言，通过数据预处理、特征过程及建立合适的统计模型，能够完成我们的目标，即利用基础的气象数据预测第二天是否下雨。这将为缺乏有效气候测量工具的边远森林地区提供重要的气象参考，有效预防森林火灾的发生。

第二节 基于多元统计分析的财务数据分析（以房地产公司为例）案例

本案例基于多元统计分析的一些方法，对上市的 48 家房地产上市公司进行财务数据分析。首先通过文献检索，确定 12 项财务指标，然后从 CSMAR 经济金融数据库–国泰安官网进行数据的收集。然后通过因子分析将 12 项财务指标降维成 4 项公共因子，分别是偿债能力、盈利能力、营运能力、发展能力，计算出各家公司在各项公共因子上的综合得分。然后在因子分析的基础上利用聚类分析对 48 家房地产上市公司进行分类，按照不同特征分成 4 大类。基于以上分析，对所选取的公司进行总体评价以及给出相应的建议。

一、绪论

（一）研究背景

在当前的经济环境下，上市公司披露的财务信息的完备性与复杂性并存，上市公司公布的财务报表的数据指标数量十分庞大，而在数量庞大的同时，各个财务指标数据之间存在的关联性也让财务指标数据的复杂性显露无疑。传统财务分析方法在处理现在上市公司财务数据显得十分单薄，并不能完全分析出财务报表指标数据内部隐藏的信息，不利于投资者做出决策[1]。统计学作为一门可以快速处理大量复杂数据的学科，在对上市公司如此复杂且数量庞大的数据时就显得十分有效。因此，在传统的财务分析方法中增加一些统计方法[2]，以便更全面地了解上市公司的财务报表。

（二）研究意义

财务报表分析分析，最早适用于银行的信用分析手段，而现在，以企业财务会计信息为依据，可以预测企业未来的发展方向与趋势，对企业经营决策有着重要的指导意义。

财务风险是很多上市公司在日常经营活动中面临的问题，对于投资者来说，能够正确对上市公司的财务状况进行评判并对此做出决策十分重要。财务数据分析是对上市公司财务报表的指标项目进一步做分析，以便更准确地判断出该上市公司财务状况的情况，以及该上市公司的经营状况、现金流量管理的科学性与未来发展前景，从而为投资者提供决策依据。

（三）研究方法

因子分析[3]作为主成份分析的推广，它把人量的原始变量按照相关程度进行分类，将相关性高的指标分为一类，不同类别的指标之间的相关性较弱。通过分类形成的各个组就是一个因子变量。经过上诉过程过，原始变量就分为了两部分之和，一部分是由若干个因子变量组成的线性函数部分，另一部分是由与因子变量无关的特殊因子部分。在对大量指标数据进行分析时，因子分析中的每个因子变量可以代表着原始变量指标之间相互依赖的关系。抓住这些因子变量就可帮助我们对复杂数据进行分析与解释。因此在对财务数据进行分析时，将因子分析引入传统的财务分析方法。

聚类分析是根据物以类聚的道理，对指标或者样品进行分类的一种多元统计分析方法。它需要具体的找出一些能够度量样品或指标之间相似程度的统计量，以这些统计量作为划分类型的依据，把一些相似程度较大的指标或者样品聚为一类，把另外一些彼此之间相似程度较大的指标或者样品聚为另一类，关系密切的聚合到一个一个小的分类单位，关系疏远的聚合到一个大的分类单位，直到把所有的指标或者样品聚合完毕。聚类分析将个体或者对象进行分层，使得同一类中的对象之间的相似性要比其他类中的相似性更强。

---

[1] 陈晓雁. 财务报表分析对企业经营决策的影响 [J]. 天津职业院校联合校报，2014，16（01）：78~82.

[2] 张潇月. 统计方法在企业财务分析中的运用探析 [J]. 中国商论，2017，24（08）：172~174

[3] 姜凤清. 多元统计在财务分析中的运用 [J]. 科技经济与管理科学，2017，22（20）：240~241

二、相关数据收集

本文以中国48家房地产上市公司年报中公布的年报数据为样本，再进行财务指标选取时，依据整体性、重点性、层次性、准确性、可比性、可度量等原则，选取了12项财务指标作为原始变量，分别是总资产收益率、净资产收益率、流动比率、现金比率、速动比率、流动资产周转率、总资产周转率、总资产报酬率、营业收入增长率、营业利润增长率、净利润增长率、净资产增长率，然后从CSMAR经济金融数据库–国泰安官网进行数据的收集。所选指标的计算公式及性质如下表11-2-1所示：

表11-2-1：财务指标计算公式及性质

指标名称	计算公式	指标性质
X1（总资产收益率）	净利润／平均资产总额	正向
X2（净资产收益率）	税后利润／净资产	正向
X3（流动比率）	流动资产／流动负债	适度
X4（现金比率）	货币资金／流动负债	适度
X5（速动比率）	速动资产／流动负债	适度
X6（流动资产周转率）	主营业务收入／平均流动资产总额	正向
X7（总资产周转率）	销售收入／总资产	正向
X8（总资产报酬率）	（利润总额＋利息支出）／平均资产总额	正向
X9（营业收入增长率）	（本期营业额–上期营业额）／上期营业额	正向
X10（营业利润增长率）	本年利润增长额／上年营业利润总额	正向
X11（净利润增长率）	（本年净利润–上年同期净利润）／上年同期净利润	正向
X12（净资产增长率）	（期末净资产–期初净资产）／期初净资产	正向

三、因子分析

（一）模型建立

设有 p 维可观测的随机向量 $x = (x_1, x_2, \cdots x_p)'$，其均值为 $\mu = (\mu_1, \mu_2, \cdots \mu_p)'$，协方差矩阵为 $\sum = (\sigma_{ij})'$。则因子分析模型如下，

$$\begin{cases} x_1 = \mu_1 + a_{11}f_1 + a_{12}f_2 + \cdots + a_{1m}f_m + \varepsilon_1 \\ x_2 = \mu_2 + a_{21}f_1 + a_{22}f_2 + \cdots + a_{2m}f_m + \varepsilon_2 \\ \qquad\qquad \cdots \\ x_p = \mu_p + a_{p1}f_1 + a_{p2}f_2 + \cdots + a_{pm}f_m + \varepsilon_p \end{cases}$$

其中 $f_1, f_2 \cdots f_m$ 为公共因子，$\varepsilon_1, \varepsilon_2 \cdots \varepsilon_p$ 为特殊因子，都为不可观测的随机变量。如果用矩阵来进行表示的化，则有

$$x = \mu + Af + \varepsilon$$

其中 $A = (a_{ij}) : p \times m$ 为因子载荷矩阵，$f = (f_1, f_2, \cdots f_m)'$ 为公共因子向量，$\varepsilon = (\varepsilon_1, \varepsilon_2, \cdots \varepsilon_p)$ 为特殊因子向量，通常假定：

$$\begin{cases} E(f) = 0 \\ E(\varepsilon) = 0 \\ V(f) = I \\ V(\varepsilon) = D = diag\left(\sigma_1^2, \sigma_2^2, \cdots \sigma_p^2\right) \\ Cov(f, \varepsilon) = 0 \end{cases}$$

（二）因子提取

根据所得原始数据，由于原始数据单位不一致，故对其先进行无量纲化处理，然后利用 R 软件对处理后的数据进行因子分析。因子分析前，首先进行 KMO 检验和巴特利球体检验。KMO 检验用于检查变量间的相关性和偏相关性，取值在 0—1 之前。KMO 统计量越接近于 1，变量间的相关性越强，因子分析的效果越好。实际分析中，当 KMO 统计量在 0.5以下，此时不适合应用因子分析法，KMO 检验统计量的值为 0.64 大于 0.5，适合进行因子分析。球形检验主要是用于检验数据的分布，如果不对数据分布进行球形检验，在做因子分析的时候就会违背因子分析的假设。在该问题中，得到 Bartlett 球度检验统计量的值为351.1764，检验显著，适合进行因子分析。

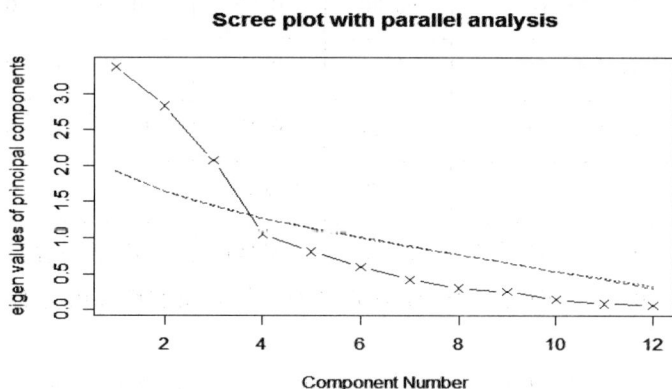

图 11-2-1：碎石图

从相关矩阵出发，选择主成分法来选取公共因子。根据图 10-2-1，可以选出四个公共因子，前四个公共因子的特征值分别为 2.74.2.48.2.09.2.02，分别解释了总体方差的 23%、21%、17%、17%，前四个公共因子的累积方差贡献率为 78%，效果良好。符合信息丢失不超过 40% 的标准。初始特征值，方差贡献率，累积方差贡献率如下表 10-2-2 所示：

表 10-1-2：特征值、方差贡献率、累积方差贡献率

	RC1	RC2	RC3	RC4
SS losdings	2.74	2.48	2.09	2.02
Proportion Var	0.23	0.21	0.17	0.17
Cumulative Var	0.23	0.43	0.61	0.78

为了使提取出的因子更具有解释性，需要对因子进行旋转，因子旋转有两种方法，分

为正交旋转和斜交旋转。在本文中，所采用的是最大方差正交旋转法。得到 12 项财务指标变量在各因子上的得分如下表 11-2-3 所示：

表 11-2-3 各财务指标在各因子上的得分

	RC1	RC2	RC3	RC4
X1（总资产收益率）	0.08	0.87	0.11	0.27
X2（净资产收益率）	-0.13	0.83	0.05	0.15
X3（流动比率）	0.89	0.06	-0.28	0.05
X4（现金比率）	0.90	0.04	0.01	0.01
X5（速动比率）	0.95	-0.08	0.04	0.01
X6（流动资产周转率）	-0.09	0.14	0.95	-0.01
X7（总资产周转率）	-0.10	0.20	0.93	0.02
X8（总资产报酬率）	0.02	0.89	0.17	0.16
X9（营业收入增长率）	-0.38	0.10	-0.38	0.25
X10（营业利润增长率）	-0.06	0.15	-0.05	0.88
X11（净利润增长率）	-0.04	0.17	0.11	0.82
X12（净资产增长率）	-0.21	-0.35	0.22	-0.62

根据上表可以看出，F1 与流动比率、速动比率、现金比率的相关性较高，均在 0.8 以上，表示企业的流动资产可用于变现或偿还债务的水平，与公司的偿债能力有关，将 F1 命名为偿债能力因子。

F2 与净资产收益率、资产报酬率的相关性较高。净资产收益率主要衡量股东资金使用效率与股东权益的收益水平；资产报酬率反映资产的获利能力及利用效率。两个指标均可代表公司的盈利能力，相关程度大于 0.8，将 F2 命名为盈利能力因子。

F3 与总资产周转率和流动资产周转率的相关性较高，总资产周转率一般结合销售利润一起衡量资产的使用效率，该指标用于评价企业资产利用率。两个指标与公司的营运能力有关，将 F3 命名为营运能力因子。

F4 与总资产增长率、营业收入增长率的相关性较高。总资产周转率是分析企业本年度资本积累情况与发展空间的主要指标；营业收入增长率主要体现主营业务收入的变化。两指标均体现公司的发展能力，将 F4 命名为发展能力因子。

表 11-2-4：因子解释

评价内容	指标名称	指标性质
	X3（流动比率）	适度
偿债能力	X4（现金比率）	适度
	X5（速动比率）	适度
	X1（总资产收益率）	正向
盈利能力	X2（净资产收益率）	正向
	X8（总资产报酬率）	正向
营运能力	X6（流动资产周转率）	正向
	X7（总资产周转率）	正向
	X9（营业收入增长率）	正向
发展能力	X10（营业利润增长率）	正向
	X11（净利润增长率）	正向
	X12（净资产增长率）	正向

（三）综合得分

然后计算出各公司的综合得分及排名情况。公司的综合得分与财务绩效水平成正比，得分高的企业运营状况更好。各公司具体情况如下表 10-2-5 所示：

表 11-2-5：各公司综合得分及排名

简称	F1	F2	F3	F4
万科A	0.374050203	-0.368767574	0.269228664	1.674052689
深振业A	1.128138909	0.008113288	0.023973685	0.584503113
大悦城	0.576739471	0.421487014	-0.419040631	-0.691131318
中洲控股	0.434909205	0.483094475	-0.431712874	-1.0144567
北方国际	0.880205116	-0.172476176	0.818958263	0.647518918
华侨城A	0.442638312	-0.144635808	-0.077512157	1.107925361
天健集团	-1.131580956	-19.59213571	12.79515168	63.5558203
金融街	0.457819913	-1.251132547	0.238471767	4.947002575
绿景控股	2.850947261	-0.99397438	0.534413967	3.226856974
广宇发展	0.297021173	0.283634759	-0.050145135	-0.353242336
我爱我家	0.901188153	0.053678726	0.866826863	-0.489138125
粤宏远A	1.524872418	0.606583506	0.040176124	-1.774291239
阳光股份	0.347322308	-0.942100288	0.47663597	3.195008226
京汉股份	-0.105350772	-0.806552882	0.115393392	3.298581944
海航投资	3.094160378	-0.906431366	0.426891664	3.155678007
新华联	-0.051954427	-3.077014697	1.66930119	10.39432163
高新发展	0.435932719	-0.945728872	0.821995209	3.000342951
顺发恒业	4.150420989	0.119019221	0.254527944	-0.263740481
金科股份	0.557791744	0.082413815	0.040787667	0.033144046
美好置业	0.672822783	2.056641962	-1.328599522	-6.308139032
荣丰控股	0.966117382	4.751473767	-3.315991676	-14.94047168
阳光城	0.359369812	-0.137498079	-0.155140215	0.938063171
亚太实业	0.292336691	-0.916416951	0.126810641	3.293736836

京蓝科技	1.731986662	14.37644687	-7.532025217	-47.67296786
苏宁环球	0.703501147	-0.221355106	0.133476757	1.308339901
新能泰山	0.07295992	-9.794715084	6.248115184	32.14889772
泰禾集团	0.656972069	1.097921868	-0.330836744	-3.769794248
中交地产	0.233117346	-1.334685957	0.398066726	5.054072001
中国武夷	0.489036699	-0.341785943	0.148281654	1.397308282
财信发展	-0.176624401	-0.157740641	-0.647451409	1.468734365
三湘印象	0.692515209	-0.812723468	0.208147216	3.171005689
海南高速	3.490340284	0.170944321	-0.15118202	-0.349429135
津滨发展	-2.211943619	-0.171284339	-2.815140899	4.635329483
数源科技	0.944217438	-0.924072723	0.683278476	3.066429614
嘉凯城	-0.633490863	-9.056093374	2.606290289	29.64870773
福星股份	-0.396217871	-1.389706498	-0.478493164	6.072893757
中钢国际	0.644615578	-1.20213709	1.273085746	3.99736547
中南建设	0.36282707	-0.327475284	0.239645926	1.519867872
天保基建	-0.740407341	-0.367106793	-1.826509694	4.080483598
招商积余	0.853574983	-0.695768557	0.845021894	2.429843961
招商蛇口	-1.131383557	-7.954420547	2.979486971	27.51367299
世荣兆业	0.964380993	0.227328633	0.216043026	-0.403210759
中工国际	1.203717802	-0.035673624	0.422205082	0.326301136
粤水电	0.512861051	-0.489830412	0.830361927	1.624305275
浙江交科	0.560582502	-0.07360309	0.886753836	0.015653142
宏润建设	0.483969694	0.085192972	0.574653953	0.039662404
*ST 大港	1.017312255	-1.13353312	0.70016663	3.116877066
中国海诚	0.949587929	0.709463795	0.645919558	-2.244066519

从整体来看，所选取的48家房地产上市公司平均综合得分为0.754。排名前五的企业的平均综合得分为5.45，最后五位的企业的平均综合得分为-2.35，可以看出各企业之间的发展水平参差不齐，差距较大；从各项能力来看，所选取的48家房地产公司的盈利能力的平均得分为-0.86，说明这48家企业的盈利能力较弱，而发展能力、偿债能力和运营能力的平均得分分别为3.24.0.64和0.42。说明房地产企业的各项能力的发展不均衡。

四、聚类分析

（一）模型构建及聚类分析结果

基于48家房地产上市公司的4个公共因子得分结果，运用R软件进行聚类分析。将选取的48家房地产公司分为不同类别。进而探究不同类别公司的财务特征以及财务状况。

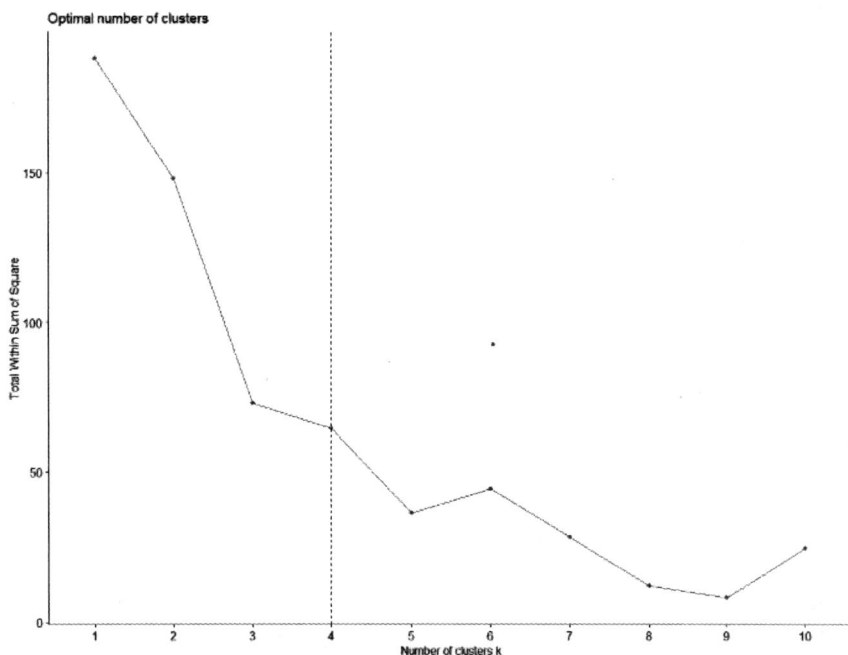

图 11-2-2：确定聚类个数

首先使用组内误差和法，确定最佳的聚类个数。根据上图 10-2-2 中的斜率，选取坡度变化不明显的点作为最佳聚类数目，可以发现聚为四类最合适。采用 k-means 聚类和层次聚类两种方法进行对比，发现在小样本下两种聚类结果区别较小。具体结果见下图 10-2-3 和图 10-2-4：

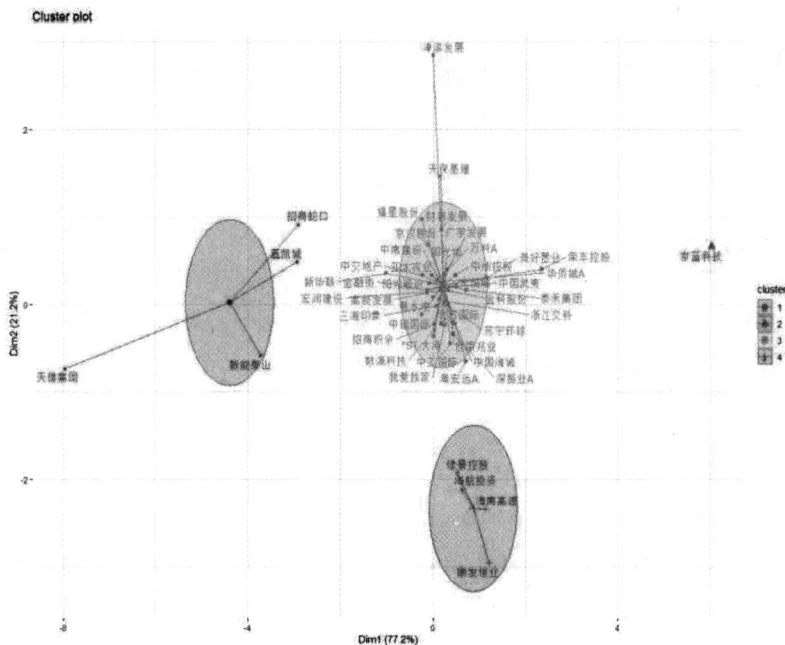

图 11-2-3：k 均值聚类结果

Cluster Dendrogram

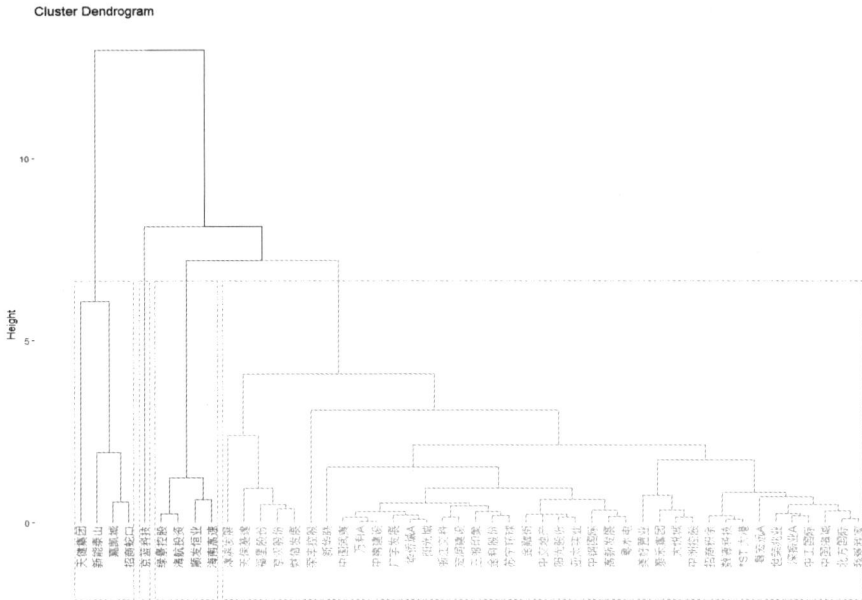

图 11-2-4: 层次分析法聚类结果

通过聚类分析，可将 48 家房地产上市公司分为四类。第一类包括天健集团、新能泰山、嘉凯城、招商蛇口 4 家公司。第二类包括绿景控股、海航投资、顺发恒业、海南高速 4 家公司。第三类仅包含京蓝科技 1 家公司。第四类包括万科 A、深振业 A、大悦城、中洲控股、北方国际、华侨城 A、金融街、广宇发展、我爱我家、粤宏远 A、阳光股份、京汉股份、新华联、高新发展、金科股份、美好置业、荣丰控股、阳光城、亚太实业、苏宁环球、泰禾集团、中交地产、中国武夷、财信发展、三湘印象、津滨发展、数源科技、福星股份、中钢国际、中南建设、天保基建、招商积余、世荣兆业、中工国际、粤水电、浙江交科、宏润建设、*ST 大港、中国海诚共 39 家公司。

（二）公共因子平均得分情况

根据各样本的公共因子得分情况，结合聚类分析结果，计算各类别的房地产公司在 4 个公共因子上的平均得分，具体结果如下表 10-2-6：

表 11-2-6：各类公司在公共因子上的平均得分

	偿债能力	盈利能力	运营能力	发展能力
第一类	−0.706	−11.599	6.157	38.217
第二类	3.396	−0.403	0.265	1.442
第三类	1.732	14.376	−7.532	−47.673
第四类	0.468	−0.194	0.047	1.140

从 4 类上市公司的公共因子平均得分情况上可以看出，归属于不同类别的房地产公司有着不同的财务特点以及财务状况。房地产公司内部各项能力发展不均衡，各公司之间发展水平参差不齐，财务状况差距较大。

第一类公司在运营能力因子得分为 6.157，在发展能力因子得分为 38.217，远高于其他类别。但是偿债能力因子和盈利能力因子分别得分为 –0.706 和 –11.599，低于行业平均水平。表明第一类房地产上市公司成长性能较好，发展潜力大，竞争能力强，资产管理效率较高，资产使用效率较好。结合公司的综合得分进行分析，验证了该类公司总体财务状况最好，平均综合得分第一。但第一类公司偿债能力较差，在利润增长方面有着不小的压力。

第二类公司在偿债能力方面具有明显优势，偿债能力因子得分为 3.396，在 4 类公司中最高。同时在运营能力和发展能力得分分别为 0.265 和 1.442，表现较好。说明期偿债能力最强，资产结构安排较为合理，偿债风险较低。成长性较为稳定，结合公司的综合得分进行分析，绿景控股、海航投资、顺发恒业、海南高速 4 家公司在财务状况管理处于行业内较为优秀的地位。

第三类公司在运营以及发展能力方面相较于其他三类表现最差，分别得分为 –7.532和 –47.673。在偿债能力表现良好，盈利能力方面具有明显优势。说明该类公司未来成长性最差，资产结构匹配不均衡，各类资产的质量较差。该类公司应该注重创新，提高各类资产质量，开辟新的产品市场。

第四类公司盈利能力和运营能力得分处于中间水平。偿债能力于成长能力低于行业能力平均水平。说明该类公司偿债风险较高，未来成长性较差。而且归属于第四类的公司数量最多，共有 38 家，说明该行业的整体财务状况还需改进。

五、结论和建议

从研究的结果来看，所研究的这 48 家房地产公司发展能力较强，但是盈利能力较差。之间的发展水平参差不齐，企业自身的各项能力不均衡，优缺点明显。另外，整体来看，这些房地产企业盈利能力不强。针对此，提出以下几点建议：

1. 绩效水平较低的房地产公司应积极向同行业发展较好的企业学习

努力提升公司自身整体的竞争力；绩效水平高的行业应发现自身能力的缺陷，向同行业某一方面做的好的企业学习，取长补短、全面发展。

2. 加强盈利能力

提升房地产企业的盈利水平的方法有多种。

（1）提升企业管理资金风险的能力。低水平的盈利质量很容易造成企业的现金流短缺，从而引发企业的财务危机，严重时会导致破产。所以企业要兼顾盈利能力和盈利质量。资金密集是房地产行业公司的典型特征，房地产企业的心脏是资金链，企业盈利与否取决于资金运转效率的高低。

（2）提升企业管理应收账款的能力。第一，积极地和企业债务人交流，企业应该在基于市场状况和自身经营实际状态的情况下来制定回收策略。第二，加强准确预测"坏账"的能力。在赊销广泛存在的大环境下，房地产公司要坚定不移地遵循谨慎原则，加强准确预测"坏账"的能力。

（3）提升企业管理存货的能力。房地产公司要从根本上重视自身的存货情况，始终将库存限制在适当的区间内，否则将造成保管和维护的费用过高甚至是企业资金链的断裂。

（4）努力建立和维护好品牌形象。房地产公司应重视品牌的力量和作用，良好的品牌形象可以提升公司的市场占有率，为公司带来丰厚的回报，强化企业在市场中的综合竞争力。

（5）提升产品综合毛利率[1]。首先，要注意房地产行业的科技和工艺的发展，在质量保证的基础上，使用价格更低、性能更好的新型材料，从而降低成本。第二，不断建造诸如高端住宅区这样的高附加值的项目。最后，改变经营方略。将公司销售的重心往有高附加值的高端项目上倾斜，提升高端房产项目的销售费用比率。

上市公司财务数据分析是由投资者和其他会计信息使用者对上市公司财务状况、经营业绩、现金流量和财务状况的变化进行的。上市公司财务数据分析根据特定的分析方法，对该上市公司过往的经营业绩做出评价，同时对该上市公司当前的经济财务状况进行衡量，并且对该企业的未来前景进行预测。财务数据分析的基本工作就是将数量庞大的财务报表数据进行处理加工，形成具体的能够对决策有用的有效信息。财务数据分析的目的就是对企业财务状况是否良好、经营效果是否良好进行解释和评价，以减少决策的不确定性。根据上述模型，上市公司企业的财务状况可以偿债能力、盈利能力、营运能力、发展能力来分析，通过上市公司年报中提供的这些指标的数据，分析出该上市公司的财务状况，进而对是否投资该上市公司做出正确的决策。

上市公司的财务报表是作为一项投资者了解上市公司经营状况的重要工具，财务报表的规范性和真实性直接影响人们对企业财务状况和经营成果的分析和判断。财务数据分析是指运用特殊的方法，根据财务报表等相关信息，对公司过去和现在的经营成果、财务状况及其变化进行系统分析和评价。进行财务分析的目的是通过了解过去发生的事项，根据分析结果评估现在的财务状况，并且据此来对未来发展前景进行预测。财务数据分析在一个企业的经营活动中起着去足轻重的作用，它能够有效地提升企业的财务管理水平和经验管理水平。对于投资者来说，财务数据分析是对上市公司财务报表的进一步分析，以便更准确地判断出该上市公司财务状况的情况，从而为投资者提供决策依据。在经济发展迅速的今天，传统的财务分析方法存在的自身缺陷在企业与投资者做决策时不断暴露出它存在的问题，因此改进财务数据分析方法显得尤为重要。财务数据分析中引入统计方法是财务数据分析方法的一大改进。一方面，它不仅可以使财务数据分析更具体，而且使财务数据分析更具说服力。更重要的是，它可以让投资者了解隐藏在上市公司财务报表背后的财务信息因子分析是一种在统计领域被广泛使用的工具，因为这种方法的特性，所以其也可以适用于财数务分析中去。通过因子分析，我们可以将原始数据中的十几项个变量缩小到只有4个变量。并且根据因子分析的特性，这4个变量保持着相互正交的特性，具有分析价值。在以上分析中，我们成功得到了上市公司的财务综合判别模型。并基于此对48家房地产上市公司进行了聚类分析。同样，如果因子分析和聚类分析可以应用与财务分析中，

[1] 魏辛同．J房地产公司盈利能力提升对策研究 [D]．电子科技大学，2016．

那么其他的统计方法也应该可以应用于财务分析中去。随着科学进步，利用科学的方法来对财务数据进行分析本身就是一种趋势。因此适当的在财务分析方法中加入一些包括统计方法在内的科学的分析方法，那么投资者就可以更能知道财务报表后面的信息，而这对投资者在市场中做出决策是十分重要的。

参考文献

[1] 余波 . 刍议社会信息的搜集 . 现代情报 , 2012（2）.

[2] 杨海波 . 山东省信息化带动工业化战略研究 [J]. 信息技术与信息化 ,2009（01）.

[3] 张恒毅 . 信息化推动经济发展的机制研究 [D]. 天津大学 , 2009.

[4] 赵鲁锋 . 中粮米业资材决策支持系统研究与开发 [D]. 江西农业大学 .2012.

[5] 董豫成 .WebGIS 城市地理信息查询系统 [D]. 四川大学 .2005.

[6] 黄湖剑 . 电子地图信息查询系统的设计与研究 [D]. 武汉理工大学 , 2006.

[7] 白银元，刘琼芳，胡新丽 . 中美电子政务发展比较分析 [J]. 现代商贸工业 , 2013, 25（2）:4.

[8] 冯秉文 . 全国书目索引简报 [J]. 中国图书馆学报 .1957.Z1 期 .

[9] 陈晓萍 . 基于主题的短文本自动摘要抽取研究与应用 [D]. 电子科技大学 .2016.

[10] 中国科技论文统计与分析课题组 . 2017 年中国科技论文统计与分析简报 [J]. 中国科技期刊研究 , 2019.

[11] 张磊，刘桢 . 新兴传播模式兴起背景下《中华人民共和国著作权法》相关条款重构研究 [J]. 长安大学学报：社会科学版 , 2017, 19（2）:7.

[12] 徐礼佳 . 创新主体视角下众创空间发展特征及策略研究 [D]. 东南大学 .2018.

[13] 佚名 . 再论信息经济与知识经济 [J]. 现代情报 , 2004, 24（1）:2.

[14] 雷钟哲 . 标准为信息经济插上翅膀 [J]. 标准生活 , 2017（8）:4.

[15] 李丽 . 数字贸易背景下国际贸易专业人才培养路径研究 [J]. 芜湖职业技术学院学报 , 2018, 20（2）:4.

[16] 陈志敏 . 基于主题划分的 Web 文档自动摘要研究 [D]. 扬州大学 .2006.

[17] 艾力 . 贵州省黔南州流动团员青年管理信息系统的分析与设计 [D]. 云南大学 .2011.

[18] 曹家来 . 房地产开发项目管理信息系统应用研究 [D]. 华北电力大学（北京）, 2008.

[19] 方炜 . 红河卷烟厂项目管理信息系统研究 [D]. 西北工业大学 .2001.

[20] 邵明波 . 浅析建筑工程信息化管理存在的问题与措施 [J]. 经营管理者 , 2011（14）:

355-355.

[21] 张琪玉 . 报纸文献是一种极为丰富而未被充分开发的信息源——关于发展报纸文献索引和数据库的思考 [J]. 图书馆杂志 , 1999.

[22] 徐仕敏 . 社会信息能力的内涵及结构 [J]. 图书情报工作 , 2003（04）.

[23] 井西晓 , 曾瑞峰 . 少数民族地区农牧民信息能力的外部影响因素分析 [J]. 民族论坛 , 2018, No.395（01）.

[24] 马海群 . 论信息素质教育 [J]. 中国图书馆学报 , 1997, 23（002）.

[25] 王江东 . 感知规律在中学数学教学中的应用 [D]. 山东师范大学 , 2003.

[26] 拉 , 兹 , 洛 . 系统、结构和经验 [M]. 上海译文出版社 , 1987.

[27] 赵慧 , 刘君 . 以用户为中心的信息构建与网络治理——信息构建理论视野下的政府网站信息资源 "去孤岛化" 研究 [J]. 公共管理学报 , 2013.

[28] 胡雄彪 . 竞争情报研究与企业经营决策 [C]// 全国竞争情报与现代咨询业学术研讨会 . 1996.

[29] 孟醒 , 曹安阳 , 张雅娟 . 档案管理信息化建设的意义及信息化管理流程 [J]..《中华传奇》.2019

[30] 高全忠 . 社会信息化背景下的高校学籍档案管理 [J]. 机电兵船档案 , 2005, 000（001）.

[31] 吴启瑞 . 档案管理发展中电子档案的现状与分析 [J]. 黑龙江档案 ,2021（04）.

[32] 薛四新 , 孙宇华 . 数字档案管理方案——目录全文一体化管理 [J]. 数字与缩微影像 ,2003（03）.

[33] 尉永洁 . 对建立现代企业档案管理制度的探讨 [J]. 黑龙江史志 , 2012（13）: 3.

[34] 刘冬艳 . 浅谈文档一体化的实现方法 [J]. 赤子 , 2013, 000（001）.

[35] 张辑哲 . 维系之道 : 档案与档案管理 [M]. 中国档案出版社 , 1995.

[36] 魏先龙 , 王运武 . 日本教育信息化发展战略概览及其启示 [J]. 中国电化教育 , 2013（09）.

[37] Fengfengke Christopher- Hoadley.evaluating on line learning communities[J]. Springer Science + Business Media，2009，57（4）：487-510.

[38] 陈晓雁 . 财务报表分析对企业经营决策的影响 [J]. 天津职业院校联合校报 , 2014, 16（01）

[39] 张潇月 . 统计方法在企业财务分析中的运用探析 [J]. 中国商论 , 2017, 24（08）:

[40] 姜凤清 . 多元统计在财务分析中的运用 [J]. 科技经济与管理科学 , 2017, 22（20）:

[41] 魏辛同 . J 房地产公司盈利能力提升对策研究 [D]. 电子科技大学 ,2016.